王陽明新傳

十六世紀初葉中國的政治與哲學

文遠竹　著

中華書局

目 錄

第一章

打虎不成反被虎咬

公元 1506 年，是明朝正德元年，在中國農曆干支紀年是丙寅年，地支屬虎年。這一年在明朝享國二百七十六年裏算是一個比較平淡的年份。從去年農曆五月明孝宗弘治皇帝駕崩，朱厚照（1491～1521年），繼其父皇位算起，也已半年，朝廷運轉正常，國家太平無事。

這一年，西班牙航海家哥倫布逝世。主張地圓說的哥倫布相信自歐洲一直向西航行可抵達東方的中國。1492 年，西班牙國王授命其攜帶致中國皇帝的國書，率船橫渡大西洋，但他沒有抵達中國，卻意外地發現了美洲新大陸。哥倫布去世時，遙遠的中國沒有人知道他。這一年離 1584 年意大利傳教士利瑪竇獲准入居廣東肇慶還有七十八年。

這一年的正月，首輔大學士劉健（1433～1526 年）上了一道奏摺，說皇上去郊外祭祀，隨行的太監太多了，內府各監局的副職僉書官，少的有七八十人，多的有百數十人，建議讓司禮監參照前朝舊制

對這些人員進行定崗定編，免得濫竽充數。他對皇上大手大腳賞賜身邊人也頗有微詞，說您給一些工匠差役都動輒賞賜蟒袍玉帶，開支頗巨，望皇上「特施睿斷，盡行裁革」。正德皇帝嘉納其言。

還是在這一年的正月，「三邊總制」楊一清（1454～1530年）奏請修築陝西花馬池至靈州一帶的邊牆，說這樣不僅可以敵來存禦，還可使河套千里之地，歸為耕牧，屯田數百萬畝，省卻內地轉輸。「三邊總制」全稱總制陝西等處軍務左副都御史，總督延綏、寧夏、甘肅軍務，節制河西巡撫、河東巡撫、陝西巡撫以及甘、涼、肅、西、寧夏、延綏、神道嶺、興安、固原的九總兵，是明朝廷在西北邊防最高軍政長官。正德皇帝允准楊一清所議，撥付帑金數十萬給他修牆。這樣看來，正德元年確是一個平淡至極的年份，跟本書的主人公王陽明也沒有太多的關係。

這裏先介紹下王陽明的簡歷。王陽明（1472～1529年）本名王守仁，字伯安，現年三十四歲，浙江紹興府餘姚縣人，二十二歲、二十五歲兩次參加科考不第，弘治十二年（1499年）第三次參加科考，中進士（賜二甲進士第七人），曾觀政工部，現任兵部武選清吏司主事。因早年在故鄉浙江餘姚陽明洞結廬讀書講學，朋友都稱其為「陽明先生」。光看其簡歷，資質平平。主事的職級介於知州（從五品）和知縣（正七品）之間，為各部司官中最低一級，秩正六品，掌章奏文移及繕寫諸事，協助郎中處理該司各項事務。

如果正德皇帝像他的父親弘治皇帝或前朝其他大多數皇帝那樣，或勤於政事，或碌碌無為，王陽明也許也會像其他的嗟嗟臣工一樣，或忠於職守，或庸碌度日。可是偏偏正德元年十月發生的一件事，讓正德朝廷起了波瀾，也改變了王陽明的人生軌跡。正是因為這件事的激發及以後一連串不尋常事件的發生，陽明心學應運而生，王陽明也成為中國歷史上一個閃亮的符號。

這件事起因於皇帝赴胭脂胡同的一次夜遊。胭脂胡同位於北京城珠市口西大街北側，離正陽門不遠。胭脂胡同是北京城出

了名的風塵之地，來自全國各地的煙花女子雲集於此。在正派的士人眼裏，這胭脂胡同是一個齷齪不堪的地方，很難將當今皇上與其聯繫起來。而年僅十五歲的少年天子偏偏喜好喬裝出宮，在親信太監們的引誘下來這裏狎妓，有時徹夜不歸。士子們認為，這不僅不利於君王的人身安全，而且有傷道德風化。一國之君，萬民所仰。身為天子，舉動豈能妄為？其一言一行、一舉一動都應成為萬民的表率。

正德皇帝是弘治皇帝的長子，也是唯一長大成人的兒子，兩歲時即被立為皇太子，自小備受寵愛。他年少聰慧過人，什麼東西都一學就會，當然也生性貪玩。東宮有八名隨侍太監劉瑾、馬永成、高鳳、羅祥、魏彬、丘聚、谷大用、張永，是皇太子兒時的玩伴，這時成了新君的親侍，結為「八黨」，人稱「八虎」。他們為討新君歡心，常常進獻鷹犬、歌舞、角抵等戲，後來還讓人在西苑修建豹房，選女優孌童，引新君沉溺其中。

新君忙於聲色犬馬，鬥蟋鬥狗，不愛上朝，更懶得跟他父親留下來的那幫老臣打交道。朝廷的事情全交給「八虎」去辦。近來往往旨從中出，連內閣閣臣和六部九卿都不能預聞。有所議擬，「八虎」徑行改議，皇帝多半連看都懶得看一眼。

「八虎」中尤以劉瑾（1451～1510 年）最為霸道奸詐。新君甫一即位，任命劉瑾為鐘鼓司掌印太監，這是宦官十二監四司中最不重要的，掌出朝鐘鼓及宮內雜戲。等到正德元年（1506 年）正月，劉瑾一躍而為十二監中僅次於司禮監、掌管宮廷營造的內官監掌印太監，並總督京軍精銳十二團營。[1]

1　［清］張廷玉《明史·卷三百十四·列傳第一百九十二》：劉瑾，興平人。本談氏子，依中官劉姓者以進，冒其姓。孝宗時，坐法當死，得免。已，得侍武宗東宮。武宗即位，掌鐘鼓司，與馬永成、高鳳、羅祥、魏彬、丘聚、谷大用、張永並以舊恩得幸，人號「八虎」，而瑾尤狡狠。嘗慕王振之為人，日進鷹犬、歌舞、角抵之戲，導帝微行。帝大歡樂之，漸信用瑾，進內官監，總督團營。孝宗遺詔罷中官監槍及各城門監局，瑾皆格不行，而勸帝令內臣鎮守者各貢萬金。又奏置皇莊，漸增至三百餘所，畿內大擾。

朝政亂得跟一鍋粥似的，老臣們也是憂心忡忡。

幾個月前，八十多歲的吏部尚書馬文升（1426～1510年）就因為屢屢上疏勸諫，說了劉瑾幾句壞話，竟然被劉瑾矯旨致仕。沒多久，兵部尚書劉大夏（1437～1516年）奏請遵遺詔裁撤各地的鎮守太監及額外的「傳奉武官」，得罪了「八虎」，慘遭誣陷，以七十三歲高齡竟被充軍甘肅。劉大夏離京那天，王陽明和一眾青年士子去給他這位堂官送行，只見他布衣徒步過大明門下，叩首而去。京城父老攜筐送食，劉大夏所經之處，皆罷市焚香。看到這一情景，王陽明對公道自在人心這句老話有了更深的感悟。

馬文升和劉大夏是先帝最為倚重的老臣，他們遭受如此不公，激起文武百官的公憤。朝臣對「八虎」的不滿，終於通過皇帝夜幸胭脂胡同這件事爆發了出來。本來，皇帝出宮夜遊純屬機密，此前也不為外人所知，但不知哪個環節出了問題，這次卻走漏了消息。此事在百官中風傳開來。

這時京官中結成一個少壯派，為首的是文壇的七位領袖——李夢陽（1473～1530年）、何景明（1483～1521年）、徐禎卿（1479～1511年）、邊貢（1476～1532年）、康海（1475～1540年）、王九思（1468～1551年）和王廷相（1474～1544年），他們都強烈反對當時流行的臺閣體詩文和「喗緩冗沓，千篇一律」的八股習氣，主張「文必秦漢、詩必盛唐」，旨在以復古為革新之途，為詩文創作指明一條新路。這本是一個文學流派。為區別後來嘉靖、隆慶年間出現的李攀龍（1514～1570年）、王世貞（1526～1590年）等「後七子」，史稱「前七子」。「前七子」皆為進士，又同朝為中下階官員，多負氣節，對朝政腐敗和士氣庸弱極為不滿，結社議論朝政。因而這一文學流派又有了政治社團的功能。

這「七子」中以李夢陽為首領。李夢陽，字獻吉，祖籍河南扶溝，出生於陝西慶陽府安化縣（今甘肅省慶城縣），弘治六年（1493）登癸丑科陝西鄉試解元，弘治七年（1494）登甲寅科

進士，現官居戶部郎中。[1] 他長得身材高大，方臉劍眉，才華橫溢，享譽士林，為人有正氣。李夢陽進士及第初授戶部主事時，對皇后兄弟壽寧侯張鶴齡怙寵橫甚、人莫敢問的囂張氣焰深惡痛絕。他不畏權勢，上《應詔指陳疏》彈劾壽寧侯「招納無賴，罔利賊民、奪人田土，拆人房屋，虜人子女，要截商貨，佔種鹽課，橫行江河，張打黃旗，勢如翼虎」等罪行。

張鶴齡在弘治皇帝面前辯解，摘錄李夢陽上書中「皇上優厚張氏」一語，誣衊李夢陽毀謗張皇后為張氏，其罪當斬。當時，張皇后正被弘治皇帝寵愛，皇后的母親金夫人又在弘治皇帝面前哭訴，弘治皇帝不得已將李夢陽關到了錦衣衛的詔獄裏，不久又找機會把他放了出來，僅罰了他一年俸祿。金夫人不依不饒，哭訴不斷，弘治皇帝再未聽她的，而在僻靜處召見張鶴齡，將其一頓臭罵，讓他保證不再糾纏此事。

兵部尚書劉大夏等大臣知道弘治皇帝有意保護李夢陽，便奏請皇上不要重罰李夢陽，讓錦衣衛用木杖把他象徵性打一頓給金夫人出下氣算了。弘治皇帝愛惜李夢陽的才幹，喝斥劉大夏：「你們這些人盡出餿主意！李夢陽萬一不經打，打死了咋辦？朕豈能杖殺忠臣來取悅後宮呢？」有一天，李夢陽在上朝途中偶遇張鶴齡，兩眼冒火，氣憤難忍，破口大罵，還不解恨，上前又揮起馬鞭打掉了張鶴齡的兩顆門牙。從此，壽寧侯張鶴齡怕了李夢陽這個戶部郎中，遠遠看見他就躲着走。[2]

1　《明史・卷二百八十六・列傳第一百七十四》：弘治六年舉陝西鄉試第一，明年成進士，授戶部主事。

2　《明史・卷二百八十六・列傳第一百七十四》：十八年，應詔上書，陳二病、三害、六漸，凡五千餘言，極論得失。末言：「壽寧侯張鶴齡招納無賴，罔利賊民，勢如翼虎。」鶴齡奏辨，摘疏中「陛下厚張氏」語，誣夢陽訕母后為張氏，罪當斬。時皇后有寵，后母金夫人泣訴帝，帝不得已繫夢陽錦衣獄。尋宥出，奪俸。金夫人訴不已，帝弗聽，召鶴齡閒誡，切責之，鶴齡免冠叩頭乃已。左右知帝護夢陽，請毋重罪，而予杖以洩金夫人憤。帝又弗許，謂尚書劉大夏曰：「若輩欲以杖斃夢陽耳，吾寧殺直臣快左右心乎！」他日，夢陽途遇壽寧侯，詈之，擊以馬箠，墮二齒，壽寧侯不敢校也。

王陽明與李夢陽官階雖相差好幾級（李夢陽是正五品郎中，掌有司事務；王陽明是正六品主事，是有司屬員），但年紀相仿，文風相近，意氣相投。王陽明也是這個李夢陽為首的「七子」少壯派的成員。

「七子」少壯派早就不滿「八虎」行徑，得知皇帝在「八虎」引誘下夜訪胭脂胡同的事，便認為這是扳倒「八虎」的絕好機會。戶部尚書韓文（1441～1526年）本與馬文升、劉大夏同為堂官，現在物傷同類，每次退朝，跟屬下談到時局，總是忍不住老淚縱橫。其時李夢陽正當戶部廣東司郎中，便勸韓文說：「公乃國家重臣，義同休戚，徒泣何益！」韓文便向他問計。李夢陽建議他發動十八道御史和六科言官參劾「八虎」，並聯絡六部九卿寫聯名奏摺，率眾大臣伏闕死爭，內閣閣老必定響應，到時除掉「八虎」，不是難事。韓文深以為然，第二天早朝時密叩閣老，閣老許之，再聯絡其他六部九卿大臣，也都同意列名聯署。韓文便請李夢陽代擬了一封六部九卿的彈劾奏章。[1]所謂六部九卿是吏、戶、禮、兵、刑、工六部的尚書和都察院左都御使、大理寺卿、通政使，是朝廷中品秩最高的部堂大臣，其地位僅次於內閣閣老。

李夢陽代擬並經韓文等人修改的這封奏章力陳「八虎」之罪：

1　《明史・卷二百八十六・列傳第一百七十四》：孝宗崩，武宗立，劉瑾等八虎用事，尚書韓文與其僚語及而泣。夢陽進曰：「公大臣，何泣也？」文曰：「奈何？」曰：「比言官劾羣閹，閣臣持其章甚力，公誠率諸大臣伏闕爭，閣臣必應之，去若輩易耳。」文曰：「善」，屬夢陽屬草。會語泄，文等皆逐去。瑾深憾之，矯旨謫山西布政司經歷，勒致仕。既而瑾復摭他事下夢陽獄，將殺之，康海為說瑾，乃免。[清]谷應泰《明史紀事本末・卷四十三》：冬十月，戶部尚書韓文，每退朝對屬言，輒泣下。郎中李夢陽曰：「公為國大臣，義同休戚，徒泣何益！」文曰：「計安出？」夢陽曰：「比言官章入，交劾諸內侍。章下閣，閣下持劾章甚力。公誠及此時，率諸大臣死爭，閣老得諸大臣，持劾章必堅，去瑾輩易耳。」文將鬚昂肩，毅然曰：「是也！即事勿濟，吾年足死矣；不死不足以報國。」明日早朝，文密叩閣老，閣老許之；倡諸大臣，諸大臣皆應諾。文退，乃囑夢陽具疏草，文讀而芟之，曰：「是不可文，文恐上不省；不可多，多覽勿竟也。」

伏睹近歲以來，太監馬永成、谷大用、張永、羅祥、魏彬、劉瑾、丘聚、高鳳等，置造巧偽，淫蕩上心，或擊球走馬，或放鷹逐兔，或俳優雜劇，錯陳於前；或導萬乘之尊，與人交易，狎昵媒褻，無復禮體。日遊不足，夜以繼之，勞耗精神，虧損聖德。遂使天道失序，地氣靡寧，雷異星變，桃李秋花，考厥佔候，咸非吉徵。緣此輩細人，唯知蠱惑君上以行私，而不知皇天眷命，祖宗大業，皆在陛下一身！高皇帝艱難百戰，取有四海；列聖繼承，傳之陛下。先帝臨崩，顧命之語，陛下所聞也，奈何姑息輩小，置之左右，為長夜之遊，恣無厭之慾，以累聖德乎？前古閹宦誤國，漢十常侍，唐甘露之變，是其明驗，今永成等罪惡既著，若縱而不治，為患非細，伏冀陛下將永成等縛送法司，以消禍萌。

這封奏章言詞激烈，又是六部九卿的聯名摺，十五歲的少年天子接到這封奏摺，也覺得份量很重，竟「驚泣不食」，便派司禮監八名太監去內閣與劉健、謝遷（1450～1531年）、李東陽（1447～1516年）等閣老會議。

司禮監掌印太監王岳，也是東宮舊臣，秉性剛直，早就不滿「八虎」的胡作非為。明代司禮監位居內府二十四監局之首，司禮監掌印太監的職責是代皇帝批閱奏章、傳達皇帝諭旨，俗稱「內相」，通常還提督東廠，是內官中品秩最高的。司禮監每天的主要職責便是將通政司轉來的京城各大衙門和各地督撫州縣呈上來的奏摺分門別類，分輕重緩急按順序遞呈給皇上。

皇上一般按慣例會將這些摺子批轉給內閣票擬，對於內閣擬出的初步意見，皇上如果同意便讓司禮監用朱筆照原樣再謄抄一遍，這叫「批紅」。如果不同意，便發回內閣重新擬票，直到皇上滿意為止。經司禮監「批紅」的這些話，便成了皇上的諭旨，任何人都不得違抗。

「八虎」得知被參，大懼，計無所出，自求貶南京閑住。但閣臣會議拒絕，要求嚴懲「八虎」。司禮監王岳、范亨、徐智等人心嫉「八虎」，在正德皇帝面前作桴鼓之應。皇帝無奈之下，只得同意閣議。大家只等第二天早朝降旨逮捕「八虎」下獄。但「八虎」當晚就知道了這個絕密消息，原因是與劉瑾有私交的吏部尚書焦芳（1434～1517 年）向他告了密。

焦芳是天順八年進士。這一科選翰林院庶吉士，首輔大學士李賢（1408～1467 年）一看焦芳籍貫是河南泌陽人，而自己是鄧州人，算是南陽府的同鄉，便大筆一揮把他列了名單裏。焦芳此人雖選了庶吉士，卻向來不學無術，個性陰狠。他在翰林院時，喜歡喝他老家出產的一種俗稱「喝了蹦」的燒酒。這酒勁大，他整日喝得醉醺醺的，光着膀子在翰林院裏找同僚擺龍門陣、扯閑篇，講些江湖野史。於是同僚都戲稱他為「燒酒翰林」。

一次，大學士萬安（約 1417～1488 年）和人閑聊起焦芳「燒酒翰林」的外號，隨口説了一句：「焦芳此等不學無術之徒，也想當翰林學士嗎？」此話傳到焦芳耳中，他勃然大怒：「這一定是彭華在背後算計俺，俺如果當不上學士，就一把匕首在長安道上把他這老狗給刺了！」

彭華（1432～1496 年）出身於江西安福一個書香門第，其父和彭華的兩位胞弟先後考中進士，時稱「父子四進士」。更有甚者，彭華的族兄彭時（1416～1475 年）為英宗正統十三年狀元。時隔六年後，即景泰五年，彭華一舉考中會元。兄弟倆雙雙奪魁，一時傳為佳話：「兄狀元，弟會元，六年間壓兩京一十三省豪傑。」彭華是一個溫文爾雅的學者，主編了《寰宇集》《大明一統志》《文華大訓》等許多典籍，當時正擔任翰林院學士兼吏部左侍郎，與焦芳同僚，深知他粗陋無學，是個酒色之徒，有幾次當着眾人奚落過他。焦芳便跟他結下了梁子。

彭華聽到焦芳撂的那句狠話後非常害怕，覺得自己苦讀寒

窗幾十載，滿腹經綸，如果無端在這個蠻子手裏送了性命，太不值當，忙去告訴大學士萬安：「翰林院都是讀書人待的地方，學士多他一個不多，萬一鬧出血案來，反而讓天下人笑話。」彭華的族兄彭時在憲宗成化年間任內閣首輔，是萬安的座師。既然座師的兄弟打了招呼，萬安也要給點面子，不得已，升了焦芳一個侍講學士。[1]

焦芳有了翰林學士的頭銜，又善溜鬚拍馬，鑽營投機，見風使舵，在大明官場循次漸居高位。到弘治中期，居然當到了禮部右侍郎。當時禮部尚書由大學士劉健兼領，焦芳經常在背後罵劉健水平差，劉健批閱過的文件，只要他焦芳覺得有不稱意的，不經稟報就引筆抹去。不久，焦芳改任吏部左侍郎。吏部尚書是馬文升，焦芳欺他年老，將人事大權抓在手中，經常擅權獨斷。同時又勾結言官，在皇上面前說馬文升的壞話。

焦芳與劉瑾勾結，此中還有一個淵源。成化八年的進士中，有一個叫劉宇的，此人是個小人，靠巴結權要，弘治年間擔任了北方邊防重鎮大同的巡撫。而大同靠近塞北，出產名馬。劉宇便私自挪用軍費，在黑市上買了許多良馬，作為特產送去給京城閣臣和要害衙門的上司當坐騎，假稱是繳獲韃子馬販子的戰利品，讓京城舊同僚們試騎。劉健和馬文升也收了他的馬，確實喜愛，覺得劉宇這人還算重感情，辦事也利索，進士出身去前線打仗也不容易，曾經向弘治皇帝舉薦過他。皇上召見兵部尚書劉大夏，問起劉宇此人，劉大夏便將劉宇給京官送馬的事如實稟報。皇上密遣錦衣衛百戶邵琪去大同調查此事。劉宇給邵琪送了一份厚禮，讓他為自己開脫，不曾想邵琪回到京城就將厚禮上交給了皇上。後來，皇上再次召見劉大夏，說：「劉健舉薦劉宇才堪大

1　《明史‧卷三百六‧列傳第一百九十四》：或語大學士萬安：「不學如芳，亦學士乎？」芳聞大恚曰：「是必彭華間我也。我不學士，且刺華長安道中。」華懼，言於安，乃進芳侍講學士。

用，依朕看，此乃小人，豈可大用呢？由此可見，內閣大臣的話也未可盡信。」劉宇聽說了此事，從此對劉大夏深為忌恨。等到孝宗駕崩，新帝朱厚照即位，劉宇以右都御史總督宣化、大同、山西軍務，便想着搞掉劉大夏的兵部尚書，取而代之。這時候他想到了皇上身邊的紅人劉瑾。劉瑾此時已是內官監掌印太監兼提督團營。因同為軍職，內官監又管着營造，劉宇便與劉瑾搭上了線，兩人沆瀣一氣，引為知己。不過劉宇人在邊關，諸多不便。劉宇是河南鈞州人，與焦芳同鄉，因而又把焦芳引薦給了劉瑾，以為內應。

正德改元之始，戶部尚書韓文有一天在廷議中說，國庫空虛，而理財無奇術，唯有勸皇上節用。焦芳知道皇上派了錦衣衛的人在偷聽，便故意表示不平：「平常百姓家，每日日用開支也有不少，何況是帝王家？皇上又是登基不久，費用更巨。俗語說：『無錢撿故紙』。如今在下積欠的錢糧、逃匿的不計其數，為何不加緊催徵而要限制皇上的用度？」這話傳到皇上耳中，大為高興，加上劉瑾在旁邊替他說話，焦芳便輕而易舉代馬文升為吏部尚書，讓百官為之側目。

劉瑾是陝西關中人，也喜飲酒。有一次喝了焦芳送的「喝了蹦」，覺得口感不錯，便送了兩瓶給正德皇帝喝。少年皇帝平時在宮中只喝過酒性平淡的黃酒、米酒、糊子酒，兩杯火辣辣的燒酒下肚，直呼帶勁，跨上戰馬，叫嚷着要去關外打韃子。劉瑾因此與焦芳成了酒友。

這次，焦芳作為六部之首的吏部尚書，雖在眾人的慫恿下同意在聯名摺上聯署，內心卻想着，現在外臣雖眾，氣勢洶洶，但跟皇上畢竟還隔着一道森嚴的宮牆。而劉瑾等「八虎」是新君近侍，日夜伴在皇上身邊。外臣如能扳倒「八虎」，聯名摺上有他的名字，自然有他一份功勞。如果外臣扳不倒「八虎」呢？他這個吏部尚書便首當其衝，輕則罷官，重則入獄。自己辛苦半輩子，左右逢源，機關算盡，好不容易才謀得這麼一個人前顯赫

的官職，若是一夜之間成了白丁流民，豈可心甘？他冥思苦想，心生一計：告密！將六部九卿聯名摺的事私下告知劉瑾。這樣一來，「八虎」敗，便成了死老虎，外臣歡天喜地，聯名摺上的內容成了公開的祕密，沒有人會追究誰泄密的事。「八虎」勝，外廷便會大變天，內閣重新洗牌，他這個告密者便有機會在「八虎」的支持下脫穎而出，入閣拜相。

劉瑾從焦芳處得知內情，大懼，連夜率馬永成等人伏在皇帝面前痛哭求饒。劉瑾等人將矛頭直指王岳，說王岳勾結閣臣想限制皇上出入，先拿我等開刀而已。況且我們平時獻給皇上的狗馬鷹兔對萬歲爺又有什麼損害呢？如果司禮監有我們的人，外臣豈敢如此！正德皇帝本來搖擺不定，經這一說，大怒，當即命劉瑾掌司禮監，馬永成掌東廠，谷大用掌西廠，當晚收捕王岳和范亨、徐智，充軍南京。第二天一早諸臣入朝，才知道事情有變，於是劉健、謝遷、李東陽請求致仕。正德皇帝獨留李東陽，要求劉、謝二人即日離京，而令焦芳入閣，追殺王岳、范亨於途中，將徐智手臂打折。[1]

自從明太祖洪武十三年宰相胡惟庸因「擅權植黨、謀反」罪被誅殺後，宰相一職從此被廢除。後來仿宋制設置殿閣大學士數人，因入值內殿閣，所以稱為內閣。剛開始內閣大學士只是幫皇

---

[1] 《明史‧卷三百一十四‧列傳第一百九十二》：外廷知八人誘帝游宴，大學士劉健、謝遷、李東陽驟諫，不聽。尚書張升，給事中陶諧、胡煜、楊一瑛、張禬，御史王渙、趙佑，南京給事御史李光翰、陸昆等，交章論諫，亦不聽。五官監候楊源以星變陳言，帝意頗動。健、遷等復連疏請誅瑾，戶部尚書韓文率諸大臣繼之。帝不得已，使司禮太監陳寬、李榮、王岳至閣，議遣瑾等居南京。三反，健等執不可。尚書許進曰：「過激將有變。」健不從。王岳者，素謇直，與太監范亨、徐智心嫉八人，具以健等語告帝，且言閣臣議是。健等方約文及諸九卿詰朝伏闕面爭，而吏部尚書焦芳白瑾。瑾大懼，夜率永成等伏帝前環泣。帝心動，瑾因曰：「害奴等者王岳。岳結閣臣欲制上出入，故先去所忌耳。且鷹犬何損萬幾？若司禮監得人，左班官安敢如是？」帝大怒，立命瑾掌司禮監，永成掌東廠，大用掌西廠，而夜收岳及亨、智充南京淨軍。旦日諸臣入朝，將伏闕，知事已變，於是健、東陽皆求去。帝獨留東陽，而令焦芳入閣，追殺岳、亨於途，棰智折臂。時正德元年十月也。

帝草擬詔諭而已，官銜也只有五品。仁宗朝以後，閣職漸崇。景泰中，閣權益重，朝廷政令皆從內閣所出，而內閣首輔多為太傅、太保，官居一品，從其權力與地位來看，與宰相無異。新君即位不久，三個閣臣一下子去了兩個，前所未有。而且，先帝留給新君的內閣閣臣都是百裏挑一的名臣。

首輔劉健師從於大儒薛瑄（1389～1464年），於明英宗天順四年（1460年）登進士第出仕，至今已是四朝元老。他入閣十九年，任首輔八年，崇儒興學，注重實務，居官敢言，極陳怠政之失。

次輔謝遷是成化十一年（1475年）的狀元，談吐優雅，為人有正色，年輕時就拒絕過鄰居一妙齡少女的挑逗。弘治皇帝即位後，宦官郭鏞要求挑選妃嬪充實六宮，謝遷卻斗膽向新君進諫：「先帝的陵墓還未建成，挑選妃嬪從禮儀上講，應當緩行」，終被採納。謝遷因此也在士林中獲得很好的口碑。

三輔李東陽家族世代為行伍出身，入京師戍守，屬金吾左衛籍，他打小就是神童，三歲能作徑尺大的書法。景帝聽説後很好奇，下詔驗試，並賜給李東陽果品和錢鈔。五歲時，景帝詔請小東陽講讀《尚書》大義。七歲時，景帝下旨將他送入順天府學為諸生。後來，李東陽與劉大夏、楊一清同在狀元郎、翰林院大儒黎淳門下讀書，天順八年（1464年）殿試中二甲第一。此人學識深厚，足智多謀，城府較深。

弘治八年（1495年），李東陽與謝遷同時入閣，性情迥異。時人有言：「李公謀，劉公斷，謝公尤侃侃。」

兩名閣臣因參「八虎」致仕這件事發生在新君繼位一年多的正德元年十月，朝局為之大變，更重要的是影響到了士人的士氣和人心。中國古代向來有「文官死諫，武將死戰」的傳統，明朝更甚。尤其是明代的文官，書呆子多，不怕死的書呆子尤其多。有些不惜觸龍鱗而死。

王陽明有沒有參與「六部九卿上書參『八虎』」事件，史書

沒有明確記載。但有一點可以肯定，他在道義上是堅定地站在朝臣們這一邊的。接下來發生的事就可以證明這一點。

對於劉、謝二人的致仕，以山西陽曲人、四川道御史薄彥徽為首的十三道御史，公疏請留劉、謝，並請加罪「八虎」。明代的監察御史和六科給事中都是從新科進士中挑選出來血氣方剛的年輕人，級別雖只有正七品、從七品，權力卻很大，是專門負責給百官挑刺、向皇上打小報告的言官，而且享有「言者無罪」的特權。此時劉瑾執掌司禮監，接到御史公疏，大怒，矯詔將上疏的御史盡皆收捕下獄，各杖三十，革職為民。其中有三人在南京，下令就地杖責。江西清軍御史王良臣、兵科給事中艾洪上疏申救，也被杖責。南京給事中戴銑（1464～1506 年）上疏參劾劉瑾，也由錦衣衛押解來京，打入詔獄。

戴銑和王陽明一道參加過弘治九年的春闈，他倆的闈房相鄰，朝夕在一起九天七夜。王陽明心思重，睡眠不好。而隔壁的戴銑每夜高臥，鼾聲如雷，讓他很是羨慕。但只聞其聲，不見其人。待到放闈之日，他終於見了隔壁這個叫戴銑的考生，體格健碩，鬍子拉碴，不修邊幅。跟他說起鼾睡之事，戴銑哈哈大笑，聲如洪鐘。兩人意猶未盡，找了個酒樓談天說地，竟成莫逆之交。待到放榜之日，他與戴銑相約一道去看榜。考中者欣喜若狂，落榜者如喪考妣。唯有戴銑與王陽明二人，一中一不中，皆從容鎮靜。戴銑一臉的愧疚：「怪我鼾聲太大，擾了兄台休息，不然兄台一定金榜題名，而且定當在我之上。」王陽明淡然一笑：「世以不得第為恥，我以不得第動心為恥。」戴銑於是對他的不動心工夫深為佩服。戴銑考中進士後，在給事中這一言官任上多年，以敢言直諫著稱。後來，王陽明出任兵部武選司主事，而戴銑是兵科給事中，兩人常有往來。前幾年，王陽明與戴銑一道去延綏、寧夏、甘肅等三邊考察防務時，戴銑有感兵備荒廢、士氣低迷，寫了一首感懷之作《出塞》：

漢家開疆土，窮兵逐天驕。

後有竇車騎，前有霍嫖姚。

明時重文教，邊功誰敢邀。

邇來逐小丑，已覺戰士凋。

當時有彗星從京城上空掃過，又加之韃靼正在侵擾西北邊陲，正是內憂外患之際。王陽明與戴銑一路上深察將士疾苦，討論時政之弊。

那次考察過後，王陽明上了一篇《陳言邊務疏》。內陳「邊務八策」，即蓄材以備急、舍短以用長、簡師以省費、屯田以給食、行法以振威、敷恩以激怒、捐小以全大、嚴守以乘弊。他在「嚴守以乘弊」這一策中寫道：

> 臣聞古之善戰者，先為不可勝以待敵之可勝。蓋中國工於自守，而胡虜長於野戰。今邊卒新破，虜勢方劇，若復與之交戰，是投其所長而以勝予敵也。為今之計，惟宜嬰城固守，遠斥候以防奸，勤間諜以謀虜；熟訓練以用長，嚴號令以肅惰；而又頻加犒享，使皆畜力養銳。譬之積水，俟其盈滿充溢，而後乘怒急決之，則其勢並力顓，至於崩山漂石而未已。

> 昔李牧備邊，日以牛酒享士，士皆樂為一戰，而牧屢抑止之；至其不可禁遏，而始奮威並出，若不得已而後從之，是以一戰而破強胡。

《陳言邊務疏》上達聖聽後，戴銑在孝宗皇帝面前極力推崇，稱「『邊務八策』切中時弊，乃治虜良策，勝過《孫子兵法》十三篇」。皇上也大為讚賞，敕令兵部將臣熟議，並傳提督等官施行。

王陽明在早朝親眼目睹十三道監察御史薄彥徽、蔣欽，南京戶科給事中戴銑、兵科給事中艾洪等二十一名穿戴光鮮的官

員，竟然在丹陛之下，當着文武百官的面，被扒了褲子，被廷杖三十。戴銑當場死於杖下，其他大臣也是被打得血肉模糊。蔣欽三疏言劉瑾之奸，三受廷杖下獄，竟死在詔獄之中。啪啪作響的板子，不僅僅打在這二十一名官員的屁股上，還打在了百官們的心上。那一聲聲慘叫，在王陽明心中久久迴響。

王陽明把這當成奇恥大辱，是在打全天下讀書人的臉面。這二十一人都是進士出身的讀書人，而且都是科道言官，他們上疏挽留劉健、謝遷二位閣老。上疏參劾本是他們的職責，就算言辭有誤也可免罪，竟然被劉瑾誣陷，全都處以廷杖並下至詔獄。大明綱紀何存？讀書人的臉面何存？

王陽明百感交集，將胸中抑鬱化為筆下文字：《乞宥言官去權奸以彰聖德疏》。裏面有一段這樣寫道：

> 今在廷之臣，莫不以此舉為非宜，然而莫敢為陛下言者，豈其無憂國愛君之心哉？懼陛下復以罪銑等者罪之，則非惟無補於國事，而徒足以增陛下之過舉耳。然則自是而後，雖有上關宗社危疑不制之事，陛下孰從而聞之？

這封奏摺自然為劉瑾所忌。王陽明被廷杖四十，下詔獄，謫為貴州龍場驛驛丞。[1] 龍場在貴陽西北七十里處，在當時是苗、僚[2] 雜居的僻遠之地，中國哲學史上著名的「龍場悟道」便要在這裏上演。

1　《明史·卷三百十四·列傳第一百九十二》：瑾既得志，遂以事革韓文職，而杖責請留健、遷者給事中呂翀、劉郤及南京給事中戴銑等六人，御史薄彥徽等十五人。守備南京武靖伯趙承慶、府尹陸珩、尚書林瀚，皆以傳翀、郤疏得罪，珩、瀚勒致仕，削承慶半祿。南京副都御史陳壽，御史陳琳、王良臣，主事王守仁，復以救銑等謫杖有差。

2　中國南方古越人的一分支。據李膺《益州記》，東晉之前的僚人居住在象山以北，巴蜀以南的廣大區域，即大約等於現在以貴州為中心涉及雲南、廣西、四川周邊諸省的地區。

第二章

兩大浪漫氣質：喜住巖洞，喜歡做夢

王陽明是正德二年（1507 年）的春天離開北京的。從十一歲那年他隨祖父王天敘（號竹軒）進京與父親同住算起，王陽明前前後後在北京城生活了將近二十年。父親王華（1446～1522 年），字德輝，號實庵，晚年又號「海日翁」，因早年曾在老家浙江餘姚龍泉山的一座寺廟讀書，世人又稱他為「龍山先生」。明憲宗成化十七年（1481 年），三十六歲的王華考中狀元，此後一直在京城做官，歷任翰林院修撰、會試主考官、經筵講官等官職。王陽明十二歲在京城入私塾，後來因娶親、養病幾度回到浙江老家，又三次來京參加會試。弘治十二年（1499 年）中進士，被安排觀政工部，後來又先後出任刑部雲南清吏司主事和兵部武選司主事。在任京官的這些年，也曾外派河南浚縣主持建造威寧伯王越（1426～1499 年）的陵墓，赴直隸和淮南等地審查犯人，赴山東主持鄉試。他在京城求學、應試、為官、講學，在這裏交結了李夢陽等一幫志同道合的摯

友，弘揚聖學之道，推崇先秦古文，而且不光做空頭文章，更是言行一致，學以致用。為戴銑仗義執言，便是他在踐行着「養天地正氣，法古今完人」的聖學要義。雖身陷囹圄，貶官蠻荒也無怨無悔。內心坦蕩無私，何懼外物紛擾？當他聽到被貶貴州龍場的那一刻，內心毫無畏懼，反而感到十分暢達甚至暢快。不就是一次流放嗎？這何嘗不是一次在天地間行走，向化外百姓傳播聖道的良機？孟子云：「天降大任於斯人。」朱子云：「格物致知。」就將這次流放當作一次內心的修煉和致知的求索好了！

在京城，王陽明還結識了一位影響他一生的摯友湛若水（1466～1560年）。湛若水，字元明，因是廣東廣州府增城縣甘泉都人氏，被時人稱為「甘泉先生」。弘治十八年（1505年）他參加會試，中進士第二名，時任翰林院編修。湛若水與王陽明是推心置腹的好友。兩年前，兩人在一個文士雅集上一見如故，意氣相投，都對時人沉溺記誦之學和口耳之學極為反感，決心共同致力於復興以身心修行為根本的聖賢之學。那次會面以後，兩人都稱讚對方為：「此等人物，未曾遇見！」

湛若水是新會名儒、「白沙心學」開創者陳獻章（白沙）（1428～1500年）的弟子和衣缽傳人，並創立了獨樹一幟的「甘泉心學」，讓「白沙心學」更加精妙入微和自成系統。王陽明後來創立的「陽明心學」與南宋哲學家陸九淵（象山）（1139～1193年）的心學思想統稱為「陸王心學」，成為與程顥（明道）（1032～1085年）、程頤（伊川）（1033～1107年）兄弟，朱熹（元晦）（1130～1200年）開創的「程朱理學」並列的中國儒學兩大重要流派。雖同是心學，但甘泉心學與陽明心學並非一脈。

湛若水長王陽明六歲，享年九十五歲，比王陽明晚去世三十二年。王陽明去世後，湛若水為他寫了墓志銘，其中寫道：「初溺於任俠之習，再溺於騎射之習，三溺於辭章之習，四溺於神仙之習，五溺於佛氏之習。正德丙寅，始歸正於聖賢之學。」這說明，王陽明在正德元年（1506年）三十五歲時「歸正於聖

賢之學」之前，還有過一段心無定性的「五溺時代」。王陽明年輕時任俠好武，十四歲學習弓馬之術，研讀《六韜》《三略》等兵法。十五歲時遊歷居庸關、紫荊關、倒馬關等三關。一次王陽明在居庸關外正騎馬前行，迎面過來兩個韃靼人，騎在馬上大大咧咧地説話，王陽明突然心生一股無明火，不由分説，拉弓搭箭，「嗖」的一箭就射了過去，嚇得這兩個韃靼人掉頭就跑，王陽明在後面縱馬疾追，還不停地放箭，直追出幾里路遠。其任俠、騎射之習可見一斑。後來，他又癡迷於朱熹的「格物窮理」之説。父親王華的官署種了很多竹子，王陽明在朱熹的著作中讀到程頤的「眾物必有表裏精粗，一草一木，皆涵至理」，便邀上一位姓錢的朋友一起「格竹子」——對着竹子日夜思索，想學聖人探求出一個「至理」。三天后，姓錢的朋友因思慮過重病倒。七天后，王陽明也病倒了，宣告「格竹子」失敗。格物致知的路子行不通，王陽明從十七歲開始潛心於老莊神仙養生之道和佛家性空學説，當然也是無所建樹。格竹子也好，佛老之説也好，其實都是光有立志，而沒有找到入門的路徑，還只是在成聖成賢的門外徘徊。就説王陽明的「格竹子」，他只知道「一草一木，皆涵至理」，便想着一口氣便悟出一個天地宇宙皆通行不悖的「一理」「大理」出來，而沒有懂得「理一分殊」的道理，沒有看到竹子之理與其他草木之理的不同之處。因而他的格竹子近乎參禪了。

弘治元年（1488 年）七月，十七歲的王陽明前往江西南昌迎娶妻子諸氏。諸氏的父親諸養和擔任江西布政司參議，也是餘姚人，跟王陽明父親王華是至交。王陽明的婚事是父輩指定的，「父母之命，媒妁之言」，這在當時是傳統習俗。這絲毫沒有影響王陽明與妻子諸氏婚後幾十年的深厚感情。婚禮當天，王陽明突然失蹤。第二天早上，眾人在城內一所名叫「鐵柱宮」的道觀裏找到他，他正跟着一名「無為道士」盤腿靜坐學習導引之術哩。這段奇聞在錢德洪（1496～1574 年）的《陽明先生年譜》（以

下簡稱《年譜》)[1]、李贄（1527～1602 年）的《陽明先生年譜》[2]和黃綰（1480～1554 年）的《陽明先生行狀》中都有記載，但卻不合常理，恐怕是後人演繹的傳奇故事。

王陽明在南昌生活了十四個月，這段時間比較閑適，熱衷於練習書法。據《年譜》記載：「吾始學書，對模古帖，止得字形。後舉筆不輕落紙，凝思靜慮，擬形於心，久之始通其法。」[3]王陽明悟出在成字於紙前，先將字體「擬形於心」，書法大有長進，奠定了他在明代書法家中獨樹一幟的地位。清代大收藏家、詩人朱彝尊對王陽明的書法推崇備至：「詩筆清婉，書法尤通神，足為臨池之模範。」王陽明的書法縱橫跌宕、氣勢非凡，既有文人書法的神韻，又有武將的豪邁，卻很少被歸於書法家行列。比王陽明稍晚的同時代書畫家徐渭曾評價王陽明的書法：「古人論右軍（王羲之）以書掩其人，新建先生（王陽明）乃不然，以人掩其書。觀其墨跡，非不翩翩然鳳翥而龍蟠也，使其人少亞於書，則書已傳矣。」

弘治二年（1489 年）十二月，接到祖父竹軒公病重的消息後，王陽明攜妻子諸氏啟程返回家鄉餘姚。沿信江逆流而上，途經廣信府上饒時，順便拜訪了大儒婁諒（一齋）（1422～1491年），向他請教宋儒的「格物」說。婁諒告訴王陽明「聖人必可

---

1 ［明］錢德洪等編《陽明先生年譜》，收入《王文成公全書》中稱《年譜》，明嘉靖四十二年（1563 年）刊本，載《王陽明文獻集成》第 127 冊，揚州：廣陵書社 2019 年版。以下王陽明生平凡引自《年譜》者不再一一加註。《年譜》是王陽明弟子錢德洪、薛侃、歐陽德、黃弘綱、何性之、王畿、張元沖、鄒守益、羅洪先等共同編撰、反覆修訂而成，雖在史實方面偶有謬誤，仍可作經典聖賢傳記。李贄讚曰：「此書之妙，千古不容言。」見［明］李贄《與方伯雨》，《續焚書》第 1 卷，劉幼生編校《李贄文集》第 1 冊，北京：社會科學文獻出版社，2000 年，第 10 頁。

2 李贄本人編有兩卷本《陽明先生年譜》，收入于浩輯《宋明理學家年譜》第 11 冊，北京：北京圖書館出版社，2005 年。此年譜是在錢德洪等人所編年譜基礎上「推本並論之」所成。

3 《王文成公全書》卷三十二《年譜》。

學而至」，這燃起了他內心深處修習格物之學成為聖賢的熱情，立志以聖學為宗，振興聖學。婁諒是明代著名理學家吳與弼（康齋）（1391～1469年）的三大高徒之一，另外兩位是陳獻章和胡居仁（1434～1484年）。湛若水師從陳獻章，王陽明曾向婁諒問道。而今湛若水與王陽明在京城結為志同道合的摯友，也算是機緣巧合。陳獻章提出「主靜心學」，湛若水卻發展出「隨處體認天理」學說。王陽明的心學沒有嚴格的師承關係，但精神氣質卻可上溯至心學鼻祖陸九淵，例如陸九淵和王陽明都說過「心即理」。陸九淵與朱熹是同時代人，他們曾有著名的「鵝湖之會」。正德十六年（1521年），江西撫州知府李茂元重刻《象山文集》，時任江西巡撫的王陽明為之作序，首句便寫道：「聖人之學，心學也。」公開為陸學正名，指出陸學乃孟子之學，可惜後人因門戶之見不能明白，尤其是「析心與理為二」，導致天下大亂，是非不分。

　　王陽明結識湛若水之初，對心學體悟還不深，兩人雖都屬體認之學，但也顯現出若即若離的形跡。湛若水主張隨處體認天理。格物，「格」就是「至」，也就是求索的意思；「物」就是「天理」。那麼格物就是「至其理」，就是「求道」。格物的目的就是「體認天理」並存養它，也就是「一內外」「兼知行」「貫動靜」。天理就是心的自然本體，「體認天理」就是在應對事物之中，體認到自己內心中正的本體——天理。此處的心，與平常人所說有內外之別的心不同，而是囊括萬物沒有遺漏，也無內外之分的心。湛若水認為，他的老師陳獻章創立了自己的「主靜心學」，主「靜」忽「動」，好靜坐工夫，陸九淵又主「心」忽「事」，都失之偏頗。他提倡「隨處」體認天理，則動靜心事，都說到了。以主敬為格物工夫，就是為了修正陳獻章主「靜」忽「動」的弊病。王陽明對陸九淵「某雖不識一字，亦不妨我堂堂正正做人」這句話十分推崇，認為學問之道，體認為本，體認還須向內求，方能明心見性。格物致知，格物其實就是格心。心性有別，心為內，物為外。尤其在經歷廷杖等變故後，王陽明越發

覺得心外無物，世間多磨難，若沒有一顆強大的內心，很難在塵世間立足。

王陽明和湛若水，還有翰林院編修汪俊（抑之）（？～1529年）、崔銑（子鍾）（1478～1541年）等好友在疑義相與析之際，也常相辯論。湛若水主張他的「隨處體認天理」說，強調「萬物一體之仁」。他認為，天地間的萬物和「我」本是一體的，天下百姓和我的骨肉親人一樣，都是一家人。無論是程顥的「仁者渾然與物同體」，張載（橫渠）（1020～1077年）的「故天地之塞，吾其體；天地之帥，吾其性。民，吾同胞；物，吾與也」，還是朱熹強調「性即理」，陸象山主張「心即理」，所說的心，是能體察天地而沒有遺漏的存在；所說的性，是心的本能，心與性是統一的，不可分割的。由此可見，宇宙渾然一體，萬物不是在心外，格物致知的格，其實就是格心。致知的知就是天理，也就是事物的本質和規律。

那麼怎麼格呢？湛若水認為，程顥強調體認之學，強調從實踐中去體會。他的老師陳獻章，其吃緊工夫全在靜修涵養，他居白沙里，築陽春臺，讀書靜坐，十年間不出戶終於悟道。而湛若水在此基礎上發展了「隨處體認天理」說，本以為老師會批評他呢，但老師卻對此大加讚賞，稱之為「參前倚衡之學」。

湛若水在他的《心性圖說》裏詳細地解說了心、人、元氣三者的關係。概言之，元氣就是周敦頤（濂溪）（1017～1073年）說的太極，心在人中，人在元氣中。「天地同是一氣」，而心居於中正的位置，所以能使「萬物皆備於我」。程朱理學也好，陸陳心學也罷，在他看來都是「合一」的，心與物、理與氣、心與理、心與性、知與行、理與慾、虛與實都只是一氣、只是一理。就像他寫的一句詩那樣：「天地我一體，宇宙本同家。」

王陽明常常與老友們分享他的心學體驗工夫，提倡以陸九淵的「存養德性」為宗，要「此心還此理」。並主張在問學時，去掉朱子學醉心於追求心外事物之理，陷於支離破碎、溺於字詞

析義而喪失了心之主體的弊病。對此，王陽明認為，朱熹是聖人之道的集大成者，發其指要，盡其精微，而且提出了物格知至，方可進入聖賢之域以及知為先、行為理等實踐工夫。可是自從元仁宗延祐年間，朝廷開始以朱子《四書集註》取士，朱熹博大精深的理學思想便被教材化。參加科考的士子只知背誦朱熹的語錄，卻忘記了朱子學的生活氣息和實踐意義，其工夫論（「工夫」與「功夫」是一對異體同義詞，《朱子語類》等著作中二者經常混用。在研究義理層面的「工夫」與中國哲學範疇的「工夫論」的時候，用「工夫」為宜。此外，在王陽明《傳習錄》裏，「工夫」「功夫」也常混用，引用時尊重原著，不作區別）變得日益模糊。朱子學變成了空中樓閣，甚至成為思想的桎梏。

在王陽明看來，朱熹主張性即理、格物致知，「格」乃「盡」之意，窮盡事物之理，是為格物。但如果格物致知的路向有了問題，即使把所謂的「物之理」都「格」出來，甚至都窮盡了，也不能使自己成為聖賢。他還經常跟老友們舉他十七八歲時「格竹子」的例子，本想格物窮理成為聖賢，照這樣格下去，不但聖賢做不得，命都沒了。

既然格物成不了聖賢，那如何才能成為聖賢呢？王陽明的觀點是，我們的心原本是具足「聖人之性」的，所以我們人人皆可為聖賢。不然的話，我們就算多麼努力向心外格物，都成不了聖賢。六祖慧能（638～713年）說：「心生種種法生，心滅種種法滅。」雖然此禪宗之心與聖學之心略有不同，但道理卻也相通。人若要成為聖賢，也必須原本就該具有聖人的本質。孟子説「萬物皆備於我」，又説：「盡其心者，知其性也。知其性，則知天矣。」[1] 朱熹説「理生萬物」，[2] 王陽明在此基礎上提出「心外無

1　《孟子·盡心上》。

2　《朱文公文集》卷五十八：天地之間，有理有氣。理也者，形而上之道也，生物之本也。氣也者，形而下之器也，生物之具也。

物」的主張。

王陽明的主張在當時像是刮起一股清風，不僅與程朱理學提倡以「格物窮理」為治學第一要義不同，與陳湛心學也不是一個路數，讓人覺得新鮮、新奇，也時常引來非議。

正德二年（1507 年）春天，在王陽明即將南下赴貶謫之地貴州龍場之際，湛若水作《九章》，也就是九首詩贈別，裏面有兩句表達兩人惺惺相惜之情：「自我初識君，道義日與尋。」「生別各萬里，言之傷我心。」崔銑和了一組《五詩》。崔銑信奉程朱理學，與王陽明學術觀點對立，晚年時曾指責王陽明「去良能，而獨挈良知」的那一套心學體系是「霸儒」。雖然學術有爭論，但絲毫不影響他與王陽明的友誼，尤其是年輕時相與論學時的道義之交。王陽明以一組《八詠》回贈二人。這些詩都是贈別詩，但也可歸於論道詩之列。湛若水《九章》裏的第七首《皇天》如下：

> 皇天常無私，日月常盈虧。
> 聖人常無為，萬物常往來。
> 何名為無為？自然無安排，
> 勿忘與勿助，此中有天機。

這首詩表面上是在說日月盈虧的自然規律，其實也在講通過孟子的「勿忘勿助」[1]之道，可以抵達聖人「天機」的境界。

第九首《天問》中有兩句寫道：

> 天地我一體，宇宙本同家。
> 與君心已通，別離何怨嗟？

這首詩體現了湛若水「萬物一體」的思想，雖講「天地我一體」，但仍有你我之分，缺少陸九淵「我心即宇宙」的氣派，與

---

1 《孟子·公孫丑上》：「必有事焉而勿正，心勿忘，勿助長也。」是指在道德涵養中，心不要忘記，也不要助長。

王陽明晚年在《大學問》中對大人的描述（大人就是具有仁心的人，他能夠以天地萬物為一體，即把整個宇宙看成是有生命的整體，對天地之間的所有生命、事物都能夠以仁愛之心待之，無私慾之弊，能夠明其明德）[1]也有一定的距離。

從王陽明回贈給湛若水等人的詩作中，可以管窺他當時的學問境界。《八詠》第三首寫道：

> 嗟予不量力，跛鱉期致遠。
>
> ......

意思就是孔孟之學衰落，二程理學式微，後來的幾位儒家學者，各有優劣。我自不量力，雖然跛行，也希望擔當起光復孔孟聖學的責任。從這首詩中可以看出，他對朱熹「格物致知」那一套已經心生不滿，開始尋求自己的心學之路。

第四首寫道：

> 此心還此理，寧論己與人！
> 千古一噓吸，誰為歎離羣？
> 浩浩天地內，何物非同春！
>
> ......

---

1 王陽明在《大學問》中借用《孟子》的觀點對「大人」「大人之學」予以解釋：「大人者，以天地萬物為一體者也。其視天下猶一家，中國猶一人焉。若夫間形骸而分爾我者，小人矣。大人之能以天地萬物為一體也，非意之也，其心之仁本若是，其與天地萬物而為一也，豈惟大人，雖小人之心亦莫不然，彼顧自小之耳。是故見孺子之入井，而必有怵惕惻隱之心焉，是其仁之與孺子而為一體也。孺子猶同類者也，見鳥獸之哀鳴觳觫，而必有不忍之心，是其仁之與鳥獸而為一體也。鳥獸猶有知覺者也，見草木之摧折而必有憫恤之心焉，是其仁之與草木而為一體也。草木猶有生意者也，見瓦石之毀壞而必有顧惜之心焉，是其仁之與瓦石而為一體也。是其一體之仁也，雖小人之心亦必有之……是故苟無私慾之蔽，則雖小人之心，而其一體之仁猶大人也；一有私慾之蔽，則雖大人之心，而其分隔隘陋猶小人矣。故夫為大人之學者，亦惟去其私慾之蔽，以明其明德，復其天地萬物一體之本然而已耳。非能於本體之外，而有所增益之也」「故止於至善以親民而明其明德，是之謂大人之學」。

陽明心學「心即理」的影子初露端倪。

第五首寫道：

> 道器不可離，二之即非性。
>
> 孔聖欲無言，下學從泛應。
>
> 君子勤小物，蘊蓄乃成行。
>
> ……

詩中闡述了「大學」與「小學」的關係，大學與小學即形而上與形而下、上達與下學、道與術的關係。王陽明後來一直主張學問之道要從日常小事的磨練中做起。

在《答汪抑之三首》中的第三首中，王陽明寫道：

> 鵝湖有前約，鹿洞多遺篇。
>
> ……

汪俊是王陽明在京城交遊的好友，但汪俊跟崔銑一樣，是信奉朱子學的學者。王陽明這句詩講的是南宋朱熹與陸九淵「鵝湖之會」的故事。朱熹以「格物窮理」為治學第一要義，而陸九淵主張在治學中最重要的是「存養德性」。陸九淵批評朱熹的學說向外求理，缺失心性的修養，陷入「支離破碎」。朱熹則批評陸九淵是一昧向內求，流於禪學，陷入虛妄。南宋淳熙二年（1175年）六月，學者呂祖謙（1137～1181年）為了調和朱熹「理學」和陸九淵「心學」之間的理論分歧，使兩人的哲學觀點「會歸於一」，於是出面邀請陸九齡（1132～1180年）、陸九淵兄弟前來江西信州（今江西上饒）鵝湖寺與朱熹見面。雙方就各自的哲學觀點展開了激烈辯論。朱陸二人觀點不同，但卻是關係很好的辯友。在鵝湖之會後六年，宋孝宗淳熙八年（1181年）二月，陸九淵應朱熹之邀來到江西南康府五老峰下的白鹿洞講學，陸九淵向朱熹的弟子們慷慨激昂地講授了《論語》中「君子喻於義，小人喻於利」一章，大談義利之辨。他聯繫科舉之弊對義利、君

子、小人的嚴辨，使諸生大為感動。朱熹當場起身離席，直言：「熹當與諸生共守，以無忘陸先生之訓。」還特意將陸九淵的講義刻碑立於書院之中，並親筆為這篇講義寫了一跋，表明兩人在義利之辨上達到了一致。王陽明的心學是發源於陸學的，他在寫給汪俊的詩中提到鵝湖、白鹿洞的典故，暗含他與汪俊信奉的學說雖不同，但仍可成為情投意合的辯友。

分別時，湛若水與王陽明約定將來同遊南嶽衡山，並邀請他到自己早年講學之地廣東羅浮山遊覽。王陽明晚年南征廣西歸途中才如約踏訪湛若水廣東增城老家的舊居。

與好友分別沒幾天，王陽明在赴謫途中夢見與汪俊、湛若水、崔銑一起論道的情景。他在《夢與抑之昆季語湛崔皆在焉覺而有感因記以詩三首》中記述了夢的內容。三首詩中第二首如下：

> 起坐憶所夢，默溯猶歷歷。
> 初談自有形，繼論入無極。
> 無極生往來，往來萬化出。
> 萬化無停機，往來何時息！
> 來者胡為信？往者胡為屈？
> 微哉屈信間，子午當其屈。
> 非子盡精微，此理誰與測？
> 何當衡廬間，相攜玩羲《易》？

從此詩中可以看出王陽明當時的宇宙觀受《周易》和周敦頤、邵雍（1012～1077 年）的「宇宙生成論」影響很大。《周易》首先提出了以太極為本根的宇宙生成論。到了北宋，周敦頤極大地發展了這個學說。他在《太極圖說》中認為：「無極而太極。太極動而生陽，動極而靜，靜而生陰。」「一動一靜，互為其根。分陰分陽，兩儀立焉。陽變陰合，而生水火木金土。五氣順布，四時行焉。」「二氣交感，化生萬物。」簡單來說，周敦頤認為

無極而太極是宇宙之始，因為動靜而分陰陽，陰陽交感而生五行，陰陽五行再化生出宇宙萬物。與周敦頤同時代的邵雍的「宇宙生成論」與周敦頤的略有不同，但也來源於《周易》。他在《皇極經世·觀物內篇》中寫道：「天生於動者也，地生於靜者也，一動一靜交而天地之道盡之矣。動之始則陽生焉，動之極則陰生焉，一陰一陽交而天之用盡之矣。靜之始則柔生焉。靜之極則剛生焉，一剛一柔交而地之用盡之矣。」意思是天動地靜，陰陽轉換，剛柔相濟，盡顯天地之道。

王陽明一生有兩大頗具浪漫主義氣質的喜好，一是喜住巖洞，年輕時在餘姚老家四明山陽明洞結廬而居，後來謫貶貴州龍場住在陽明小洞天，江西平叛時，將龍南的玉石巖改名「陽明別洞」；二是喜歡做夢，《年譜》中所記載王陽明所做之夢多發生在其人生的重要節點，且總有出奇驗證。王陽明十五歲時出遊居庸關，慨然有經略四方之志，騎馬射箭，經月始返。一日，夢見自己參謁伏波將軍廟，並在夢中賦詩一首：

> 捲甲歸來馬伏波，早年兵法鬢毛皤。
> 雲埋銅柱雷轟折，六字題詩尚不磨。[1]

四十二年後，即嘉靖七年（1528年），王陽明五十七歲，在南征廣西思田返鄉途中，途經烏蠻灘見到伏波廟（今廣西橫縣境內），十五歲時在夢中參謁伏波將軍廟的情景仍歷歷在目，感慨之餘賦詩兩首，其中有詩句曰：

> 四十年前夢裏詩，此行天定豈人為？

伏波將軍馬援（公元前14～49年），是東漢光武帝時期的名將，先後討伐羌族、平定交趾、征討匈奴和烏桓，討伐南方武

1　《夢中絕句》，載吳光、錢明、董平、姚延福編校《王陽明全集》卷二十，上海：上海古籍出版社，1992年，第797頁。

陵玉溪蠻族暴動。晚年時再次出兵匈奴，病死疆場。王陽明十五歲的夢境，冥冥之中似乎為自己今後的命運打下了伏筆。

弘治五年（1492年），二十一歲的王陽明參加浙江鄉試。他在考場半夜夢見兩個巨人，一人穿緋紅，一人著綠裝，談論道：「三人好作事！」忽不見。結果王陽明與孫燧（1460～1519年）、胡世寧（1469～1530年）同榜中舉。後來寧王朱宸濠叛亂，胡世寧發其奸，孫燧死其難，王陽明平之，皆以為奇驗。

弘治十二年（1499年），二十八歲的王陽明第三次參加會試，中進士第，會試被列為第二名。參加皇帝主持的殿試，被賜予二甲進士出身第七人。據收錄於《世德紀》的湛若水撰寫的《陽明先生墓志銘》記載，王陽明在會試時本來是第一名，但由於主考官、侍讀徐穆（1467～1511年）的反對，才被列為第二名。未第時，王陽明曾夢見威寧伯王越贈送弓劍。考取進士後，王陽明觀政工部，這年秋天奉命赴河南浚縣督造王越墳墓。造墳過程之中，王陽明將役伕編陣，演練「八陣圖」。墓成，威寧伯家人將王越生前所佩寶劍相贈，又是早有夢驗。

其實王陽明的生與死都與夢有關，《年譜》對此有較詳細的記載。憲宗成化八年（1472年）九月三十日，王陽明生母鄭氏已懷孕十四個月，祖母岑老夫人夢見神人穿緋衣雲中鼓吹，送兒授她。岑老夫人警寤，聽到啼聲。嘉靖八年（1530年），王陽明的葬禮在洪溪舉行，門人會葬者達千餘人。洪溪去越城三十里，入蘭亭五里，墓址為王陽明生前親選。「先是前溪入懷，與左溪會，沖嚙右麓，術者心嫌，欲棄之。有山翁夢神人緋袍玉帶立於溪上，曰：『吾欲還溪故道。』明日雷雨大作，溪泛，忽從南岸，明堂周闊數百尺，遂定穴。」王陽明終於入土為安。出生與安葬都有神人託夢，增添一絲神祕色彩。

王陽明赴謫貴州龍場的船沿運河南下到了杭州，兄弟守儉、守文、守章聞訊前來北新關迎接。兄弟相見甚歡，王陽明向他們說了一通劫後餘生的感慨，還寫了一首《赴謫次北新關

喜見諸弟》的詩，裏面有兩句：

> 已分天涯成死別，寧知意外得生還。
> 投荒自識君恩遠，多病心便吏事閑。

王陽明很早時就得了肺病，經過牢獄之災和舟船勞頓，他的老毛病又犯了，只好在西湖之畔、南屏山麓的淨慈寺休養。杭州是浙江行省省會，古屬吳越國，又稱錢塘，為南宋都城。杭州西湖風景秀麗，名勝古蹟數不勝數，離他的出生地餘姚和成長地紹興都不遠，王陽明對這裏非常熟悉。弘治十五年（1502 年），任刑部雲南清吏司主事的王陽明審查完江北囚徒，平反了很多冤假錯案後，一度北上，打算回京覆命。五月，行至揚州時，肺病加重，臥牀不起，只好向朝廷上書，乞求歸鄉養病。獲得批准後，他回到家鄉餘姚，在四明山的陽明洞修建了一個草堂，在草堂裏修習導引之術，「池邊一坐即三日」「醉眠三日不知還」。據說，王陽明修習導引術一個月後，修煉出預知未來的能力。一天，他對身邊童子說，有四位相公要來，讓他去五雲門迎接。果不其然，王文轅、許璋等四名好友前來拜訪，四人十分詫異，問王陽明怎麼能預知他們要來？王陽明答：「只是心清。」這有如《中庸》有言：「至誠之道，可以前知⋯⋯」王文轅，字司輿，紹興山陰人，是王陽明的莫逆之友。他身體多病，常修行靜坐隱居之術，是個「隱居獨善」「緻類莊列」「以道德重於時」的山陰鄉賢，讀書喜獨到見解，不喜章句訓詁，曾對人說：「朱子註說多不得經意。」在王陽明的思想形成過程中，王文轅起過重要的作用。王陽明的弟子季本（1485～1563 年）在自己的哲學著作《說理會遍》中有一篇文章《陽明之學由王司輿發端》。許璋，字半圭，紹興上虞人，是王陽明的塾師。他潛心性命之學，授王陽明以奇門遁甲諸書與諸葛武侯戰陣之法。王陽明撫江西，回家時常來上虞探望其師，菜羹麥飯，晤談終日，兩宿不厭。許璋曾叮囑他：「勿錯認帝星。」

據《年譜》記載，這段時間王陽明常遊杭州南屏山的淨慈寺和大慈山的虎跑寺。弘治十六年（1503 年），一日，王陽明來到虎跑寺遊玩，聽說寺中有一禪僧已經坐關三年，終日閉目靜坐，不發一語，不視一物。他徑直來到老僧人面前，粗聲大氣地說：「這和尚終日口巴巴說什麼？終日眼睜睜看什麼？」

老僧被嚇了一跳，立刻起身行禮：「小僧在此不言不視已三年。施主卻道口巴巴說什麼，眼睜睜看什麼，此話何從說起？」

王陽明沒有直接回答，反問他：「你是哪裏人？離家幾年了？」

老僧答道：「河南人氏，離家十餘年矣。」

「你家中可還有親人？」

「只有一老母，未知存亡。」

「還起念否？」

老僧答道：「不能不起念也。」

王陽明說：「你既不能不想念，雖終日不言，心中已自說着；終日不視，心中自看着了。」

老僧幡然醒悟，合掌向他請教：「施主妙論，更望開示。」

「父母天性，豈能斷滅？你不能不起念，便是真性發現。雖終日呆坐，徒亂心曲。俗語云：『爹娘便是靈山佛，不敬爹娘敬甚人？』」他話還沒落音，老僧便大哭起來，對王陽明說：「施主所言極是，小僧明早便歸家省視老母。」

王陽明常以禪機示人，隨便點化。有人問他，此僧閉關參禪三年，不語不視，也算是高僧了，為何被他一語擊破，倉惶而逃？王陽明答說，他雖終日苦修，然心有所繫，塵緣未了。佛老之道，因緣隨化。待到所之既倦，情隨事遷時，切不可執於一念。王陽明對此有更深的體驗，他少時多病，執迷於佛老之道，羨慕神仙境界。就在一年前的春天，他審查完江北囚徒，抽空前往常州茅山遊玩，在山上偶遇嚮往神仙之學的丹陽人湯雲谷。湯雲谷向他介紹了呼吸屈伸之術和凝神化氣之道。他倆結伴登上三

茅之巔，踏訪陶弘景遺蹟，慨歎現世之穢濁，飄然有脫屣人間之志。王陽明見他「眉間慘然，猶有悒世之色」，斷定他以後會安常處順。湯雲谷卻不以為然，說：「子見吾之貌，而吾信吾之心。」[1]後來果不出王陽明所料，湯雲谷還是踏入了官場，歷任給事中、右給事，「殫心職務，驅逐瘁勞，竟以直道抵權奸斥外」。十二年後，王陽明與湯雲谷再會於丹陽，湯雲谷已致仕居家三年，卻在此中實現了「精藏」「神守」「累釋」和「機忘」，在鄉鄰同僚眼中他已儼然一位得道賢士。這就是王陽明經常說的「吾儒亦自有神仙之道」，何必一定要脫離人間才能超凡入聖呢？

那次王陽明從茅山下來，又登上青陽縣西南方的九華山，這裏是地藏王菩薩的道場，山上還有詩仙李白的書齋。王陽明遊覽無相寺，夜宿化城寺。聽說九華山地藏洞有位老道在修行，坐臥松毛，不食人間煙火，王陽明甚感好奇，攀絕壁而上，見一老道正在洞中熟睡，用手撫摸老道的腳。老道醒來後吃驚地問：「如此危險，安得至此？」王陽明答道：「欲與長者論道，不敢辭勞也。」老道便與他談論佛老要義，又說到儒學：「周濂溪（周敦頤）、程明道（程顥）是儒者兩個好秀才。朱考亭（朱熹）是個講師，只未到最上一乘。」王陽明跟他談到天色已晚才下山。第二天，再去拜訪，老道已徙居他處。王陽明作了一首《九華山賦》，感慨「富貴其奚為？猶榮蕣之一朝」，希望「長遨遊於碧落，共太虛而逍遙」。似有棄世入山之志，為何最後沒有如願呢？他在賦的結尾寫道：「亂曰：蓬壺之藐藐兮，列仙之所逃兮。九華之矯矯兮，吾將於此巢兮。匪塵心之足攪兮，念鞠育之劬勞兮。苟初心之可紹兮，永矢弗撓兮！」原來，他心裏還牽掛着養育自己的長輩之恩，他的祖母岑太夫人已經八十多歲了，一直對他疼愛有加，父親龍山公對他有養育之恩，他放不下對他們的親

1　［明］王守仁：《壽湯雲谷序》，《王文成公全書》卷二十二。

情，才不忍出家修行。

正德十五年（1520 年），王陽明四十九歲。時隔四十九歲，他再次來到九華山化城寺，並作詩《重遊化城寺二首》。[1] 在第一首詩中，他回憶了當年他拜訪地藏洞老道的情景：

> 愛山日日望山晴，忽到山中眼自明。
> 鳥道漸非前度險，龍潭更比舊時清。
> 會心人遠空遺洞，識面僧來不記名。
> 莫謂中丞喜忘世，前途風浪苦難行。

後來王陽明也悟出佛老之不足，他曾對弟子徐愛（1487～1518 年）等人講過：「佛教和道教都堅持虛無，追求長生不老和脫離生死苦海。説到底追求的還是自己的私慾，所以並未得到真正的虛無。佛怕父子累，卻逃了父子；怕君臣累，卻逃了君臣；怕夫婦累，卻逃了夫婦。都是為這君臣、父子、夫婦着了相，便須逃避。佛教的目的是『不着相』，但刻意為之就變成『着相』了。而我們儒教，有父子，還他以仁；有君臣，還他以義；有夫婦，還他以別。何曾着父子、君臣、夫婦的相了？道教上陽子之流，蓋方外技術之士，常為拔宅飛昇和祕術曲技，實乃大力怪神。我們儒家也自有神仙之道，書上説顏子三十二而卒，但他的精神至今未亡哩。你們信嗎？」

上次來杭州是休病假，這次是遭貶途中養病，很多人唯恐避之不及，唯獨徐愛堅持向他行弟子禮，拜他為師，這一舉動給王陽明帶來了很大的心理安慰。徐愛，字曰仁，號橫山，比王陽明小十六歲，是王陽明的餘姚同鄉，也是他的妹夫（娶王陽明小妹王守讓）。這次徐愛跟王陽明的弟弟王守文一道來杭州，準備參加秋季的鄉試。徐愛為人溫恭，成為最早投入王陽明門下，又真正領悟王陽明心學真諦，並把推廣、踐行這一學説當成己任的

1　[明]王守仁：《重遊化城寺二首》，《王文成公全書》卷二十。

大弟子。王陽明曾稱讚徐愛：「曰仁，吾之顏回也！」把他比作孔門七十二賢之首的顏回。

王陽明被貶為龍場驛驛丞南下杭州後，劉瑾或許出於後悔，或許是又有人進了讒言，派出刺客刺殺他，王陽明投水錢塘江才逃過一劫。對於這件事，馮夢龍（1574～1646年）在《皇明大儒王陽明先生出身靖亂錄》中用小說化的語言繪聲繪色地記錄了整個事件經過，說是兩名大內密探在夏日午後闖入勝果寺，挾持王陽明而去，在勝果寺借住的鄰人沈玉、殷計趕來救助，但奈何不了刺客。在酒後夜半，刺客逼王陽明投江自盡。第二天一早，沈、殷二人拿着王陽明親筆寫的兩首絕命詩回王陽明的弟弟王守文處報信。原來王陽明在昏暗中偽造了投水現場，設計脱身逃離，搭漁船抵達了舟山，後來在此換船遇上暴風，飄到了福建北部。

對於劉瑾派刺客追殺王陽明這件事的真偽，歷史上一直有爭議。《皇明大儒王陽明先生出身靖亂錄》因是小説家言，不足為信。王陽明的得意弟子錢德洪在《年譜》中也記錄了這件事，但《年譜》並沒有提到劉瑾派人刺殺王陽明，這些大抵都是馮夢龍等後人對於這段歷史的想像。首先，劉瑾為什麼要派刺客刺殺王陽明？王陽明當時只是一個小小的兵部主事，如果真想置他於死地，在北京的詔獄里弄一個屈打成招，或者直接在廷杖時下手重一點，都可以輕易取他性命。這一點，我們也可以從劉瑾對王陽明父親王華的態度上，看出一二。王華曾擔任東宮講讀，也就是當今正德皇帝的老師，那時劉瑾是東宮侍奉的太監，跟王華算是舊識。在王陽明被貶之後，王華還被升了南京史部尚書。由此可見，劉瑾是不太願意和王華結仇的，又怎麼會暗殺他的兒子呢？

其次，劉瑾有沒有派人監視或跟蹤王陽明呢？這個很可能。王陽明被貶貴州龍場，心裏是不情願去貶所的，所以他在杭州以養病為由，遲遲不肯赴貶謫之地。從他的《南風》《臥病靜慈寫懷》《移居勝果寺二首・其二》等詩作中我們都可感受到他這種心思。但作為一名被貶的官員，他遲早要去貴州，不然就是

欺君之罪，而且在路途中多休息也有着不敬皇上的嫌疑。那麼王陽明是否真的生病了呢？從此後他在浙江和江西乘船，又跋山涉水去貴州，一路上未見其有治病的記載，可以推知他在杭州這段時間即使生病了，也病得不算嚴重。那麼劉瑾知不知道王陽明在杭州養病呢？應該是知道的。劉瑾當時掌握東廠這一特務機構，耳目眾多。因而很有可能向杭州派出密探，監視王陽明的行蹤，或者調查他究竟是真病還是裝病。《年譜》寫的是「瑾遣人陰跡先生」，用的是「陰跡」二字，也沒有用刺殺等詞。大意是說劉瑾派人暗中跟蹤王陽明，王陽明害怕了，就假裝投江，然後偷偷上了一艘商船，前往舟山。王陽明倉促離開杭州，不一定是害怕被刺殺，倒是可能為了防備自己再被抓到把柄。《年譜》的作者錢德洪是王陽明的弟子，他在《年譜》中神化和拔高自己的老師，這種可能性也是有的。

不管劉瑾是否真的派出刺客，王陽明設計擺脫密探這件事倒是真的。他年少時就研究兵法，精通權謀，稍稍用計，成功脫險，不在話下。杭州當地的官員很多也相信王陽明遇害了。據清康熙五十年（1711 年）成書的《明鑒易知錄》記載，浙江布政司、按察司以及杭州知州楊孟瑛都以為王陽明死了，在錢塘江邊設靈堂憑弔，王陽明的家人也身穿喪服參加。只有徐愛不願參加，他不相信王陽明已死，他說：「先生必不死！天生陽明，倡千古之絕學，豈如是而已耶？」

第三章

龍場悟道究竟悟出了什麼？

王陽明擺脫刺客以後，抵達龍場之前的經歷，頗有爭議。無論是弟子黃綰撰寫的《陽明先生行狀》，還是弟子錢德洪、薛侃（1486～1546年）、歐陽德（1496～1554年）等弟子共同編撰的《年譜》都記載了他潛入武夷山中、再會無為道人、夜臥虎穴等傳奇經歷。

《陽明先生行狀》有如下記載：

> 瑾怒未釋。公行至錢塘，度或不免，乃託為投江，潛入武夷山中，決意遠遁。夜至一山庵投宿，不納。行半里許，見一古廟，遂據香案臥。黎明，道士特往視之，方熟睡。乃推醒曰：「此虎穴也，何得無恙？」

> 因詰公出處，公乃吐實。道士曰：「如公所志，將來必有赤族之禍。」公問：「何以至此？」道士曰：「公既有名朝野，若果由此匿跡，將來之徒假名以鼓舞人心，朝廷尋究汝家，豈不致赤族之禍？」公然其言。嘗有詩

云：「海上曾為滄水使，山中又拜武夷君。」遂由武夷至廣信，溯彭、蠡，歷沅、湘，至龍場。

《年譜》的記載大致相同，只不過沒有提入武夷山中，卻多了道士乃當年王陽明新婚之夜向其學習導引術的南昌鐵柱宮無為道士，以及算了「明夷」卦一節。我們看看《年譜》的記載：

夏，赴謫至錢塘，瑾遣人陰跡先生。先生懼，佯為自沉於江，密附商船往舟山，颶風一夕，飄墮閩界。比登岸，山行數十里，夜叩野寺，不納。又趨野廟，倚香案臥，蓋虎穴也。夜半，虎但繞廊吼，不敢入。

黎明，寺僧來廟所，意先生必啖於虎，將收其橐。此寺僧蓋素藉虎以禦客者。見先生方睡醒，驚曰：「非常人也。」邀至其寺，則向與先生趺坐於鐵柱宮之道士在焉。道士笑出袖中詩相示，有「二十年前曾見君，今來消息我先聞」之句。因問先生：「爾欲安往？萬一瑾怒，逮爾父，誣爾北走胡，南走粵，奈何？」先生愕然。卦之，得「明夷」，乃決策返。

別道士，留詩壁間（詩在集中）。遂取間道，由武夷歸，涉鄱陽，往省龍山公於建業。以十二月赴龍場驛。

「明夷」是卦名，卦辭是「利艱貞。」象辭是「明入地中。」此卦寓意小人當道，君子蒙塵，在艱難處要學會隱忍，用晦而明，內不失己，外得免禍。王陽明留在壁間的那首詩叫《泛海》：

險夷原不滯胸中，何異浮雲過太空？
夜靜海濤三萬里，月明飛錫下天風。

這首詩意思是人生之路無論是平坦還是坎坷，都不要放在心上，與天上隨風飄盪的浮雲，又有什麼區別呢？月夜泛舟在波瀾壯闊

的三萬里海濤之中，那種感覺有如駕着錫杖，御風飛翔。此詩有太白之風，有《夢遊天姥吟留別》「我欲因之夢吳越，一夜飛度鏡湖月。湖月照我影，送我至剡溪」的闊大襟懷，也有「朝辭白帝彩雲間，千里江陵一日還。兩岸猿聲啼不住，輕舟已過萬重山」的暢快淋漓。

《陽明先生行狀》中提到的「海上真為滄水使」一句出自王陽明的《武夷次壁間韻》：

> 肩輿飛度萬峰雲，回首滄波月下聞。
> 海上真為滄水使，山中又遇武夷君。
> 溪流九曲初諳路，精舍千年始及門。
> 歸去高堂慰垂白，細探更擬在春分。

這首詩與前面的《泛海》成為他海上飄泊、潛入武夷的證明。但是湛若水卻認為王陽明根本沒有泛舟海上，更沒有去過武夷山。之所以這樣寫，是為了掩人耳目，不讓人知道他的行蹤。湛若水在《陽明先生墓志銘》中寫道：

> 人或告曰：「陽明公至浙，沉於江矣，至福建始起矣。登鼓山之詩曰：『海上曾為滄水使，山中又拜武夷君。』有微矣。」甘泉子聞之笑曰：「此佯狂避世。」故為之作詩，有云：「佯狂欲浮海，說夢癡人前。」及後數年，會於滁，乃吐實。

王陽明擅權謀，虛虛實實之事對他來說是家常便飯。湛若水是他的至交好友，後來二人在滁州見面，王陽明親口告訴他沒有去過海上，也沒有登過武夷山。湛若水又將此事寫入王陽明的墓志銘中，此話應該不假。清代學者毛奇齡（1623～1716年）對《行狀》《年譜》等傳記中有關王陽明再會無為道人、夜臥野廟虎不傷他等赴謫途中的傳奇記載，俱不採信：

守仁時徑之龍場，而譜、狀乃盡情狂誕，舉凡遇仙遇佛，無可乘間摭入者，皆舉而摭之。於此二十年前、三十年後，開關閉關，隨意胡亂。亦思行文說事，俱有理路。

浙江一帶水與福建武夷、江西鄱陽俱隔仙霞、常玉諸嶺嶠，而嶺表車筏尤且更番疊換，並非身跨魚鼈可泛泛而至其地者。即浙可通海，然斷無越溫、台、鄞、鄞，不駕商舶得由海入閩之理。且陽明亦人耳，能出遊魂，附鬼倀，朝遊丹山，暮飛鐵柱，何荒唐也！」[1]

關於他赴貴州龍場的路線，《行狀》中說：「遂由武夷至廣信，溯彭蠡，歷沅、湘，至龍場。」《年譜》寫道：「遂取間道，由武夷歸，涉鄱陽，往省龍山公於建業。以十二月赴龍場驛。」綜合湛若水的說法，《行狀》「由武夷山直接赴龍場」的說法不可信。《年譜》中提到他去南京看望父親王華的說法也應存疑。王華此前被任命為南京吏部尚書，但還未赴任就被劉瑾藉王華參與預編《大明會典》中的小謬誤，迫其致仕返鄉。王陽明在前往龍場途中抵達杭州時，王華仍在京城，因而「往省龍山公於建業」一事不可能做到。從以上材料分析得知，王陽明為了擺脫密探跟蹤，曾假裝投錢塘江自殺。當時也曾一度萌發隱姓埋名藏身名山的意願。在此之前，在杭州養病數月，也正好說明他內心猶豫不絕，在拖延時間不肯赴貴州謫所。

此後，他在家鄉餘姚隱匿了一段時間，還偷偷跟同鄉士子討論學問。在弟子徐愛和紹興山陰同鄉後學蔡希淵、朱守中〔蔡、朱二人後來在正德七年（1512 年）三月，當王陽明在吏部考功清吏司郎中任上時，也拜他為師〕秋天參加浙江鄉試中舉後，向他辭別赴京參加第二年的春闈之際，王陽明還作了一篇《別三子序》相贈。後來經過一番思想鬥爭，在長輩等勸說下，

────────

1　〔清〕毛奇齡：《王文成傳本》卷一，第 4 頁。

王陽明新傳：十六世紀初葉中國的政治與哲學

王陽明在當年十二月決定赴貴州龍場驛。

　　王陽明從家鄉餘姚出發是沿着什麼路線抵達貴州龍場的呢？從他的《赴謫詩五十五首》[1]隻言片語中，基本可以管窺其大概。

　　正德二年（1508年）年底，王陽明攜家僕三人從餘姚啟程，從浙東運河到百官轉富春江，再經蘭溪江到衢州的常山港，沿須江而下，抵達浙贛交界處的草萍驛，在這裏他寫了首詩《草萍驛次林見素韻奉寄》：

> 山行風雪瘦能當，會喜江花照夜航。
> 本與宦途成懶散，頗因詩景受閑忙。
> 鄉心草色春同遠，客鬢松梢晚更蒼。
> 料得煙霞終有分，未須連夜夢溪堂。

　　「山行風雪瘦能當」一句頗受後世推崇，被人稱為「真乃絕妙至極之佳句」，與王陽明瘦骨嶙峋之狀十分契合。從全詩來看，王陽明在餘姚老家休整一段時間後，身體和心情還算不錯。而後他們來到玉山的東嶽廟，並作《玉山東嶽廟遇舊識嚴星士》，其中有這樣一句：「春夜絕憐燈節近」，由此可以推測王陽明一行是在正德三年（1509年）正月十五元宵節前來到廣信府玉山縣的。正月十五日，王陽明泊宿在當地的石亭寺。廣信府是婁諒的家鄉。二十年前王陽明攜新婚妻子返鄉途經廣信府，曾向婁諒請教宋儒的「格物」說。王陽明再次來到此地時，婁諒已於十六年前（弘治四年，即1491年）去世。在《夜泊石亭寺用韻呈陳婁諸公因寄儲柴墟都憲及喬白巖太常諸友二首》其二的末尾，王陽明寫道：

> 白璧屢投終自信，朱絃一絕好誰聽？
> 扁舟心事滄浪舊，從與漁人笑獨醒。

1　［明］王守仁：《王文成公全書》卷十九。

「白璧屢投」典出《韓非子》的「卞和獻玉」。王陽明用卞和被楚厲王和楚武王分別砍掉左右腳，仍堅持獻玉，最終被楚文王命名「和氏璧」這個典故來勉勵自己，雖被劉瑾陷害，遠謫蠻夷之地，但內心堅定，不改初衷。「朱絃一絕好誰聽」典出《禮記·樂記篇》中的「清廟之瑟，朱絃而疏越，一倡而三歎，有遺音者矣」。王陽明用此典是在比喻自己曲高和寡的信仰。末尾兩句出自《楚辭》的《漁父辭》，王陽明自比「眾人皆醉我獨醒」的屈原。

王陽明從廣信府繼續沿須江而下，直達鄱陽湖。一路上，王陽明在船艙捧讀《周易》，手不釋卷，對人生和宇宙之妙理頗有所悟，心境坦然，自得其樂，曾寫詩戲語，描繪謫途風物人情：「燈窗玩古《易》，欣然若我情。」「晚堂疏雨暗柴門，忽入殘荷瀉石盆。」「扁舟心事滄浪舊，從與漁人笑獨醒。」「天際浮雲生白髮，林間孤月坐黃昏。」

船至鄱陽湖又沿贛江而上，經分宜縣來至袁州府。王陽明想起唐代韓愈當年也曾被貶謫此地，不禁感慨，又寫下雜詩數首。不久，抵達萍鄉，拜謁了宋代大儒周敦頤的濂溪祠，用詩句「碧水蒼山俱過化，光風霽月自傳神」表達其繼聖向賢的心境。

由萍鄉入湖南境內，不日到達長沙。他特地渡過湘江，來到嶽麓書院，尋訪當年朱熹和張栻（1133～1180 年）講學的遺蹟。然後，由長沙經湘江、沅江一路向西。在船上，他憶想屈原南征時也曾渡過湘江和沅江，感同身受，作《弔屈原賦》憑弔。

舟行數日，最終抵達貴州都勻府的清平衛。此時正是山花爛漫，鶯歌燕舞之時，邊地風情讓王陽明心曠神怡，寫詩道：「鶯花夾道驚春老。」[1]

1 ［明］王守仁：《興隆衛書壁》，《王文成公全書》卷十九。

王陽明新傳：十六世紀初葉中國的政治與哲學

在清平衛，他們踏上崎嶇盤旋的山路。在正德三年（1509年）的仲春時節，王陽明與三名僕從終於抵達貴州龍場。

龍場位於貴陽西北萬山叢棘中，蛇虺魍魎，蠱毒瘴癘，道路險阻。龍場界面原是洪武五年（1372年）貴州宣慰司、夷族（今彝族）土司藹翠（1347～1381年）所領之龍耳土目。洪武十四年（1381年），藹翠病逝，因子年幼，其年僅二十三歲的妻子奢香夫人（1358～1396年）攝理了貴州宣慰使一職。奢香夫人原係四川永寧宣撫司、夷族恆部扯勒君亨奢氏之女。她攝職後，欲溝通中土與西南邊陲的交通，修築道路，開闢驛站，龍場為其所開九驛之首。

當王陽明來到龍場驛時，只有一個年近七旬的驛卒向他辦理交接。此人是中原人士，四十歲那年在家鄉與人爭執失手打傷了人，戍邊至龍場將近三十年。早已過了服役期限，只是長期沒有驛丞到任，他的回鄉關牒上沒有長官簽字，只好一拖再拖，滯留驛上。

龍場的百姓還過着「與鹿豕遊」的生活。王陽明帶着家僕結草廬而居，覺得這種生活方式很新奇，也很愜意。他寫了一首詩《初至龍場無所止結草庵居之》，末尾有一句「緬懷黃唐化，略稱茅茨跡」。王陽明將這裏比作令人神往的黃帝和堯帝所處的上古時代，小國寡民，無為而治，遠離俗世。不久他在東面發現一個能容納百人的溶洞，初名「東洞」，又效仿家鄉的陽明洞，將它命名「陽明小洞天」。王陽明搬入此洞後，悠然自得，還作了三首詩抒懷，詩名是《始得東洞遂改為陽明小洞天》。[1] 在第一首詩的末尾，王陽明寫道：

> 夷居信何陋？恬淡意方在。
> 豈不桑梓懷，素位聊無悔。

1　［明］王守仁：《王文成公全書》卷十九。

「素位」一詞語出《中庸》，原文是，「君子素其位而行，不願乎其外。素富貴，行乎富貴；素貧賤，行乎貧賤；素夷狄，行乎夷狄；素患難，行乎患難。君子無入而不自得焉。」「素位」的意思是指君子為人處世，無論處於怎樣的境況，都怡然自得，堅守本分，隨遇而安，不想分外的事情。素位其實也是在講一個人在命運混亂、不知其位的時候，要凝聚正知，從濁亂的命運中找到自己的「正位」。

這樣桃花源般的日子終歸要被現實的殘酷所打破。王陽明從家信中得知劉瑾矯旨罷免了父親的官職後，心中湧起對萬里之遙親人的思念。父親年邁，雖是南京閑職，劉瑾也不放過。不知他的魔爪什麼時候會再次伸到自己的跟前？也許過不了幾天，自己會在睡夢中命喪黃泉。想起這些，他心灰意冷，沮喪之極。

榮辱得失和艱難險阻，他已能超然物外，但此時卻無法超脫生死之念。孔子說：「未知生，焉知死？」《周易》也有言：「天地之大德曰生。」生死觀是儒者成賢成聖之路上的一件大事，如果不能超脫生死，就不能實現儒者的理想。朱熹也認為，生死乃是一種「理」，只有至「理」，才能克服死，讓人從生死之念中超脫出來。王陽明晚年跟錢德洪等弟子們講起生死之事：「人於生死念頭，本從生身命根上帶來，故不易去。若於此處見得破，透得過，此心全體方是流行無礙，方是盡性至命之學。」[2]

在龍場時，王陽明還沒有參透生死。在這蠻夷之地，終日食不果腹，睡不安寢，每日行屍走肉，生與死又有何異？朱子主張格物致知方為成聖之道，也只有格物致知方能超越生死的籬藩。但一旦真正面對死亡時，那份內心對生的不捨、對死的恐懼，還是揮之不去。對此，在錦衣衛的廷杖棍子下，他有着很深

1　《中庸》第十四章。

2　《傳習錄》中卷。

刻的生死臨界體驗。

　　王陽明終日恍惚，無精打采。家僕以為他是接到家書，思鄉心切，也沒太當回事。過了幾天，王陽明指揮他們在洞口用幾塊石板搭建了一個石塴，如同一口石棺，剛夠一人容身。他日夜端居默坐，澄心靜慮，參悟死之要義，尋求心之寧靜。

　　一天夜裏，王陽明在石棺裏默坐良久，在寤寐中彷彿有人在跟他說話，睜開眼抬頭望見滿天的星斗，周邊靜寂無聲。他在想，星斗燦爛，萬古恆常。宇宙萬物，紛繁蕪雜，要格其物、明其理、致其知，豈是易事？在宇宙長河之中，人的生命如此短暫，又如此脆弱，窮其一生，也無法格遍所有事物，更難探明其規律和理性。求之於外，人之「心」與物之「理」總是無法實現交融和共鳴。可是我的心有足夠的大呀！我雖在黑夜之中，星空之下，獨自打坐於石棺之中，可是我的內心從未如此澄澈，我的心燈從未如此亮堂，我的心足以裝下整個宇宙！我閉眼勿視，一切皆寂。我睜眼靜觀，萬物皆入我胸。原來聖人之道，吾性自足！年輕時去格竹子，後來又向心外之物求天理，真是捨本逐末了。只有以我心為主宰，以我心為本體，方可擦亮心鏡，超然生死之外，洞察萬物之理。我們的這顆本心，才是物之元、理之源。心即理！

　　想到這層道理，王陽明恍然頓悟，欣喜若狂地從石棺裏一躍而起，歡呼雀躍起來。心中積鬱多年的塊壘得以釋懷，頓時雲開霧散，豁然開朗。

　　家僕在睡夢中被吵醒，着實嚇了一跳：主人莫非突發癔症？不然半夜睡得好好的，怎麼突然大喊大叫起來？他們披衣起牀，在燭光中看到王陽明眼神澄明，滿臉喜悅，神清氣爽，與先前判若兩人。

　　這就是中國哲學史上著名的「龍場悟道」。有此一悟，王陽明終於找到了其成聖的人生路徑，而其最重要的致良知思想亦醞釀於此。據他晚年回憶：「吾『良知』二字，自龍場以後，便已

不出此意，只是點此二字不出。」[1]可以説龍場悟道是王陽明成為「王陽明」的一個標誌性事件。

王陽明悟道的地點是在龍場的「石墎」中，龍場是什麼地方？「在貴州西北萬山叢棘中，蛇虺魍魎，蠱毒瘴癘，與居夷人鴃舌難語，可通語者，皆中土亡命……」[2]悟道之地生存環境之惡劣非尋常地方所能比。王陽明為何選擇日夜端居在一處石棺（石墎）中悟道呢？石棺是通往死亡之地的，王陽明莫非是要在這裏找到一種死亡體驗？從此前的描述中，我們可以知道王陽明身處此蠻夷之地，尚能將其比作上古時代的世外桃源，得失榮辱皆能超脱，惟生死一念還未看透，「乃為石墎自誓曰：『吾惟俟命而已！』」[3]意思是説，我只是不願聽天由命罷了！我要由心出發，讓強大的內心來戰勝外物的紛擾！我要立志化此生死一念！在石棺中悟道，也有着深刻的象徵意味和強烈的儀式感。讓人想起道教全真派鼻祖王重陽的「活死人墓」，他在裏面潛心修煉了七年之久，最後徹底地脱胎換骨。石棺象徵着死亡，王陽明從石棺中悟道，有如置之死地而後生。王陽明在石棺中「日夜端居澄默，以求靜一；久之，胸中灑灑。」[4]王陽明悟道的方式是靜坐，宋明儒者常常將靜坐當成一種修身成聖的手段。據《性學指

---

1 ［明］錢德洪《刻文錄敘説》，吳光等編校《王陽明全集》（下引簡稱《全集》）卷41，上海：上海古籍出版社，1992年，第1575頁。錢德洪也稱王陽明龍場所悟乃是「良知之旨」：「吾師陽明先生出，少有志於聖人之學，求之宋儒不得，窮思物理，卒遇危疾，乃築室陽明洞天，為養生之術。靜攝既久，恍若有悟，禪脱塵空，有飄飄遐舉之意焉。然即之於心若未安也，復出而用世。謫居龍場，衡困拂鬱，萬死一生，乃大悟良知之旨。」見錢德洪著《陽明先生年譜序》，載［明］徐愛、［明］錢德洪、［明］董澐撰，錢明編校《徐愛 錢德洪 董澐集》，南京：鳳凰出版社，2007年，第190頁。王陽明的另一弟子王畿也稱：「居夷三載，動忍增益，始超然有悟於『良知』之旨。」見王畿《陽明先生年譜序》，吳震編校整理《王畿集》第13卷，南京：鳳凰出版社，2007年，第340頁。

2 《年譜一》，《全集》第33卷，第1228頁。

3 《年譜一》，《全集》第33卷，第1228頁。

4 《年譜一》，《全集》第33卷，第1228頁。

要》記載，儒家理學思想的開山鼻祖周敦頤剛開始跟從僧人東林常總（1025～1091年）參研，久之無所入，東林常總教他靜坐，月餘忽有得，以詩呈曰：「書堂兀坐萬機休，日暖風和草自幽。誰道二千年遠事，而今只在眼睛頭。」[1] 朱熹也很重視靜坐與修身的關係，曾稱靜坐為「學者總要路頭」，又說「須是靜坐，方能收斂」，還編寫過一本《朱子靜坐說》。明代心學一系諸大儒幾乎都有靜坐修道的相同經歷。陳獻章拜入吳與弼門下，苦修未果，遂返廣東江門故里，閉門謝客，朝夕居家靜坐，外人難得見其一面：「坐小廬山十餘年間，履跡不逾於戶閾。」[2] 顯然陳獻章把靜坐當成為學進路是不爭的事實。王陽明在石棺中靜坐，最終悟道，與宋明儒者重視靜坐一脈相承，石棺中靜坐又有着自己獨特的死亡體驗和終極關懷。

王陽明悟道的時間也耐人尋味。據《年譜》記載：「忽中夜大悟格物致知之旨，寤寐中若有人語之者，不覺呼躍，從者皆驚。」時間是「中夜」「寤寐中」，也就是在夜半時分睡夢之中，而且仿佛還有人在夢中跟他對話。這個特殊的時間點確實值得留意，它多多少少反映出王陽明略帶神祕主義的獨特氣質，也與心學一系常在靜坐、夢境中證道、悟道有關。廣州中山大學陳立勝教授認為，陸王心學本身就有「夢中悟道」的傳統。[3] 陸九淵高足楊慈湖（1141～1226年）屢有悟道體驗，其中亦不乏夜間、夢中悟道之事。二十八歲時，楊慈湖於太學，夜靜坐，反身自視，忽覺天地內外，森羅萬象，幽冥變化，通為一體。又一日，觀書未解，遂掩書夜寢，至丁夜四更時，忽有黑幕自上而下，楊

1　[明] 黃宗羲撰，[清] 全祖望等補修，陳金生、梁運華點校《宋元學案》第 12 卷《濂溪學案下》，北京：中華書局，1986 年，第 524 頁。

2　[明] 陳獻章撰、孫通海點校《龍岡書院記》，《陳獻章集》第 1 卷，北京：中華書局，1987 年，第 34 頁。

3　陳立勝：《王陽明龍場悟道新詮》，《中山大學學報：社會科學版》（廣州）2014 年第 4 期。

慈湖通身是汗，且而癒，開眼即洞見萬物一體。王陽明弟子王畿（1498～1583年）曾記載麻城趙望雲夢中悟道之趣事：趙望雲兩度夢到王陽明，一次夢到與王陽明述平生願學之志，王陽明以手指其臍下曰：「縣中要沒一張紙。」聽到他這一庭前柏樹子式的無頭話頭，趙氏竟然「夢中若有所悟」。另一次，又夢見王陽明，「告以學問之道，示以有無相生之機」。在這兩個夢境的感召下，趙望雲不遠千里，拜在王畿門下，「盤桓閱歲，虛心求益」。[1]

龍場悟道究竟悟出了什麼道呢？《年譜》雖對悟道的氛圍多有渲染，但就其悟道內容而言，卻實在平實無奇，只一句話——「格物致知之旨」。這似乎也是老生常談的常識，從朱熹開始，理學一脈不都是在說「格物致知」嗎？《年譜》進而說王陽明由於悟此格物致知之旨而始知：「聖人之道，吾性自足，向之求理於事物者誤也」。這才真正點題——格物不能致知，格心方可致知，心即理。

而王陽明本人曾對弟子講述過龍場悟道的內容，先是以自己早年格竹子沒格出理，反而格出病來的例子，感慨「無他大力量去格物了」。接著便講龍場悟道是在格竹子失敗的教訓基礎上更進一步反觀身心，而得出來的新意思——「及在夷中三年，頗見得此意思。乃知天下之物，本無可格者。其格物之功，只在身心上做。決然以聖人為人人可到。便自有擔當了。這裏意思，卻要說與諸公知道。」[2]「決然以聖人為人人可到。便自有擔當了」，這也就是他後來掛在嘴邊的「人人皆可為聖賢」的意思。他寫詩來生動地表述這種直抵人心、格心致知的悟道體驗——「個個人心有仲尼，自將聞見苦遮迷。而今指與真頭面，只是良知更莫疑。」「人人自有定盤針，萬化根緣總在心。卻笑從前顛倒見，

1　[明]王龍溪：《趙望雲別言》，《王畿集》第16卷，第458頁。

2　陳榮捷《王陽明傳習錄詳註集評》第318條，臺北：臺灣學生書局，2006年修訂4版，第370頁。

枝枝葉葉外頭尋。」這與當初他向婁諒問道，婁諒告訴他「聖人可學而至」的道理是一樣的。這個認識並不新奇，周敦頤在其《通書》中就說過：「『聖可學乎？』曰：『可。』『有要乎？』曰：『有。』『請聞焉。』曰：『一為要。一者，無慾也……』」[1] 程顥反覆申明「道在自家身上」，「不必遠求」，成聖、求道「無別途」，「近取諸身，只明人理，敬而已矣」[2] 意思都差不多，講的是立志和成聖的路徑。跟王陽明講的「人人皆可為聖賢」是一個意思。

　　若說王陽明龍場悟道有什麼新穎之處，那便是對理學一脈所倡導的「格物致知」的求學求聖之道另立新解，甚至是顛覆性的方向轉向。「格物致知」原出於《禮記‧大學》，二程訓「格」為「至」，認為「格物」就是「窮理」。在朱熹看來，「格物」之「格」有二層意思，一則訓「格」為「至」，並沿襲二程的說法，訓「物」為「事」，事不僅指事物，也指事情，因而範圍極其寬泛。二則訓「格」為「盡」，「要見盡十分方是格物，既見盡十分便是知止。」[3]「格物」既是「至於物」，也是探究事物並達到極致，只有這樣才能夠獲得「知」。王陽明此前格竹子失敗，就對格物存疑，心中一直不能釋懷。直到龍場悟道，才悟出格物的問題出在格的方向性錯誤，也就是說是向物格、向事物探究，還是向心格、向心內探究呢？在龍場，他經過一番刻骨銘心並超越生死之念的體悟，終於發現「只在身心上做」的道理，也即《年譜》所說的「聖人之道，吾性自足，向之求理於事物者誤也」。哪怕王陽明此刻已意識到格物致知的指向——「物」是有問題的，但也不能公然挑戰《禮記‧大學》的經典權威表述。後來又

1　[宋] 周敦頤撰、陳克明點校《通書‧聖學第二十》，《周敦頤集》，北京：中華書局，2009 年第 2 版，第 31 頁。

2　[宋] 程顥撰、王孝魚點校：《河南程氏遺書》第 2 卷，《二程集》，第 20 頁。

3　[宋] 朱熹：《朱子語類》十五。

經過一番磨練和探索，王陽明對「格物致知」有了全新的解釋：訓「格」為「正」，正即歸於正、使合乎正的意思；訓「致」為「擴充、推廣」；訓「知」為人生來俱有的良知。王陽明將「格物致知」解釋為推廣我們固有的良知於萬事萬物，將事物處理得合乎良知（天理）。因此，「致知格物」應理解為：格物是致良知必不可少也必然的工夫，也即良知是體，格物是用。這同樣也是一個學習、探究的過程，固然良知天賦、人性本善，但是如何推廣我們的良知也需要不斷的實踐和探索。並由此引發「心即理」「知行合一」等一系列相關命題。當然，這是後話。在龍場時，無論《年譜》抑或王陽明本人事後之回憶，均對當時所悟到的「格物致知之旨」未有清晰和系統的表述，「良知」的意思也只在心中盤算，卻「點此二字不出」。龍場悟道，只是悟出對格物的方向要進行轉向，由向外物探究轉向「只在身心上做」。這個轉向在中國哲學史上是具有革命性的，這種向內求的思想可以上溯至孟子的「反求諸己」。[1]「只在身心上做」，不止有「心」，還有「身」。篤信聖人當然是對的，但始終不如自己切身體會來得真切。這有點「紙上得來終覺淺，絕知此事要躬行」的味道。真正的修行就是反求諸己，並由此衍生「事上練」，也就是修煉內心，進而實現「致良知」。可以說，龍場悟道悟出的是求學、求聖的方向。龍場悟道為今後王陽明心學作為一種強調知行合一的實踐哲學奠定了基礎，明代中後期的哲學發展也由此發生了轉向。

眼看南方的雨季就要來了。王陽明久居洞窟，潮氣很重，他多年的肺病又有復發的跡象。這時他已與龍場當地的百姓相處得很熟。眾人鑿岸取石、斬枝取木，一座小木屋不到一個月就竣工了。王陽明帶着僕人在屋子周圍種上了竹子，修剪荊棘做成了籬笆。在後院開闢了一小塊菜園子，種上了一些當令蔬菜和

1　《孟子‧公孫丑上》。

芍藥。小木屋雖小，但環境清幽，窗明几淨。「開窗入遠峰，架扉出深樹。」可遠觀羣山，也可近瞰山泉，苗夷各寨錯落有致。他心情大好，將小木屋命名為「何陋軒」，並作了一篇《何陋軒記》，開篇云：「昔孔子欲居九夷，人以為陋。孔子曰：『君子居之，何陋之有？』」

他雖居蠻荒之地，但仍以聖人自任，希望像孔子一樣以德行教化龍場的百姓。每日清晨，他就荷鋤出門，在菜園子裏鋤草翻地，擔泉水澆灌蔬菜。閑暇時想看看書，可身邊只帶了一本《周易》，已經被他翻得爛熟於胸。他呆坐小木屋中，百無聊賴，便開始默記舊時所讀聖人經典。意有所得，便為之訓釋。幾個月下來，《五經》之要旨和心得記成五十六卷，他將此書稿命名《五經臆說》。《五經臆說》中存有《晉》卦「明出地上，《晉》，君子以自昭明德」之「臆說」：「日之體本無不明也，故謂之大明。有時而不明者，入於地，則不明矣。心之德本無不明也，故謂之明德。有時而不明者，蔽於私也。去其私，無不明矣。日之出地，日自出也，天無與焉。君子之明明德，自明之也，人無所與焉。自昭也者，自去其私慾之蔽而已。」[1] 這裏「日之體本無不明」即是《年譜》所說的「聖人之道，吾性自足」，而「君子之明明德，自明之也，人無所與焉。自昭也者，自去其私慾之蔽而已。」可與他在龍場三年得出的經驗——「格物之功，只在身心上做」相互印證。

王陽明龍場悟道後，內心澄明，心情大好，常在何陋軒坐而論道。貴州和湖廣、雲南周邊等地許多仰慕他的士子陸續匯聚到龍場，陪侍左右，聽他講學傳道。龍場當地的夷族青年，還有播州的苗族、雲南的白族等好學之士聞訊也來旁聽。他在講學中

1　《五經臆說十三條》，《全集》第 26 卷，第 980 頁。《五經臆說》本為王陽明龍場悟道後，隨所記憶所著。王陽明曾自稱此書「付秦火久矣」，錢德洪執師喪期間，偶於廢稿之中撿出十三條，其內容有助於了解龍場悟道之內容及實質。

找到了屬於自己的樂趣，寫了首詩，題為《諸生夜坐》，[1]最後有兩句：「講習有真樂，談笑無俗流。緬懷風沂興，千載相為謀。」這種境界直追孔夫子和他的弟子曾點「喜樂自得」之境。據《論語·先進篇》記載，孔子的四個弟子侍坐時各言其志，子路、冉有、公西華志向都很遠大，唯有曾點說：「暮春者，春服既成，冠者五六人，童子六七人，浴乎沂，風乎舞雩，詠而歸。」孔子聽了馬上說了句：「吾與點！」意思是，「曾點說到我心坎裏去了呀！」

有弟子問他在沒有五經典籍作為憑藉，也沒有他人註釋作為參考的情況下寫作《五經臆說》的緣由，王陽明答說：「其實每個人的心中都具備五經之道，五經不過是我們心的記載而已。如果不通過體認自己的本心，而是通過向心外之物探求五經之道，就會陷入支離破碎。這和笨狗誤認土塊是食物而拚命追逐又有什麼兩樣呢？探求五經之道也罷，做學問求天理也罷，光靠他人的註釋，只能求得一些支流末節。如果我們寫的文字不是從自己內心求得的，那就只能是人云亦云的東西了。」

弟子四面八方匯聚而來，何陋軒顯得十分擁擠。有弟子提議擴建一座書院，作為諸生讀書、休憩之地。諸生紛紛響應，一齊動手，沒多久便在何陋軒前面搭建起一座「君子亭」，下引山泉形成曲水流觴之勢。在君子亭南側又建造了一座「賓陽堂」作為迎賓處。離何陋軒不遠處的山麓有一個天然洞穴，將其改建成一間書房，王陽明常與眾弟子在裏面研讀《周易》，因而名之為「玩易窩」。在何陋軒的旁邊又加蓋了幾間草房，有講堂，有齋舍，雖是草創，也漸有書院輪廓。因在龍岡山上，有弟子提議取名「龍岡書院」，王陽明覺得不妥，沒有同意，仍然堅持叫「何陋軒」。但「龍岡書院」的名字卻不脛而走，大家都叫慣了，王陽明也就默認。書院漸有規模，王陽明給弟子們立了院規《教

1　[明]王守仁：《王文成公全書》卷十九。

條示龍場諸生》，[1] 包括立志、勤學、改過、責善四個方面，尤以立志為首。王陽明認為，志不立的話，天下沒有什麼事可以做得成。就算百工技藝，也沒有不立志的。而今求學之人，荒廢學業，百無所成，都是因為沒有立志。這跟孔子說的「吾十有五，而志於學」是一個意思。可見立志在王陽明的教育理念當中居於最重要的位置。王陽明跟弟子們講：「立志成聖，就能成聖；立志成賢，就能成賢。志不立，如無舵之舟、無銜之馬，漂盪奔逸，最終卻找不到方向。」

王陽明在龍岡書院的弟子，據史料記載有姓名者二十八人，有貴州籍的弟子陳宗魯、湯伯元、葉子蒼、張時裕、向子佩、越文實、鄒近仁、范希夷、郝升之、汪原銘、陳良丞、易輔之、詹良丞、王世丞、袁邦彥、李良丞、高鳴鳳、何廷遠、陳壽寧、李惟善等。有從湖南常德遠道而來的弟子蔣信（1483～1559 年）、冀元亨（1482～1521 年）、劉觀時。有雲南籍的弟子朱克相、朱克明兄弟二人。其中湯伯元考中進士、官至南京戶部員外郎、任潮州知府，肇昌府知府；詹良丞考中進士，曾任大理評事，大理寺副卿等職；蔣信，嘉靖年間進士，曾任貴州提學副使。《明史‧卷一百九十五‧列傳第八十三》記載了兩個人：一個是王陽明，另一個便是他這一時期入門弟子冀元亨。《明史》稱：「守仁弟子盈天下，其有傳者不覆載。惟冀元亨嘗與守仁共患難。」

王陽明的龍岡書院讓龍場甚至貴州這一蠻荒之地，陡增不少書卷氣。每天都有從各地趕來聽講的弟子，龍場附近的夷苗後生農忙之餘來到書院聽他講學。就連龍場的牧童們一得閑，把牛放在山坡上，也來窗前偷偷聽講。貴州一地，一時風氣大變，人皆有求賢問聖之心。

1　［明］王守仁：《王文成公全書》卷二十六。

樹大招風。龍場驛是官驛，思州知府李概有個下屬不知道是受他指派，還是偶然路過龍場，故意凌辱王陽明。這個下屬可能是個七、八品的小官吏，在王陽明面前耍官威，要王陽明給他下跪，遭到拒絕。小官吏態度傲慢，盛氣凌人，百般刁難。當地老百姓看不過去，把這幫人給打了。小官吏挨了打，回去添油加醋地在李概跟前告狀。李概很生氣，向貴州按察司報告此事，要求懲治王陽明。當時的貴州按察司副使兼提學副使毛科（1453～1532年），字拙庵，號應奎，也是浙江餘姚人，便派人捎信給王陽明，勸他給思州知府賠禮道歉，並警告他不然就會大禍臨頭。

王陽明先是寫了一篇《士窮見節義論》，有感而發，以此事為例闡發孔子「歲寒，然後知松柏之後凋也」以及孟子「我善養吾浩然之氣」的意旨，與蘇東坡的「浩然之氣，不依形而立，不恃力而行，不待生而存，不隨死而亡者」、文天祥的「天地有正氣，雜然賦流形」遙相呼應。他說：「君子之正氣，其亦不幸而有所激也！」又說：「且夫正氣流行磅礴，是猶在天為星辰，在地為河嶽。」他在文中寫道，君子在順境時，可以乘時建功立業；在逆境時，正氣被邪氣壓制，窮乃見節，在事功方面沒法建功立業，但在道德節操方面正好可以在滄海橫流時作中流砥柱，維持人心，綱紀斯道。知府李概的下屬刁難污辱他，按察副使毛科又以權勢逼他向李概賠禮道歉，這激起了王陽明「士窮見節義」的感慨。

王陽明給毛科寫了一封回信《答毛憲副書》，表明了自己的態度：「思州知府所差之人來龍場污辱我，這是他們飛揚跋扈，並非知府指使；龍場百姓與他們爭鬥，這是老百姓憤恨不平，也並非我指使。知府沒有污辱我，我也沒有對知府不敬，何來道歉一說？」「下官對上司行跪拜之禮，雖是本分，但要分當跪與不當跪。當跪不跪，或不當跪而跪，都是違背禮儀倫常。」在王陽明看來，他按禮儀，給知府等上司行跪拜之禮是沒有問題的，但給知府下屬的小官吏下跪，便有違禮儀。在明代，只要考中秀

才，就可以「見官不下跪，胥吏不敢打」。王陽明當時雖被貶為沒有官階的驛丞，但他畢竟是進士出身，對縣官以下的小官吏自然不用行跪拜之禮。

王陽明在信中跟毛科講：「您勸我趨利避害，但在我看來，如果忠信禮義不存，雖高官厚祿，也是禍患；若是堅守忠信禮義，雖粉身碎骨，也是福分。」「我在龍場，日日與蠱毒瘴癘、鬼魅魍魎相處，不曾動心。如果知府要加害於我，我也確實有錯，死而無憾；如果我沒有錯，知府仍加害於我，也不過像遇到蠱毒瘴癘、鬼魅魍魎一樣，我又何懼！」

毛科本是個和事佬，看了王陽明這封有理、有利、有節的回信後，不得不佩服他的人品與骨氣。他跟思州知府李概講明了事情的原委，並從中勸和。李概不知是自知理虧，還是看在毛科的面子上，此事便不了了之。王陽明在這件事上憑藉內心的強大，既堅持了自己的原則，不向權貴折腰，也沒有四處樹敵，激發矛盾。

不久，毛科移文請王陽明到文明書院講學。文明書院在貴陽忠烈橋西，由元代皇慶年間（1312～1313年）教授何成琛初創。弘治十七年（1504年）十月，毛科開始在原址修復擴建文明書院，至正德元年（1506年）七月，書院方竣工，選有志者二百餘人入院讀書。

王陽明心想，我是一個被貶謫的人，怎能到省城去大搖大擺地講學呢？加之自己在龍場親手創辦的龍岡書院漸有規模，不忍心離開這些弟子，便寫了首題為《答毛拙庵見招書院》的詩，以臥病為由婉拒：

> 野夫病臥成疏懶，書卷長拋舊學荒。
> 豈有威儀堪法象，實慚文檄過稱揚。
> 移居正擬投醫肆，虛渡仍煩避講學。
> 範我定應無所獲，空令多士笑王良。

尾聯用了《孟子・滕文公下》的典故，趙簡子命車伕王良給自己寵倖的小臣奚駕車去打獵，奚射箭水平很差，王良駕車載着他，射了一天一無所獲。奚回來對趙簡子說：「王良是天下最差的車伕。」有人把奚的話告訴了王良，王良跟奚說：「我們再試一次吧！」這一次一個上午，奚就射中了十隻野獸。奚興高采烈地對趙簡子說：「王良真是天下最好的車伕。」趙簡子便說讓王良專門給他駕車，奚欣然接受，王良卻斷然拒絕。王良說：「奚射技太差，我按照規矩駕車他一隻野獸也射不到；我遷就他，改變駕車規矩，他就滿載而歸。我不想為了利益，迎合小人，我不習慣為小人駕車。」王陽明用這個典故意在表明「寧道之不行，而不輕其去就」[1]之意。他自比王良，雖是車伕，也不願為了迎合小人而改變規矩。

　　從此詩的尾聯，我們也可以揣測得知，可能是上次思州知府李概下屬被打事件後，毛科派人來龍場逼他向李概道歉的事讓他心有芥蒂。這次又下公文來龍場，命他赴文明書院講學。按照當時的禮儀，為書院聘請老師，需虔誠相邀。明代龍場驛即今貴州省貴陽市修文縣縣治龍場鎮，離文明書院所在地（即今貴陽市政府附近）相距僅二十八公里，今日步行所需時間約六七小時，古代交通不便，但騎馬最多也一日可至。毛科是一省主管教育的長官，放不下官架子，沒能親赴龍場相邀也就罷了，竟然發公函行文，帶有命令性質，顯然讓王陽明心中不快。

　　臥病雖是王陽明婉拒毛科的由頭，實際上這時他也的確是病了。此時他才三十八歲，但在《答人問神仙》中說：「齒漸搖動，髮已有一二莖變化成白，目光僅盈尺，聲聞函丈之外，又常經月臥病不出，藥量驟進，此殆其效也。」[2]

　　這一年七月的某一天，以右僉都御史巡撫貴州的王質的幾

1　[宋]朱熹：《孟子集註》。

2　《王陽明全集》卷二十一，第805頁。

名同鄉路過龍場，來到何陋軒與王陽明閑聊，說起一則趣事。

王質有一次乘馬從懷來（今河北省張家口市懷來縣）老家來到宣府（今河北省張家口市宣化區）城外西北十餘里處，為父親挑選墓地，正當猶豫不決準備返回時，胯下之馬卻在一處草木茂盛、鳥禽集聚之地跪臥不起。王質見此情景，於是決定將父親安葬在此。村民們認為這是王質的孝行感動上蒼所致，於是稱此地為「臥馬塚」。

一名同鄉說：「臥馬塚類似於《春秋繁露》裏講的牛眠地，王都憲發達的原因都源於臥馬塚的好風水呢。今後他位列三公都是指日可待啊。」

王陽明卻不以為然，說：「風水之事皆虛妄之言。《尚書》有云：『慎厥終，惟其始。』雖說仁人孝子，老天爺也不會不保佑，但是這不是外界什麼風水的力量，而是得於內心的孝道。孝敬雙親，則心安，心安則氣和，和氣致祥。這才是福祉綿長，流衍無盡的大道理。」

王陽明的話傳到了王質的耳中，正合其心意，便將他引為知己，請他將這段話寫成文章，用來教育自己的子孫。王陽明後來應王質之請，寫了篇《臥馬塚記》，其中有基於心學的表述：「仁人孝子，則天無弗比，無弗佑，匪自外得也。親安而誠信竭，心斯安矣。心安則氣和，和氣致祥，其多受祉福以流衍於無盡，固理也哉！」用為人子者葬親出於孝思、心安是福來解釋中國傳統文化中極受重視的風水思想，這與《孟子‧離婁上》裏的「誠者，天之道也；思誠者，人之道也」如出一轍。

大約在當年七月之後、年底之前的某段時間，他入貴陽城中養病，也有可能是應巡撫王質邀請赴貴陽給他寫《臥馬塚記》。毛科得知王陽明來了貴陽，一度接他來家中休養。這期間，王陽明為毛科私宅新建的「遠俗亭」寫過一篇《遠俗亭記》，文中寫到「君子豈輕於絕俗哉？然必曰無害於義，則其從之也，為不苟矣。是故苟同於俗以為通者，固非君子之行；必遠於俗以

求異者，尤非君子之心。」[1] 闡述了「可從俗而德存焉」的思想，這與他的真實想法比較貼切。雖然王陽明內心不喜歡毛科，但他畢竟是同鄉，又是上司，而且是明憲宗成化十四年（1478年）進士，比王陽明父親王華中進士還早三年，論輩份應該是王陽明的父輩。王陽明在康復之後為答謝毛科關照之情，而同意赴文明書院執教。初以病相拒，終因情接受，也合情合理。《元山文選》所收席書（1461～1527年）《與王陽明書（一）》中寫道：「應光毛先生在任之日，重辱執事，旅居書院俯教，承學各生方仰有成。不意毛公偶去，執事遂還龍場，後生咸失依仗。」[2] 這段話說的就是王陽明應毛科之邀，初次執教文明書院的事。後來，嘉靖元年（1522年）二月，王陽明因父親王華去世，回浙江老家奔喪。丁憂期間，故人重逢，王陽明還為毛科題了像讚。陽明心學向來是活潑潑的充滿生活智慧的哲學，既堅持原則，但不拘泥於教條，講究靈活變通。他與毛科的交往就體現了這種哲學的智慧。

正德四年（1509年）四月，毛科致仕歸浙，王陽明與諸同僚於貴陽城南門外為之餞行，並撰有《送毛憲副致仕歸桐江書院序》。毛科離任，王陽明自然辭去文明書院教席，返回龍場。等到接替毛科職務的席書再次邀請王陽明來文明書院主持講席，那已經是幾個月後的事情了。

這一年秋天的一個傍晚，一位從京城來的吏目帶着一子一僕前往目的地赴任，路過龍場，下塌在當地一位苗族老鄉家。王陽明透過籬笆看到了他們，想向他們打聽一些中土的消息。但當時正下着大雨，天也黑了，便想着等明天天亮再過去跟他們打招呼。

1　［明］王守仁《王陽明集》，北京：中華書局，2016年，第757～758頁。

2　［明］席書《元山文選》，載沈乃文主編《明別集叢刊》第1輯第76冊，合肥：黃山書社，2013年，第497頁。

第二天早晨，他過去打探消息。老鄉告訴他，天還沒亮他們就已經離開了。他只好悻悻而歸。

將近中午時分，有人從蜈蚣坡上跑下來，告訴他說：「坡下死了一個老人，旁邊有兩人哭得很傷心。」

王陽明長歎一聲：「此吏目死了，可憐啊！」

薄暮時分，又有人跑來說：「坡下死了兩人，旁邊一人坐着大哭。」王陽明詢問死者年紀和衣着後，斷定僕人也死了。

第二天一早，又有人跑來報告說：「坡下躺着三具屍體了！」王陽明大驚，他知道這吏目的兒子也死了。

想到三人曝屍路邊，將為野獸所食，他實不忍心。於是帶着兩個家僕，揹着鋤頭、鐵鍬來到蜈蚣坡下，準備把屍體掩埋了。兩個家僕剛開始面露難色，支支吾吾：「這蠻荒之地，每日都有人暴斃，都要我們埋，埋得過來嗎？」王陽明勸道：「你們別忘了，我們三人比這三人的命運好不到哪去呢！有朝一日，我們三人也死於非命，到頭來屍體都沒人埋，你們也會死不瞑目！」（「吾與爾猶彼也。」）

家僕聽他這麼一說，聯想到自己在龍場的艱辛遭遇和黯淡前途，禁不住潸然淚下。王陽明在墳邊擺了一隻雞和三碗飯，以示祭奠，並大聲念起了他寫的悼詞《瘞旅文》。

《瘞旅文》完整地記錄了王陽明掩埋「不知其名氏」的京城吏目及其一子一僕的全過程及當時的心境。他與吏目主僕素昧平生，但物傷同類、情有所通。這篇不知道寫給誰的祭文滿紙都是「同是天涯淪落人，相逢何必曾相識」的傷感，也充滿着悲天憫人的情懷，是王陽明用心寫出來的。此時，他已完成了儀式感十足的「龍場悟道」，「瘞旅」（掩埋旅人）這件事也實踐了那句「聖人之道，吾性自足」的感悟。當時「點此二字不出」的「良知」，通過「瘞旅」這件事實現了「知行合一」的真正的悟道。《瘞旅文》文辭凄戚，哀惋動情，被清代康熙年間吳楚材（1655～1719年）、吳調侯叔姪選入《古文觀止》，並與唐代李華的《弔古戰

場文》和韓愈的《祭十二郎文》合稱為祭文「三絕」而廣為傳誦。

從王陽明與席書的往來書信中，我們可以推測得知，大約是在正德四年（1509年）閏九月初，亦即正德皇帝聖誕過後不久，王陽明再度應邀執教文明書院。[1]省城講學，可以向更多的人宣講自己的學說，傳播聖人之道，這是王陽明一直嚮往的。王陽明在文明書院講學中，首次闡述了「知行合一」學說，這是他心學理論體系中具有方法論意義的理論表述。如果說，龍場悟道所悟的「心即理」是世界觀，是底層邏輯；龍場悟道時已不出此意，只是沒有點出的「良知」及後來總結出的「致良知」是價值觀，是價值引導；那麼「知行合一」便是方法論和行動指南。

席書，弘治三年（1490年）中進士，比王陽明大十一歲，中進士比王陽明早九年，卻是一位好學愛才，敢做敢為的人，「遇事敢為，性頗偏愎」。[2]王陽明再度執教文明書院後，席書屢屢前來問學。

一次，王陽明正在講授陸九淵「心即理」與朱熹「性即理」的異同。他說，「心即理」「聖人之道，吾性自足」，說的就是「心」與「聖人」本質上是同一的關係。所謂心，並不專是那一團血肉。若是那一團血肉，如今已死的人，那一團血肉還在，為何不能視聽言動？所謂心，卻是那能視聽言動的，這個便是性，便是天理。所以說，心之體，即是性，性即是理。「吾心」與「物理」在本質上是統一的，在現實性上是圓融共在的。我們既不能在「吾心」之外去求「物理」，也不能在「物理」之外去求「吾心」。

有弟子問：朱熹為何主張向心外求理呢？

王陽明答：朱熹覺得心是靈活多變的，向心求理最終可能會演變成向心求心。為了防止求理求出混亂來，所以主張主要向心

1　[明]席書《元山文選》，載沈乃文主編《明別集叢刊》第1輯第76冊，合肥：黃山書社，2013年，第499頁。

2　《明史‧卷一百九十七‧列傳八十五》。

外求理，並且認為只需要用「心外工夫」就可以了。

又有弟子問：這麼說，朱熹不重視向心內求理了？

王陽明答：非也。朱子雖沒有明說向心內求理，但他對心的工夫也很重視，他提出的「居敬」說，就是一種跟心有關的實踐工夫。

席書對王陽明倡導用「心即理」，即向心內求理，來取代朱熹主張的向心外求理的格物致知不甚理解。

王陽明解釋說：朱子格外致知的路向是有問題的。即便把所謂的「物之理」都格出來了，都窮盡了，又如何呢？又如何能使自己成為聖人呢？如果是心即理，那麼就簡單了。因為心原本是具足「聖人之性」的，我們所需要做的，就是把心中的理、把聖人的本性，表現到日常生活中即可。

席書對王陽明所講每個人的心都具足「聖人之性」的說法有所懷疑。王陽明打比方說，我們有可能把一個雞蛋孵出小雞來，但我們能把一塊雞蛋大小的石頭孵出小雞來嗎？原因就在於雞蛋中孕育着雞的本質，而石頭裏面卻沒有雞的本質。同樣的道理，人若要成為聖人，也必須原本就具有聖人的本質。

席書又問：那麼依先生之言，我們向心內求理，是否只需終日枯坐，啥也不做，書也不讀，養養浩然之氣即可？

王陽明答：非也，這又是一大誤區。當今士子們只知埋首背誦《四書集註》，讀死書，死讀書，而忽視了朱熹原來主張把讀書求理與生活實踐相結合的「工夫論」。久而久之，朱熹的理學思想少了人間煙火氣。析知行為二，知與行脫離，迷失了聖人之學的根本目的。而我們主張的心即理，向心內求理，就是要恢復理論知識與生活實踐的聯繫。一句話，要「知行合一」。

席書聽得如醉如癡，決定拜入王門。王陽明以他是一省學政，又長他十一歲為由推辭，表示結為學友即可。席書卻說：「朝聞道，夕死可也」，「昔仲尼，師項橐」，豈以年歲論師生？席書親率湯晖、葉梧、陳文學等諸生向王陽明行弟子禮。席書在聽王

陽明用自己在龍場悟出的「心即理」「知行合一」新學說講解朱陸異同之後，漸有所悟，感慨地說：「聖人之學復睹於今日。朱陸異同，各有得失，無事辯詰，求之吾性本自明也。」[1]據席書正德四年（1509年）冬所寫《與劉用熙書（一）》，席書本人早在提學貴州之前便讀過王陽明的文章，大加讚賞，但「僅以文士屬之」，但在貴陽論學後，「扣其所蘊，道理尤精，蓋嘗於靜中學他道而悟正學者」。[2]在與王陽明相見論學後，觀點有了碰撞，思想產生火花，席書方才引王陽明為同道，兩人也從此結下了亦師亦友的深摯感情。在三個月後的正德四年（1509年）十二月，王陽明離貴赴贛上任之際，席書在《送別陽明王先生序》中認為「歷代文運，必積百餘年而後有大儒」，而「國家百四十年」來「未有妙契濂洛之傳，足當太平文運之盛意者」，則是「有待於今」之王陽明也。席書表達了與王陽明「邂晤之晚」的遺憾，認為「君子不憂身之不遇，而憂道之無傳。」[3]同樣，王陽明也十分珍惜與席書的情誼。在席書逝世後，王陽明千里設位，遙奠席書，並撰《祭元山席尚書文》，追憶文明書院講學時期與席書相知相識的往事：「憶往年與公論學於貴州，受公之知實深。」[4]

在王陽明即將調離貴州之際，有弟子懇請他為文明書院定下學規，以便諸弟子日後遵循。王陽明道：「夫為學之方，朱子在《白鹿洞書院揭示》中已說得很明白。他說：『古昔聖賢所以教人為學之意，莫非使之講明義理，以修其身，然後推以及人，非徒欲其務記覽、為詞章，以釣聲名，取利祿而已也。』說白了，真正做學問的目的是修心養性和經世致用的『為己』之學，

1　《年譜》二十九。

2　［明］席書《元山文選》，載沈乃文主編《明別集叢刊》第 1 輯第 76 冊，合肥：黃山書社，2013 年，第 501～502 頁。

3　［明］席書《元山文選》，載沈乃文主編《明別集叢刊》第 1 輯第 76 冊，合肥：黃山書社，2013 年，第 350～351 頁。

4　［明］王守仁《王陽明集》，北京：中華書局，2016 年，第 818 頁。

而非為了當官或出人頭地的『為人』之學。」

有弟子問：「先生，我們書院教育的宗旨是什麼呢？」

「一言以蔽之，乃『明人倫』。書院教育的目的不是教人科考做官，而是鼓動和喚起人們被私慾遮蔽了的本性和道德心。古聖賢施教，相信人的本性自然流露，不會刻意去做什麼學規束縛學生。所以，朱子特意在《白鹿洞書院揭示》中不用『學規』一詞，而改用『揭示』。」

有弟子問：「先生此前在《教條示龍場諸生》中闡發『責善』，請明示其意。」

「有人說，『事師無犯無隱』，老師錯了也不要去諫言。我卻認為：『諫師之道，直不至於犯，而婉不至於隱耳。』所謂『責善』，也就是『教學相長』，師生彼此樂道的意思。」

又有弟子問：「書院教育與先生提倡的『心即理』有何關係？」

「朱子在《揭示》中提到『五倫』，其實就來自『吾心』。因此我主張：『六經者，吾心之記籍，吾心之常道。』書院教育只不過是以六經之教，幫助弟子們澄明心性而已。不然，求學之道，必將支離瑣碎，不知所終。」

有弟子問：「先生之學，立言宗旨何在？」

「知行合一。」

有弟子再問：「朱子曰：『知先行後』。先生何謂『知行合一』？」

「知是行的主意，行是知的工夫。荀子曰：『知之而不行，雖敦必困。』當今世人將知行割裂開來，真是大錯特錯！知道了，不去做，這又有什麼意義呢？這只會培養一幫死讀書本的書蠹！所以我說：真知就一定能夠真行，不能行的知，就不是真知。行不僅要以知為其主意，而且它本身就是知的完成狀態和實踐展開。知與行，是一體兩面，你中有我，我中有你，一以貫之，不相分離。」

王陽明見諸生對此還有些困惑，又接着闡釋道：「如果我們真正了解知行的本來狀態，那麼只說一個知，已自有行在。只說一個行，已自有知在。知到真切篤實處即是行，行到明覺精察處即是知。我今天講知行合一，正要人曉得：一念發動處，便即是行了。是謂知為行之始，行為知之成。知行二者互為體用，知是行之體，行為知之用。知行兩相同一，一體圓融。例如大家都知道孝順父母的道理，但如果不在日常生活言行舉止中真正地孝順父母，只是嘴上說說，那便不是真知孝道。只有踐行孝道，才是真知，才是知行合一。」

諸生歡服。

王陽明在貴州短短兩年，門生弟子達五百多人，對貴州乃至西南的文教事業發展影響深遠。在嘉靖《貴州通志》卷三「風俗·入學」中，記載有當年王陽明寫詩描繪貴州辦學的情景：「村村興社學，處處有書聲。」[1]說明當時在龍岡書院、文明書院的帶動下，貴州各州、縣相繼辦了不少社學，這在苗夷雜居的西南蠻荒之地，算是點燃了文明的星星火種。

王陽明逝世後的嘉靖十三年（1534 年），貴州巡按御史王杏「聞里巷歌聲，藹藹如越音，又見士民歲時走龍場致奠，亦有遙拜而祀於家者，始知師教入人之深若此」[2]。嘉靖及萬曆年間，王陽明的授業弟子及再傳弟子孫應鰲、李渭、馬廷錫等活躍在講壇之上。隆慶年間，王陽明再傳弟子馬廷錫在文明書院、正學書院主講陽明心學，在當地再次掀起講學盛況。

1　［明］王守仁《寓貴陽詩》，引自嘉靖《貴州通志》卷三，貴陽：貴州人民出版社，2015 年，第 118 頁。

2　［明］王守仁《王陽明集》，北京：中華書局，2016 年，第 1123 頁。

第四章

與貴州宣慰使安貴榮的交往

正德四年（1509 年）閏九月至十二月，王陽明受席書邀請蒞貴陽文明書院執教。正德四年歲末，公曆應是 1510 年 2 月，王陽明升任江西廬陵知縣調離貴州。

在這之前，王陽明與貴州宣慰使安貴榮（夷名布局直罷）（1451～1513 年）的交往值得一提。

貴陽一城兩衙門，各司其職。貴州承宣布政使司衙門管城北，貴州宣慰使司衙門管城南。按明廷定制，貴州宣慰使司治所貴州城（即貴陽，又稱貴城），「非公事不得擅還水西」。貴陽與貴州兩個地名，當時可互用。貴州既指一省，也指省城貴陽。貴陽設府，係明隆慶二年（1568 年）遷程番府（今惠水縣）入省城後，第二年（1569 年）改程番府為貴陽府。但在貴陽府這一行政區劃設置之前，貴陽這一地名已在民間通行。貴陽以位於貴山之南而得名，此名在明成化（1465～1487 年）初已有記載。王陽明的著作中也多次提及，如正德三年（1508 年）所作的《重刊文章軌

範序》中寫道：「世之學者傳習已久，而貴陽之士獨未之多見。」同年又於《恩壽雙慶詩後序》中說：「待御君奉命巡按貴陽……大夫士之有事於貴陽者。」至於王陽明弟子錢德洪等人編撰的《年譜》中，貴陽之名更是常見。由此可見，貴陽作為地名，或指當時之貴州，或指今日之貴陽。

貴州宣慰使安貴榮，是開闢龍場驛等九驛的攝理貴州宣慰使奢香夫人第八代孫、貴州宣慰使賜正三品封昭勇將軍安觀之子。安貴榮雖是世居水西（烏江的鴨池河上游地區）夷族（現彝族）酋長，讀書不多，但治所循慣例設在貴陽城內，與藩臬諸司流官相交甚密，舉止言談頗有士人風範。他常以「巡歷所部，趣辦貢賦」為由親臨水西各地，辦理夷邦事務，慰恤水西百姓。

當時貴州夷苗雜居，苗民常聚眾造反。苗族分很多支脈，又分生苗與熟苗，「生苗」不在朝廷統轄的「編戶齊民」範圍之內，屬於法外或化外之民，既不向朝廷承擔賦稅與徭役，也不遵守朝廷的法度。對於苗疆內的苗民，唐代以來中央政府一般是委託苗族土司進行自治管理。只要苗民不造反越界侵擾周邊其他地域，一般情況下不輕易用兵或者委派流官進行管理，這就是所謂的「苗不出境，漢不入峒」的政策。

自唐代僖宗年間（862～888 年）開始，播州宣慰司楊氏世代割據在播州（今遵義）一帶。播州一帶近貴州，但當時卻歸四川布政司管轄。成化年間，播州宣慰司楊愛與安寧宣撫司楊友打得不可開交。楊愛（1464～1517 年）是弟弟，但是正房庶出，楊友是哥哥，是二房所生。播州老宣慰使楊輝偏偏喜歡二房的兒子楊友，想把宣慰使的位子傳給楊友。但按當時的國法和家規，只能傳位給正房所生小兒子楊愛。他的管家張淵給他出了個主意：向朝廷謊稱夭漂、夭壩（今屬貴州省黔南布依族苗族自治州都勻市和黔東南苗族侗族自治州丹寨縣管轄）有苗民暴亂，請求朝廷派兵剿撫。這樣一來，就可以把剿撫的功勞歸於楊友，說他指揮有方，能征善戰，朝廷就會給他一塊封地。楊輝依計而行，奏報

朝廷。兵部果然准許，楊輝親率幾千土兵到夭漂、夭壩鎮壓無辜苗民，一直打到凱里的灣溪一帶。過後，將歸功於大兒子楊友的「戰果」奏報朝廷。成化十三年（1447年）二月，朝廷果然准設安寧宣撫司，授予楊友宣撫使。安寧宣撫司隸屬於播州宣慰司，以懷遠、宣化（今黃平巖門司）二長官司隸屬於安寧宣撫司，同時新設靖南、龍場二堡。

楊友佔據凱里地區以後，為了爭奪宣慰使一職，與繼承其父播州宣慰使職位的兄弟楊愛發生多次戰爭。成化二十三年（1487年），朝廷革去了安寧宣撫司，楊友也被送到四川閬中保寧城羈押，後來脫逃，兄弟之間的戰爭一直不斷。弘治七年（1494年），朝廷設立清平縣，但是凱里這些地方還沒有歸屬清平縣管轄。凱里周邊的苗民一直處於無政府管治狀態。

正德三年（1508年），凱里轄內香爐山一帶苗民發生暴亂，來勢兇猛，震驚朝廷，朝廷詔令貴州總兵李昂領兵平亂。李昂與貴州巡撫魏英（1459～1517年）商議後，決定派貴州宣慰使安貴榮領夷族土兵一同往剿。安貴榮率兵往征，僅月餘平亂告捷，得勝凱旋，朝廷加封安貴榮貴州布政司左參政的虛銜，安貴榮心懷不平，心想巡撫魏英、總兵李昂拔得頭籌，賞賜豐厚，而他多次率夷家子弟自籌糧餉，為國平亂，出生入死，數以千百計的夷家子弟殞命疆場，朝廷隻字不提如何撫恤烈士家屬，實難告慰數千陣亡將士，也無顏見眾多烈士遺孤！他怏怏不樂，便想着讓朝廷裁減龍場驛作補償。龍場驛地處水西腹地，本是他太祖母奢香夫人所開設，現讓他夷家收回也在情理之中。龍場驛已成聯通水西、播州以及四川、湖廣等地的通衢要塞之地，如有了這一地界，往來商賈稅銀皆可充為烈士遺孤撫恤費用。

安貴榮這人好交朋友，素來仰慕王陽明的學識和人品。在他剛來龍場之初，就派人送來米、肉、菜，在王陽明辭謝後，又送金帛、鞍馬。王陽明只好收下米二石，柴炭雞鵝全數收下，其餘金帛、鞍馬一概退回。這次安貴榮就請功升官和要求撤驛這兩

件事拿不定主意，便向王陽明請教。

王陽明在給他的回信中說，烈士遺孤撫恤之事，當向督撫衙門據理力爭。我們書院也可接納他們，教育他們學習聖賢之道，這也是我們份內之事。但裁減龍場驛之事，萬萬不可。凡朝廷制度，定自祖宗，後世守之不敢擅改。驛站可以隨便裁減的話，宣慰司也可以隨便革除。我們都是臣子，豈可伸手向朝廷邀功？鏟除寇盜以撫綏平良，也是守土常責。現在你數次請賞，則朝廷之恩寵、祿位，豈非兒戲？宣慰使乃守土之官，得以世有土地、人民。現朝廷升你為參政，則是流官，東西南北唯天子所使，朝廷下一紙調令，委你一職，或福建或四川，你敢不去嗎？抗旨不遵可要問斬。如果遵命赴任，那水西千百年之土地、人民就不再歸你所有。如此看來，別說更大的官，就是現在這個你都嫌小的參政，都要趕緊辭去。你還敢向朝廷談條件，要更大的官嗎？

王陽明信中的話，把安貴榮說得心裏透亮，打消了「撤驛」和「奏功」的念頭，遂入督撫衙門主動撤出奏紙。

當年七月，貴州宣慰同知宋然貪淫，所管陳湖等十二馬頭科害苗民，致所轄水東（今鴨池河以東貴陽地區及龍里、貴定和惠水等地）苗民土酋阿賈、阿札、阿麻等三人聚眾二萬餘人自立名號，背叛宋氏。重兵圍攻貴州城洪邊門同知府衙門，又連夜突襲宋然居住地大羊場，準備消滅宋氏，取而代之。宋然隻身逃出。

貴州巡撫魏英又令安貴榮出兵平亂。宋然雖是貴州宣慰副使，名義上歸宣慰使安貴榮節制。但水東宋氏土司與水西安氏、播州楊氏、思州田氏同為貴州界四大土司。而且水東地處貴州中心，貴陽為貴州全省第一大埠，也在水東宋氏的轄地之內。因而宋然與安貴榮是面和心不和，處處陽奉陰違。當年明太祖採取「以夷制夷」的辦法，令安、宋二氏同治貴州，相互牽制。水西靄翠無姓，太祖即賜姓安，並授予「貴州宣慰使」職，領水西，

轄十三則溪，領四十八目。水東宋蒙古歹使用的是蒙古名，太祖即賜名「宋欽」，授「貴州宣慰同知」職世襲，領水東，轄陳湖十二碼頭，領十長官司。又叫安氏掌印，居宋氏轄地貴州城宅溪壩辦公，無事不能擅回水西。直到宋然時，宣慰同知印仍在安貴榮手中，他有事回水西，才叫宋然代管。對此，宋然也是一肚子火。

由於安貴榮與宋然長期不合，一直想吞併宋然的地盤，此前曾暗中贈送氈刀、弓箭之類物品，支持宋然屬下的酋長阿賈、阿札等人蓄勢叛亂。這次阿賈、阿札等人起兵叛亂，安貴榮暗自竊喜。巡撫衙門催他出兵平叛，他卻說這是水東宋氏的家事，擁兵觀望，不予理睬。後經巡撫三檄，才勉強出兵，解了貴陽城洪邊門之圍後，不但不乘勝追剿，反而稱病撤兵，並放出話：我安氏地廣人多，就算不為宋氏出一卒，人奈我何？致使阿賈、阿札死灰復燃，又重新集結兩萬多人，揚言要踏平大羊場，活捉宋然，剜眼剁腳。宋然從老宅逃出，召集舊部兵丁萬餘人，要殺阿賈、阿札報仇。

阿賈、阿札與宋家又要打仗的消息，一時間傳遍了水東水西。老百姓擔驚受怕，紛紛扶老攜幼，離家避難。貴陽城內也是雞犬不寧。巡撫魏英也是浙江餘姚人，與王陽明父親是同年進士。王陽明「知行合一」的理論，當時很多人認為是離經叛道的異端邪說。魏英接替王質一到任都察院僉都御史巡撫貴州一職，便在貴州提學副使席書的陪同下視察文明書院並聽王陽明講學。作為一方大員，對「戴罪之身」的王陽明以禮相待，並讓席書傳話給他「世事艱難，好事者多，不可授人以柄」，讓王陽明深為感動。聽說安貴榮與王陽明交好，魏英便找王陽明去勸說安貴榮，讓他不要坐山觀虎鬥，更不要想藉阿賈、阿札消滅宋氏後，他再消滅阿賈、阿札，今後水東水西好都歸了他一個人管！讓他懸崖勒馬，以貴州幾十萬夷苗同胞福祉為念，摒絕私念，為國盡忠。

王陽明又給安貴榮去了封信：[1]

阿賈、阿札等畔宋氏，為地方患，傳者謂使君使之。此雖或出於妒婦之口，然阿賈等自言使君嘗錫之以甑刀，遺之以弓弩，雖無其心，不幸乃有其跡矣。始三堂兩司得是說，即欲聞之於朝，既而以使君平日忠實之故，未必有是，且信且疑，姑令使君討賊。苟遂出軍剿撲，則傳聞皆妄，何可以濫及忠良？其或坐觀逗留，徐議可否，亦未為晚，故且隱忍其議。所以待使君者甚厚。既而文移三至，使君始出。眾論紛紛，疑者將信，喧騰之際，適會左右來獻阿麻之首，偏師出解洪邊之圍，羣公又復徐徐。

今又三月餘矣，使君稱疾歸臥，諸軍以次潛回，其間分屯寨堡者，不聞擒斬以宣國威，惟增剽掠以重民怨，眾情愈益不平。而使君之民罔所知識，方揚言於人，謂宋氏之難，當使宋氏自平，安氏何與，而反為之役。我安氏連地千里，擁眾四十八萬，深坑絕地，飛鳥不能越，猿猱不能攀，縱遂高坐不為宋氏出一卒，人亦卒如我何？斯言已稍稍傳播，不知三堂兩司已嘗聞之否。使君誠久臥不出，安氏之禍必自斯言始矣。

使君與宋氏同守土，而使君為之長，地方變亂，皆守土者之罪，使君能獨委之宋氏乎？夫連地千里，孰與中土之一大郡？擁眾四十八萬，孰與中土之一都司？深坑絕地，安氏有之，然如安氏者，環四面而居以百數也。今播州有楊愛，愷黎有楊友，酉陽、保靖有彭世麒等諸人，斯言苟聞於朝，朝廷下片紙於楊愛諸人，使各自為戰，共分安氏之所有，蓋朝令而夕無安氏矣。深坑絕地，何所用其險？使君可無寒心乎？且安氏之職，四十八支更迭而為，

1　《與安宣慰書其三》。

今使君獨傳者三世，而羣支莫敢爭，以朝廷之命也。苟有可乘之釁，孰不欲起而代之乎？然則揚此言於外，以速安氏之禍者，殆漁人之計，蕭牆之憂未可測也。使君宜速出軍，平定反側，破眾讒之口，息多端之議，弭方興之變，絕難測之禍，補既往之愆，要將來之福。某非為人作說客者，使君幸熟思之。

王陽明在信中語句溫和、綿裏藏針地列舉了安貴榮的四大罪：一則助亂，二則縱兵，三則割據，四則狂言。話不多，但句句戳中安貴榮要害，利害榮辱都擺在了他的面前，他接受了王陽明的指教，迅速出兵協助平亂。《明史·卷一百九十五·列傳第八十三》稱：「終明之世，文臣用兵制勝，未有如守仁者。」然而，王陽明用兵從不以硬碰硬的大戰役著稱，而擅長心理戰、謀略戰，即《孫子兵法》所說的「上兵伐謀」。在貴州之時，他手無一兵一卒，還是個待罪之身的驛丞，只是一紙書信，便使擁兵自重、桀驁不馴的貴州最大土司俯首聽命，這也是他將心學用於軍事的牛刀小試，史稱「尺牘止亂」。

安貴榮與王陽明在交往中結下深厚友誼。正德三年（1508年），安貴榮主持翻修古象祠，請王陽明作《象祠記》，文中記載在靈鷲山和博南山有一座祠廟叫象祠，供奉着一個名叫象的人。像是舜的同父異母弟弟，三番五次要陷害和謀殺舜。其後，象被舜所感化。舜即位後，封象為有鼻國國君（其領地在今湖南道縣北）。象本是一個被否定的人物，唐代時，道州刺史就曾毀掉當地的象祠。但貴州這邊的苗夷百姓卻把象當神一樣祭祀。

有弟子不解地問王陽明：「難道這裏的人果真是蠻子，專門敬仰象這種兇暴乖戾的人？」

王陽明答道：「非也。我以前也曾這樣想。但是有史以來，兇暴乖戾的人還少嗎？為何獨獨祭祀象呢？後來跟安貴榮交談，方才知道，恰恰因為這裏的苗夷百姓，千百年來保持着那份樸素的信仰，愛屋及烏，愛舜帝，及於他的兄弟象。我猜想，象的去

世大概是在舜帝用干舞羽舞感化了苗夷各族之後，而且象在促成舜帝施文德教化苗夷先民中出了大力氣。從這裏可見舜德之至，入人之深，而流澤之遠。」

弟子又問：「這次安貴榮主動修復象祠，是不是也有感而發？覺得自己也跟象一樣，象已化於舜，而他已化於先生。『進治於善，則不至於惡。』」

王陽明答：「每個人內心深處都有善念。我只是用聖人之言點撥了一下他而已。不過，他跟象都能迷途知返，確實善莫大焉！這也是我願意為他重修的象祠寫篇小記的原因啊。」

弟子感慨道：「這安貴榮還真有點當代象的樣子呢。」

王陽明在這篇文章中認為，像象這樣兇狠殘暴的人，都能被感化，「信人性之善，天下無不可化之人也」「雖若象之不仁，而猶可以化之也」。這正說明君子修德的重要性。此時王陽明雖未正式提出「致良知」的表述，但「致良知」的思想已經在這篇文章中醞釀。安貴榮還數次邀請王陽明到水西各學宮學堂講學施教，並大力提倡和資助水西各土司府興私學、聘漢儒、擴建宣慰府學宮。在水西城出資修建觀音閣，並鑄了一口鐵鐘懸於閣內鐘亭之上，昭示官紳民眾「以佛易人，德化於鄉，善施於民」。今天的修文陽明洞巖壁上，留有「陽明先生遺愛處」七個大字石刻，即安貴榮後代安國亨所書。它是王陽明與夷族（彝族）人民深情厚誼的象徵。

洪邊平亂之後，有官員上奏朝廷追究安貴榮的責任，要削其職，安貴榮深悟王陽明「以靜修心」的奧義，心生倦意，頓覺老之將至，上疏請致仕，以長子安佐襲位，改名安萬鍾。安貴榮從此歸隱林泉，正德八年（1513 年）六月，以老壽終。

朝廷有司論宋然之罪坐斬。宋然上奏説，世受爵土，負國厚恩，但事變起於安貴榮的挑撥，乞求減輕處罰。朝廷最終讓宋然依土俗納粟贖罪。本來是要以貴築、平伐七長官司地設立府縣，以流官撫理。巡撫魏英覆奏説蠻民不願，只好作罷。此役

後，水東宋氏土司一蹶不振，子孫守着世襲的官職，衣租食稅，聽徵調而已。[1]

大明內閣首輔李東陽將王陽明調往江西廬陵是有深意的。近在身邊的劉瑾和遠在江西的寧王是他的兩塊心病。

劉瑾掌司禮監後，矯詔准劉健、謝遷兩閣老致仕，老臣、忠直之士被放逐殆盡，而「燒酒翰林」焦芳又入閣助他為虐。吏部和兵部一文一武兩個大部，都掌握在劉瑾的親信手中。先是焦芳任吏部尚書，焦芳入閣後，許進（1437～1510年）接任。許進此前是兵部尚書，劉瑾任內官監掌印太監督京營時，彼此很合得來，因而得以調吏部。但許進不肯事事俯首聽命於劉瑾，劉瑾一言不合便跟他斷交。此前與劉瑾勾結並將河南同鄉焦芳引薦給劉瑾的宣大總督劉宇，在擠走劉大夏後，如願以償內調為兵部尚書，此時意猶未盡，想更進一步調任六部之首的吏部。在劉瑾的授意下，吏部文選司郎中張彩（1454～1510年）設計將許進攻走，由劉宇繼任。總之，吏、兵兩部大員玩弄於劉瑾一人股掌之中。

張彩是陝西安定人，弘治三年（1490年）進士，授了個吏部主事的小官。不甘心在部裏按部就班熬資歷，便找了個機會外放到大同前線歷練，把宣大總督劉宇伺候得很舒服。劉宇鎮守山西要塞，私下裏也與韃靼人做些私市生意，用茶葉、絲綢換回塞外的良馬。張彩頗有語言天賦，來大同不久，便跟酒肆市井的胡人學會了韃靼話。此人又機智善變，與韃靼人應酬往來格外融洽。劉宇便將私市的生意放心地交與張彩打理。張彩又獻一計，動用宣大的軍隊武裝護衛私市貿易，一時所得豐厚。戍守宣大的軍士們在私市中也分得一杯羹，對張彩甚為推服。除了私市貿易，劉宇又將治安緝捕與刑名典獄大權委與張彩。張彩儼然成

1　《明史‧卷三百十六‧列傳二百四》。

了劉宇第一親信。劉宇曾對張彩笑語：「不管有事無事，每日皆來我府跺跺腳。」張彩出入劉府如入無人之境，劉府內眷也無需避諱。因劉府上下經營都交寵妾主持，私市利潤由張彩親手交與她，兩人尤為熟絡。

張彩是個能員，口齒伶俐，議論便利，更善交結將領。紙上談兵，也頗為時論所稱道。有一次他回安定老家探親，專程拜訪三邊總制楊一清，並將從山西帶來的代馬十匹、名媛十人相贈。席間與楊一清縱論守邊平虜策略，楊一清深為折服，誇他文武奇才。不久，楊一清上書稱他有將略，舉薦他自代「三邊總制」。劉宇覺得張彩此人入京任職，可與他內外呼應，方便他今後與朝中權貴打理關係，便給焦芳去信，請他在劉瑾面前力薦張彩回京任職。

一次酒後，焦芳在劉瑾面前漫不經心地說起宣大有個張彩，如何儀表俊朗、聰明善辯、風流倜儻，最後格外言明張彩是劉瑾的陝西同鄉。劉瑾此前已看到楊一清的奏摺，生怕張彩被楊一清挖去三邊前線，便即刻讓吏部下令，調他回京任吏部文選司郎中這一要職。那時銓曹已經調職，照資歷應由驗封郎中石某遷調，奏疏已經發出，劉瑾命尚書許進追回原疏，改派張彩。

劉瑾聽焦芳把張彩吹噓得如同神仙一般人物，恨不得馬上就能相見，又怕他像往常官吏調任一樣以病假為由遷延在鄉，不即赴京。便特地訂頒一條規定：病假已滿而不赴京報到者，斥為平民。於是張彩接到吏部調令，星夜兼程赴京就任。

張彩在焦芳的引薦下，來到劉瑾府上拜見。劉瑾見他高冠鮮衣，白晰修偉，鬚眉蔚然，詞辯泉湧，歡喜得不得了，握著張彩的手不肯撒手，讚道：「同鄉真神人也，真恨沒有早些遇到！」

從此後，張彩常伺劉瑾左右，甚得歡心。每次劉瑾外出回府，沐浴更衣。公卿大臣們在劉門外等候求見，從早上辰時等到午後申時，都未能排上號。這時張彩徐徐來，徑直入劉瑾家小閣，歡飲而出，在府外欣然向公卿大臣互相作揖行禮。眾人於是

更加畏懼張彩，見到他如同見到劉瑾一般行跪拜之禮。這份威風遠超過「禮絕百僚」的首輔李東陽了。

在外人眼中，李東陽這個首輔當得確實窩囊憋屈，悒悒不得志，還得委蛇避禍。焦芳嫉妒李東陽位居其上，日夜在劉瑾跟前構陷李東陽。有一次，李東陽奉旨主編《通鑒纂要》。書編成後，劉瑾指使一幫人從書中挑出一些筆劃方面的瑕疵，免除了數名謄錄官的職務，還差點牽連到李東陽。李東陽無奈之下只好求下屬焦芳和張彩在劉瑾面前幫忙說好話。此事讓李東陽這首輔在羣臣面前顏面掃地，而劉瑾兇暴日甚。

對劉瑾這塊心病，李東陽是奉行「忍字訣」：不正面與劉黨衝突，還禮讓三分。他自嘲自己就是一名「泥瓦匠」，凡劉瑾所為亂政，他彌縫其間，多所補救。他知道，對於劉瑾這樣的聖上近臣，不能在他面前留下絲毫破綻，更不能跟他小打小鬧，只能忍辱負重，耐心等待一個徹底扳倒他的機會。要麼不出手，一出手就要置他於死地！他相信，這個機會不會來得太遲，因為劉瑾的公然作亂，就像病人身上的一個毒瘤，要割掉只是早晚的事。

另一塊心病是一塊尋常人看不到的隱傷。隱傷對身體的殺傷力反而更大，一旦發作，往往傷及性命。寧王朱宸濠（1476～1521 年）是首代寧王朱權（1378～1448 年）的後代。朱權是太祖第十八子，封在塞外大寧，驍勇異常，當時有「燕王善謀，寧王善戰」之稱。燕王朱棣（1360～1424 年）靖難兵起，首先便是用計將寧王騙至北平，脅迫其順從自己起兵。燕王搖身一變成為永樂皇帝後，不放心有這麼一位寧王兄弟在鄰近北京的塞外天天縱馬奔馳，喊打喊殺。便以酬功為名，將寧王徙封至內地。寧王自請徙封杭州，此乃天下富饒之地，太祖生前甚至不肯將此地封予喜愛的皇五子周王，永樂皇帝自然也不肯給寧王。寧王又請徙封武昌，永樂皇帝考慮到武昌地處長江上游，這皇弟寧王又不是善茬，一旦有事會威脅南京，也不許。寧王無奈，只好徙封南昌。等到第四代寧王朱宸濠繼承王位，便有異志，心想：

俗話説「燕王善謀，寧王善戰」，這善謀的燕王搶了姪子建文帝的江山，善戰的寧王為啥就偏安南昌一隅碌碌無為呢？正德皇帝登基以後，少年天子玩性甚大，又重用劉瑾，朝綱不振。朱宸濠取而代之的想法更加強烈。正德二年（1507年），他重賄劉瑾，將已革去的王府護衛及屯田恢復。同時劉瑾又矯詔賜予寧王府南昌河泊所一處，給了寧王府向過往船隻收稅的權力。寧王府既有兵，又有錢，反意日熾。

李東陽心想，寧王是宗室，一旦作亂，便可重蹈成祖靖難故事，其危害遠甚劉瑾。這時，他想起了遠在貴州龍場的王陽明，這可是危難之中見忠誠的人物。何不將他這個小小驛丞作為一枚閑子放在江西界面，既不顯山露水，又不打草驚蛇。將來江西無事則好，萬一有事，這閑子便可發揮意想不到的作用。恰逢貴州巡撫魏英進京例行述職，魏英力薦王陽明才堪大用，李東陽便當即決定調他任江西廬陵知縣，正好兩全其美。

正德五年（1510年）三月，王陽明來到江西廬陵上任。此前沿着三年前來龍場時的路，經湖廣武陵、長沙，再往東過萍鄉抵達廬陵。

他是在正德四年（1509年）歲末離開龍場的。出發時，龍場數千百姓前來送行，依依惜別。王陽明在幾名弟子的陪同下從清平衛登舟，沿清水江一路東行。除夕夜，師生們在舟中度過，王陽明作了《舟中除夕二首》，其中有兩句：「遠客天涯又歲除，孤航隨處亦吾廬。也知世上風波滿，還戀山中木石居。」看得出來，他的心情比較複雜，既有些許對貴州謫居生活的不捨，也有一絲對前途世事的不安。當然，還有幾分自信、豁達和憧憬。

不幾日，輕舟抵達沅江畔的湖廣武陵府。這是冀元亨、蔣信、劉觀時等弟子的老家。在這裏，冀元亨、蔣信、劉觀時等弟子已等候多時，懇請他留武陵講學幾日。王陽明欣然應允，暫宿寺廟潮音閣。致仕歸里的楊褫，帶着他的門人弟子前來拜訪。楊褫乃弘治九年（1496年）進士，這一年王陽明第二次參加會試，

再次落第，不過兩人也算是進過同一考場。後來楊襚在京先後任刑、吏、禮、兵等四科給事中，性格豪邁，以敢言著稱。他任兵科給事中時，王陽明恰好任兵部主事，兩人工作往來之餘，也意氣相投，結為好友，常詩酒相酬。後來，楊襚不滿劉瑾擅權而主動請求致仕還鄉。此次故人重逢，好不歡喜。

楊襚邀請王陽明來到他家的「閩山精舍」做客，又組織了幾場講學活動。武陵府及周邊府縣士子聞訊而動，盛況空前。

諸生向王陽明討教知行合一之教。他卻道：「此寺甚靜，我等何不學習靜坐之法。」於是與弟子講授靜坐的要領，並帶領他們在寺中靜坐。他深有感觸地說：「我此前在貴州講知行合一，紛紛異同，不知所措。近幾天來，與你們一起在僧寺靜坐，使自悟性體，恍恍然好像更明白了知行合一的真諦。」

蔣信問：「先生教我們的靜坐，是不是禪僧所謂的『坐禪入定』？」

「不同」，他解釋說，「我之謂靜坐，並非只專注於靜處無事時的修行，也要注重動處有事的工夫。程明道有言：『所謂知得灑掃應對，便是精義入神也。』用孟子的話說，便是『求放心』。把心收回來，才能專心做得了學問。」

楊襚弟子龍飛霄問：「先生的靜坐之法，是想教我們學做山中宰相，超然物外嗎？」

「非也！」王陽明答道，「只知養靜，求靜厭動，而不用克己工夫，如此臨事便要傾倒。我常說知行合一、省察克己和事上磨煉，又何嘗不是動處工夫？」

冀元亨問：「先生教我等靜坐工夫，有何深意？」

「聖賢之學，坦如大路。知道了從哪裏入門，循循而進，各隨分量，皆有所至。後學之人厭常喜異，往往進入斷蹊曲徑，走得越急，離正道越遠。」他又指出，「初學時心猿意馬，拴縛不定，其所思慮，多是人慾。因此教你們靜坐，以免胡思亂想。」

龍飛霄又問：「先生所言，我已明了。我向來氣浮躁，心不

靜，正好去深山老林之中靜坐一番，豈不更好？」

「你若以厭外物之心去求之靜，反而養成一個驕惰之氣了。你若不厭外物，在鬧市中求靜，也能得到靜處的涵養。」王陽明又笑道，「你名飛宵，似太直白。何不易『飛』為『翔』？」

眾人都誇此名更好，龍飛宵從此改名龍翔宵。

王陽明又與已過古稀之年、辭官退居桃源木塘塢的高士文澍（1434～1515年）論道。文澍還特意租船逆沅水而上，陪同王陽明遊覽了桃花源。王陽明興致盎然地寫下了《桃源洞》和《晚泊沅江》兩首詩，表達了自己對桃源山水的留戀之情。陶淵明筆下的那個世外桃源讓王陽明好奇不已，心嚮往之。後來他回憶，此次與文澍交談竟「三夕而不輟」，在桃源滯留十五日而未能去。這次桃源之行讓王陽明與文澍結成忘年之交。正德十年（1515年）文澍去世，已是名滿天下的王陽明不忘親自為他的老友撰寫《文橘庵墓志銘》，以示懷念。

正德五年（1510年）三月，王陽明在冀元亨等弟子護送下抵達江西廬陵上任。廬陵一詞取自《詩經·小雅》中的「高岸為谷，深谷為陵」。因城池被連綿丘陵所包圍，城邊有一條廬水河流過，故名「廬陵」。廬陵是北宋文學家歐陽修和南宋愛國丞相、狀元文天祥的故鄉，南宋詩人楊萬里老家離這也不遠，且同屬吉州，因而廬陵被稱為「文章節義之邦」。

王陽明來到廬陵走馬上任時，這裏卻是好訟之鄉。一則民風強悍霸蠻，誰都不服氣誰，一言不合就告官；二則鄉民都有點文化底子，喜舞文弄墨，公說公有理，婆說婆有理，最後爭來爭去，一紙狀紙告到縣衙。王陽明甫一上任，案上就積壓了三百多件未結案子。他跟冀元亨等人夙夜在公，清理了結積案，備受其苦。於是，以縣令的名義下發了第一號公文《告諭廬陵父老子弟》，與百姓約定：不是人命關天的，不要來告狀；寫狀紙不得超過兩行，每行不得超過三十個字。又選取了一批「里正三老」，讓他們在「申明亭」前勸說前來訴訟的人，息訟寧人。

盧陵正趕上鬧瘟疫，再加上旱災，流離失所者眾。一幫災民，群聚為盜，呼嘯山林，攻劫鄉村，無惡不作。這些盜賊來無影去無蹤，四處偷襲，防不勝防。縣衙的捕快又不足百人，別說剿滅了，就是防禦都難。王陽明和盧陵的一些鄉紳父老商量後，決定採用北宋王安石變法時制定的「保甲法」：十家一保，設保長一名。保中年輕人都配備弓箭，利用農閒時操練武藝。平素無事時，四鄰親睦友好，一旦盜賊來襲，彼此相互救援。平時有陌生人來往借住，各家都互相監督。這樣一來，全民皆兵，盜賊不能再行竄動，只好轉去贛南和福建漳州一帶了。

　　有一次盧陵城內突發大火，火燒民宅千餘間。王陽明趕至火災現場，向上天祈禱，風向頓時改變，這才得以撲滅大火。他又告誡鄉民不要宰殺牲口喝大酒，觸怒火神。

　　面對災情，他悲慟不已。一把火為何燒了千餘間房？一查，原來盧陵縣城道路狹窄、房屋密集，一處着火，四處蔓延。於是決定重新規劃城區，勒令軍民清出火道來，嚴防奸民因火成盜。居民互爭火巷，他親自去現場調解，還下令清理驛道，協調糧食流通。

　　盧陵災害頻發，但吉安府還一味地追加攤派。災民們氣勢洶洶，把縣衙團團圍住，向知縣老爺請願。這時，吉安府怪罪盧陵縣徵收不力，派人來捉拿縣衙的錢糧師爺。

　　王陽明從貴州千里迢迢來到盧陵，又恰逢此地瘟疫，他水土不服，肺病復發了，連日來足不出戶，在後衙養病。他聽到縣衙外面這麼鬧騰，只好拄着枴杖出來理事。先是喝退了吉安府的衙役，再好生安撫鄉民。他氣憤地寫了一封給知府的公文。公文中說：「單是歲辦各種木材、炭、牲口，舊額不到四千兩，現在增加到萬餘兩，三倍於舊額。其他公差往來，騷擾刻剝，日甚一日。全然不顧盧陵大旱和瘟疫災情，這不是逼民為盜嗎？府君若不寬免，將有可能激起大變！作為縣令，我不但於心不忍，而且勢有難行。坐視民困而不能救，心切時弊而不敢言。既不能善事

上官，又以安處下位？懇請府君垂憐小民之窮苦，俯念時事之難為，寬免攤派。要抓人，就請先將我罷免，以為不職之戒！我心中所甘，死且不朽！」

他吩咐手下，將衙門緊閉。有人來打官司，讓他們去申明亭找里正三老。上面如派人來催徵收攤派，也不用理會。「憂時有志懷先進，作縣無能愧舊交。」[1]王陽明本來就病了，乾脆學漢代汲黯，也來他一個「臥治」。

他身體稍稍好轉，便帶着冀元亨一眾弟子來到縣城的香社寺。本想去感受下寺院的寧靜，靜坐禪修一番。沒想到寺院主持隆重其事，「佛鼓迎官急，禪牀為客虛」。[2]他頓感索然無味，轉了一圈，來到郊外江畔的白鷺洲書院。朱熹曾在此書院講過學，此處還留有不少朱子遺蹟。院內書聲朗朗，庭院深深，可臥聽江聲，靜聽花落。王陽明甚喜，就在這書院裏一住多日，與弟子們日夜探討學問，不亦樂乎，將吉安府攤派等事盡拋腦後。

吉安知府接到王陽明措辭嚴厲的書信，大怒，當即向朝廷參了一本，指其玩忽職守，抗命不遵。這封奏摺到了李東陽手裏，他心想：這個王守仁，到哪裏都是個刺兒頭！便令吏部升他為南京刑部四川清吏司主事，召他趕緊進京入覲。

1　［明］王守仁：《遊瑞華二首·其一》。

2　［明］王守仁：《午憩香社寺》。

就在王陽明臥治廬陵之時，傳來了寧夏安化王叛亂和劉瑾被誅的消息。

劉瑾與邊將的衝突不是一天兩天了。孝宗朝開始，戶部向商賈徵收年例銀兩，又稱邊地課銀，由戶部統收後分送各邊鎮，以助軍需。劉瑾卻認為，這是戶部與邊將共盜國帑，下令停止，留朝廷支用。邊地儲備因而空虛，將士們衣食堪憂。劉瑾又推出了一系列財政改革舉措，朝廷大小財權都收歸中官負責。朝政班列，中官也凌駕在文武官員之上或至少平起平坐。明太祖朱元璋（1328～1398年）嚴禁中官參政，他卻直接由中官代替皇上來管官、管財。雖然打的是天子的旗號，但「司馬昭之心，路人皆知」，朝中頗有非議。劉瑾奏請派御史到各處邊地清理屯田。邊地屯田本是一筆糊塗賬，是邊地將領的小金庫。清理屯田，倒是好事。但不知道是劉瑾壓根沒想認真去清理，只想從中分一杯羹，還是他派出的這些御史們想藉機斂財，反正多是迎合虛報，各邊地偽增屯田

數百頃，悉令出租，而且各出奇招。一項是一百畝，劉瑾派往寧夏的大理寺少卿周東（？～1510 年）卻以五十畝為一項，用多徵的畝銀向劉瑾行賄。巡撫都御史安惟學（？～1510 年）屢次杖責折辱士兵妻子。寧夏守將們心懷怨憤，但又拿劉瑾派來的這些御史們沒辦法，便想到了駐守寧夏的安化王朱寘鐇（？～1511 年）。朱寘鐇早有反意，寧夏邊將羣情洶洶，正好一拍即合。正德五年（1510 年）五月，朱寘鐇以「誅劉瑾」為名，在寧夏舉兵，派千戶丁廣率王府護衛襲殺安惟學、周東於公署。朱寘鐇隨即焚官府、釋囚徒，派人招降率軍出防在外的副總兵楊英和參將仇鉞（1466～1522 年）。

楊英部眾聞之軍心大亂，紛紛潰散。楊英只得單騎奔靈州。仇鉞接到安化王的招降書，大怒。本想自駐地玉泉營發兵來攻安化城，但轉念一想，寧夏乃九邊重鎮，不可內亂，用計平叛方為上策。當即修書一封，大罵劉瑾禍國殃民，言明願棄暗投明，率大軍歸順安化王。派人將書信連同游擊將軍關防印信一道送去安化王府。

次日，仇鉞引兵入安化城，解甲覲見朱寘鐇，願以所將兵馬分隸安化王府各營，歸家後即臥病不出。朱寘鐇大喜，以何錦為討賊大將軍，周昂、丁廣為左右副將軍，孫景文為軍師。將孫景文所作檄文傳佈邊鎮，歷數劉瑾罪狀，關中大震。各邊鎮接到檄文後，不敢上報。延綏巡撫黃珂將檄文封奏朝廷，同時調兵遣將，把守關隘。

何錦等人本是有勇無謀之徒，輕信仇鉞患病，時時就軍中之事來仇府問計。仇鉞也假裝跟何錦推心置腹，幫其出謀劃策。何錦竟引為知己。而仇鉞暗地聯絡舊部，招納壯士。

鎮守固原的陝西總兵官曹雄，得知安化王反了，即統兵壓境上，命令指揮黃正引兵三千駐防靈州，約鄰境各鎮兵剋期討逆。又派遣靈州守備史鏞將河西所有船隻，全部泊到東岸，並私下通書仇鉞，約為內應。

王陽明新傳：十六世紀初葉中國的政治與哲學

這時，何錦、丁廣又來仇府探視。說起當前形勢，仇鉞表示：「東岸兵旦夕將至。宜急出兵守渡口，遏制東岸兵，不讓敵軍渡河。」不久，何錦派出的探子回報稱，黃河東岸盡是艦船，旌旗蔽天，殺氣騰騰。何錦、丁廣果然傾營而出，獨留周昂守城。

朱寘鐇以犳牙令旗召仇鉞，仇鉞回稱病急。朱寘鐇派周昂前來探視，仇鉞臥牀呻吟。周昂近到牀前，埋伏在牀後的猛士突然闖出來，捶殺周昂。仇鉞於是披甲橫刀，提着周昂人頭，躍馬大呼，府中數百壯士跟隨其後，徑直馳入安化王府，將朱寘鐇擒捕，殺孫景文等十餘人。

仇鉞又假傳安化王令，召何錦等將回城，而密諭其舊部安化王已被擒，令其倒戈。何錦部得知安化王被捕，相繼潰散。何錦、丁廣單騎逃奔賀蘭山，為巡邏兵卒擒獲。安化王倉促起事，歷時十九天而失敗。

仇鉞平安化王之亂，朝廷尚未得報，即起用前右都御史楊一清總制軍務，以涇陽伯神英（1435～1512年）為總兵官，太監張永（1465～1529年）監軍，率大軍西討。楊一清在孝宗朝曾以左副都御史督理陝西馬政。正德皇帝即位後，受命總制延綏、寧夏、甘肅三鎮軍務，因不附劉瑾，曾被劉瑾誣陷下獄。幸虧有李東陽等人施救，才罷官閑住。楊一清熟悉寧夏邊務，大學士李東陽、楊廷和（1458～1529年）等力薦其統兵平叛。劉瑾接到延綏巡撫黃珂報來的檄文，大為震怒，將檄文隱匿不奏，一心想盡快撲滅安化王叛亂，楊一清才得已再次起用。

大軍至寧夏，安化王已被擒，神英領兵還京。楊一清與張永留寧夏處理善後事宜。陝西總兵官曹雄為劉瑾黨羽，劉瑾將平叛之功盡歸曹雄，仇鉞竟無擢升。

張永本是「八虎」之一，與劉瑾同在東宮侍候過正德皇帝，也是皇帝寵倖的內臣。張永一度在宮中勢力很大，正德皇帝先後賜他蟒衣、玉帶，准他在宮中騎馬、乘轎，每年給祿米十二石，

並命他提督顯武營、十二團營兼總督神機營兵馬。張永後來又與邊將江彬共同掌管四衞勇士。在宮內則掌管乾清宮、御用監諸事，兼理尚膳、尚衣、司設、內官諸監，整容、禮儀、甜食諸房及豹房、浣衣局、混堂司、南海子事，成了兼職最多的內臣。隨着劉瑾權勢增長，張永成了他的眼中釘，兩人逐漸失和。劉瑾曾因內宮瑣事在皇上面前構陷張永，要將之發黜南京。正德皇帝召他二人對質。爭辯中，張永動手痛毆劉瑾。皇帝當即命谷大用擺酒為他們勸和。

雖然有皇上幫忙說和，兩人還是面和心不和，梁子從此結下。這次出兵寧夏平叛，內閣提名張永監軍。劉瑾雖是一萬個不樂意，但無奈張永向來執掌禁軍，論軍中資歷，其他中官無出其右者，只好同意。

楊一清對張永和劉瑾的關係略有所聞。八月，張永奉旨回京。楊一清仍總制三邊軍務。在張永班師回朝之際，楊一清置酒慶賀，酒興正酣之際暗中指使張永回京後向正德皇帝奏呈劉瑾的十七條罪狀。

卻說此前劉宇在劉瑾的幫助下，取代許進如願以償地當上了天官——六部之首的吏部尚書。不過他雖為尚書，卻大權旁落。官員銓選之權皆由他的老部下、吏部文選司郎中張彩說了算。有些官員任免升降，張彩根本不跟他商量。有些即使跟他說了，他剛想插嘴，張彩在旁隨便說一句：「此事劉公公已定奪。」劉宇話到嘴邊，只好又縮了回去。

劉宇任兵部尚書時，京軍邊將都出手闊綽，他收錢收得手軟。他當上吏部尚書後，不僅權歸張彩，而且文官們贈送錢物遠不如武將。劉宇常悒悒歎道：「兵部自佳，何必吏部？」

起初在大同時，幾乎每天都要去劉宇家「跺跺腳」的張彩跟劉宇愛妾早就有苟且之事。等到調來北京，張彩遽然成為劉瑾面前的大紅人，受公侯跪拜，自然飄飄欲仙，與劉宇愛妾經常大白天地在轄韄人開的胡姬酒樓裏廝混。全京城人人皆知，獨劉宇蒙在鼓裏。

一次，此前在大同與劉宇有私市往來的一位韃靼富商來到北京，邀劉宇赴胡姬酒樓赴宴，正好撞見張彩將劉宇愛妾抱在懷裏飲酒。這韃靼富商所在部落向來有換妻習俗，看到劉宇愛妾躺在張彩懷裏，以為劉宇已將愛妾贈與張彩，便跟劉宇道：「劉大塚宰家可還有這般美妾？小人願以十名胡姬相換。」劉宇差點氣背過去，但又敢怒不敢言。

張彩自此後，更是將劉宇愛妾收入自家府中，還在劉宇面前說：「老兄貴為天官，就算要天上的天女也唾手可得。區區小妾，贈與小弟又有何妨？」劉宇氣得咬牙切齒，但表面上也只好強顏歡笑，順水推舟，將愛妾拱手相送。

十個月後，劉宇不僅愛妾管不住，連他那個「何必吏部」的尚書也當不成了。

張彩自吏部文選司郎中擢升左僉都御史，與戶部左侍郎韓鼎一同上朝謝恩。韓鼎年老，拜起皆遲緩笨拙，動作滑稽，惹得侍立在皇帝兩側的谷大用、張永等太監竊笑不已，笑劉瑾提拔的人不中用，劉瑾因此感到臉上無光。等到張彩出場，起拜如儀，丰采英姿，谷大用等人嘖嘖稱讚。劉瑾乃大喜。

這一喜，劉宇就倒霉了。劉瑾將張彩由左僉都御史調為吏部右侍郎，更進一步要叫他當尚書。為了讓劉宇騰出位子，便令他以原官兼文淵閣大學士。劉宇以為將要入閣拜相，大喜過望，當即在內閣朝房裏擺酒宴請劉瑾。

酒足飯飽後，劉宇扶劉瑾從內閣裏出來，仗着酒勁，在劉瑾面前說：「我入閣辦事，公公您可放心！」

劉瑾上下打量衣冠不整、鬍子拉茬的劉宇，笑道：「此地豈可再入？」

劉宇頓時心灰意冷，心想：這不是說我今天當了一天內閣的主人，有此一天，應可心滿意足。轉念又想：當上了大學士，卻又不能入閣，那算什麼名堂？於是第二天，便遞交辭呈，請求致仕。

劉宇被張彩奪去愛妾，又被劉瑾戲弄，空歡笑一場。賦閑在家，左思右想，不是滋味。又不敢出門，怕被同僚和士林恥笑。這樣在家悶了幾天，便聽到安化王被劉瑾逼反的消息，他心想：機會來了，何不趁機給劉瑾致命一擊！後來又聽說由原三邊總制楊一清統率大軍平叛，大喜：真是天助我也！原來，劉宇與楊一清相熟，楊一清任三邊總制時，劉宇任宣大總督，兩人同為封疆大吏，又負有協同對付韃靼兵的任務，往來頻繁，私交甚好。

劉宇於是在楊一清出征前，將劉瑾家藏甲兵等絕密之事全盤托出，連藏匿地點都一一指明。

楊一清道：「藏匿甲兵，雖不可恕。但有否異心，尚未可知。」

劉宇便將一次在劉瑾府中的見聞悉與相告。

那次，劉瑾在酒後有感而發，向張彩涕泣道：「當初，谷大用、張永等人怕外臣欺負我們中官，把我推出來。我以身殉天下，得罪人的事都是我來做。現今天下之怨皆集於我一身，他倆到好，坐享其成！而今皇上好夜行，又縱慾無度，萬一出了啥差池，我何去何從？」

張彩喝退左右，答道：「今皇上未有生育，勢必立宗室子，若年長又賢能，老公公就大禍降臨了。不如讓皇上立幼弱者為太子，萬一皇上賓天了，老公公挾天子以令諸侯。這樣可保老公公富貴無憂！」

當時劉瑾稱讚張彩想得周全。可是沒過幾天又變了卦，他跟張彩、劉宇等人說：「沒有合適的宗室可以立的，我自立算了！」劉瑾改變主意，皆因一個叫俞日明的算命先生的話。俞日明給劉瑾姪孫劉二漢算命，說他「當大貴」。劉瑾所謂「自立」，即是立劉二漢為帝。張彩當即表示不可，一言不合，劉瑾將茶盤擲了過去。張彩不敢再言。

楊一清聽罷，默不作聲。劉宇臨走時再三叮囑：「劉瑾之亂，遠超安化王亂百倍！」

正德五年（1510年）八月，張永率大軍押解安化王朱寘鐇及何錦、丁廣等至京獻俘，乘機向正德皇帝呈上安化王起事的檄文和原吏部尚書劉宇檢舉劉瑾私藏武器的密報。經會審，劉瑾被判凌遲處死。榜示天下，朝野稱快。劉瑾族人、逆黨皆被誅殺。吏部尚書張彩被逮，死於獄中，磔其屍於市，妻子兒女充軍海南島。劉瑾死黨焦芳、劉宇此時已致仕，削籍為民。劉宇有檢舉之功，自當別論。焦芳此前因權勢不逮張彩，又自以為於張彩有舉薦之恩，所以「薦人無虛日」。剛開始，執掌吏部的張彩看到他寫的條子還敷衍了事，到後來便不買賬了。心想，你焦芳收錢，我張彩幫你賣官，這種冤大頭我可不幹。最後彼此成仇。焦芳免不了私下裏說些張彩的壞話，對劉瑾也偶有影射。

焦芳有個親信，名叫段炅，是翰林院檢討。一看焦芳勢衰，便轉投張彩門下，將焦芳在酒席上罵張彩的那些話和盤托出，以表忠心。張彩大怒，便在劉瑾面前說盡焦芳的壞話。劉瑾因此對焦芳大為不滿，幾次在大庭廣眾之下，怒斥焦芳父子。焦芳見此光景，無心戀官，便告老還鄉。

焦芳的兒子焦黃中，恰似他的父親，也是個不學無術的傲狠之徒。正德三年（1508年）殿試，焦芳四處打點，要讓他的兒子中狀元。李東陽親自閱看了焦黃中的考卷，平庸無奇，心想能中三甲同進士出身已算破格，要中狀元，簡直天方夜譚。自己當年以神童譽滿天下，也只考了個二甲第一，名為「傳臚」。礙於焦芳的情面，將焦黃中也錄為二甲第一名，以為焦氏父子應可滿意。誰知焦芳卻大為不悅，跑到劉瑾處抱怨李東陽故意壓制他兒子中狀元。劉瑾也知道他焦芳的兒子有幾斤幾兩，心裏其實向着李東陽。但看到焦芳火冒三丈的樣子，只好和稀泥安慰道：「狀元不狀元的，都是為了做官嘛。不然給乞丐一個狀元，他也不幹呀！讓黃中直接去翰林院當個檢討如何？狀元也不過如此嘛。」

焦黃中進了翰林院，不久由檢討升編修，又過了沒多久再升侍讀。他父親焦芳喜喝燒酒，當年人稱「燒酒翰林」。焦黃中

卻喜流連花柳巷，時人便送他一個綽號：「花柳翰林」。焦黃中當了兩年「花柳翰林」，焦芳便與劉瑾、張彩結下梁子。他只好隨老父致仕回鄉。焦家父子卻因禍得福，得以善終，在河南泌陽老家蓋起了大宅院，人稱宰相第。

對此，劉瑾姪孫劉二漢在臨刑時大呼不平：「我死有餘辜，但是我們的所作所為，都是受焦芳和張彩指使。現在張彩與我都處極刑，而焦芳卻在老家看我們的熱鬧，這真是天大的冤情啊！」

清算劉瑾餘毒時，有大臣上奏劉瑾此前所變法如何處置，這些變法涉及吏部二十四事、戶部三十餘事、兵部十八事、工部十三事。皇上下詔讓有關部門釐正，恢復舊制。

劉瑾的一些變法舉措在當時備受詬病，如調整各省的科舉錄取名額，增加陝西、河南、山西等地錄取人數，降低江西錄取人數。另如「令寡婦盡嫁，喪不葬者焚之」等，為時人所側目。不過也有一些舉措對改革時弊頗有些積極意義，如復立內行廠，鉗制東西廠的權力。設文職大臣總制三邊，鎮、巡以下皆受節制，以避免戰事發生時各鎮守將領擁兵自保或各自為戰。以獨特的「罰米例」，不遺餘力打擊官員失職和貪污腐敗，楊一清任三邊總制時就被罰上百石祿米。劉瑾派人清查遼東倉庫、勘查屯田、降低賦稅、整頓鹽法也頗有成效。

朝廷誅劉瑾後，嘉獎仇鉞平亂有功，封他為咸寧伯，進為征西將軍，署都督僉事，鎮守寧夏。楊一清進爵太子少保。張永進歲祿，兄弟均封為伯爵。內行廠與西廠俱罷廢，只存東廠，由太監張銳統領。曾被劉瑾降調的吏部尚書劉忠及南京吏部尚書梁儲升任文淵閣大學士，與李東陽、楊廷和共參機務。

這一年的十一月，王陽明回到了闊別三年的北京城，下塌在大興隆寺。當晚，老朋友儲巏（1457～1513年），字靜夫，號柴墟，領着一位名叫黃綰的年輕人來到寺裏拜見，說對他提倡的聖學之道大為敬仰。王陽明聽說黃綰有志於此學，有些激動：「此學久絕，閣下難得有此志向！」

黃綰答道：「雖粗有志，實未用功。」

王陽明道：「人只患無志，不患無功。」

兩人相見恨晚，互為知音。王陽明隨後又帶着黃綰去找湛若水。三人傾心交談，決定終身相與共學。

黃綰心想，與王陽明甚是投緣，可惜他過完年又要去南京上任。他是恩蔭謀了個軍中要職，頗有俠氣，也較有心機。此時楊一清在張永的力薦下，由三邊總制升任吏部尚書。黃綰與楊一清此前都是軍職，頗為相熟，便在他面前說，王陽明也是同受劉瑾迫害的，在亂世還能倡導聖學，十分難得。並說服楊一清把他留在北京。

正德六年（1511 年）正月，離元宵節還有兩天，正當王陽明準備收拾行裝赴南京上任時，吏部的一紙調令來了：改任吏部驗封司主事。

南京也好，北京也罷，王陽明倒沒什麼，黃綰卻高興壞了，整日裏與他談道問學。湛若水在翰林院，也是閑職，常與他們一起切磋。王陽明覺察到黃綰在都督府裏習染太深，雖有主見，但過於沉迷，易墮「悟後迷」。跟他談話，便用減法，教其去蔽。不與他過多討論實務，盡談些倫理工夫，並謂之「做實工夫」。

黃綰問：「我也知倫理乃求學第一實工夫，但如何做實？」

王陽明答：「倫理的實工夫，我也有許多造詣未熟、言之未瑩的地方。但只要大路子不差，即使想得不盡明白，也不要空放過。假以時日，自然有豁然的時候。」

「我們凡夫俗子，每日被公務俗事所纏蔽，被私意習氣所糾纏。做實工夫，說得容易，行之卻難。」

「常人之心，如斑垢駁雜之鏡，須痛加刮磨一番，盡去其駁蝕，然後才纖塵即見。這時隨便拂拭就可將纖塵拭去，自不消費力，到了這個境界就是識得仁體了。此乃去蔽之法。」

「此法與朱子格物，有何不同？」

「朱子說格物，自是不錯。但我們如不得要領，瞎格一氣，

容易誤入歧途。我年輕時與朋友格竹子，就格病過。再説，今日格一件，明日又格一件，那樣生也有涯，蔽也無窮，如何格個盡頭？也難説能否自見仁體。」

「先生所言，我深以為然。然而去蔽之法，有何要訣？」

「這去蔽就是要找到人心的一點靈明，找到發竅處。説白了，就是要鑿一個空隙，讓聖學的陽光可以照進來，從而讓自身可以敞開，得以顯現，找到萬物一體的相通處，獲至澄明之境。」

「這個空隙鑿在哪呢？」

「心！人心就是那個讓天地萬物得以顯現，變得澄明通透的發竅處，就是那個引進光明的空隙啊。沒有它，天地萬物都被私意習氣所遮蔽，漆黑一團，暗無天日。有了它，我們便可識破纏蔽，識得仁體，破繭成蝶，找到自我！」

黃綰又抱怨整日事務紛挐，渾渾噩噩，被瑣事纏蔽，迷失方向。王陽明讓他收心守志，用孟子説的「求放心」，減去聞見識氣加在身上的纏蔽，把放逐於外的本心給打撈回來。不然的話，體用分離，知行不一，心物為二，只是未知。知得越多，纏蔽越甚。

黃綰聽了他一席話，如醍醐灌頂，大徹大悟，歎道：「幸虧識得先生！不然的話，我就放着大道不走，誤入歧途了。真的好險啊！」

即將外放南京禮部尚書的喬宇（1464～1531 年）也來到大興隆寺與他論學。喬宇，號白巖山人，長王陽明八歲，幼時跟隨父親入京師，學於楊一清，成化二十年（1484 年）登進士第後，經常跟從李東陽遊歷，詩文雄雋，兼通篆籀。

王陽明説：「學貴專。」

喬宇説：「那是。我少年時學下棋，心無旁騖，三年國內無對手。」

王陽明又説：「學貴精。」

喬宇答：「確實。我青年後學文辭。字求句練，字隨人老，由唐宋而步入漢魏矣。」

「學貴正。」

「不假。我現步入中年，好聖人之學，開始悔悟此前所學棋藝與文辭。但我心已塞蔽，無所容心了，你說該怎麼辦呢？」

「棋藝、文辭之學，與聖人之學，都是學。但專於棋藝，那叫專於溺；精於文辭，那叫精於僻。雖從道出，但只是末技，是荊棘小路，很難走得通。只有聖人之道是大路，能至遠大。求聖之道，一句話概括：做好『惟精惟一』的實功。一，是天下之大本；精，是天下之大用。所以非專便不能精，非精便不能明，非明便不能誠。」

喬宇問：「怎麼樣才能做好『惟精惟一』的實功呢？」

王陽明答說：「必須把志向、精力轉至道體本身來。能通於道，則一通百通了。」

「這個道與心的關係如何？與性情的關係又怎樣？」

「道心一體。性，即心體。情，即心用。本來都是體用一源的，同歸於一心。人性本善，但活在纏蔽中的人，體用分離，失卻本性，從惡同污，墮入邪僻。」

「那你說，我如何由棋藝、文辭的學貴專、學貴精轉向聖學之道的學貴正來呢？」

王陽明笑了笑，吟了一句詩：「吾心自有光明月，千古團圓永無缺。」

喬宇聽罷，頗有所悟，心滿意足而去。

正德六年（1511 年）二月，春闈如期開考。按照定制，會試共考三場，每場連入闈出闈各三天。第一場考四書義三道、經義四道；第二場考論一道、制五道，詔、誥、章、表各一道。兩場考完，相安無事。內閣首輔李東陽坐鎮順天府貢院親任主考官，王陽明任同考試官。

科考是李東陽起於青萍之末的地方。李東陽本是卑賤軍

戶，世代行伍出身。八歲以神童入順天府學，十五歲中舉，十七歲舉二甲進士第一，授庶吉士，官翰林院編修，累遷侍講學士，充東宮講官。弘治八年以禮部右侍郎、侍讀學士入值文淵閣，參預機務。立朝近五十年，柄國已十七載，宦海沉浮這麼多年，鬥垮了劉瑾，打敗了安化王，擺平了朝中許多山頭勢力。他今年雖然只有六十四歲，但常感老之將至。去年十月，嫁給衍聖公孔聞韶的女兒病歿後，他曾一病不起，鼻衄、痔漏等老毛病也復發了。經常看着看着公文，鼻血就止不住地掉了下來。痔漏讓他腫痛難耐，有時在內閣朝房坐着，膿血、黃水把官服、坐墊都浸透了，甚是尷尬。貢院的書桌上放着一隻黃楊木筆筒，這是先帝孝宗皇帝所賜。當時是弘治十五年（1502 年）十二月，李東陽主編的《大明會典》成書。孝宗皇帝大加讚賞，賜給他玉帶織金衣和紅蟒衣各一件，另外還賜給他這支黃楊木雕蘭花靈芝駿馬圖樹椿式筆筒。

在王陽明力薦下，考生鄒守益（1491～1562 年）被取為會試第一，也就是會元。鄒守益會試拔得頭籌，大家都以為殿試時可以點為狀元。沒想到放榜時，狀元另有其人，姓楊名慎，乃當今閣老楊廷和的公子。不過，鄒守益也中了一甲第三探花郎，當即被任命為翰林院編修，也算是不負眾望。王陽明在擔任會試同考官時，除了力薦鄒守益，還選取了南大吉（1487～1541 年）。南大吉以古文功力讓王陽明刮目相看。南大吉出任戶部主事，以王陽明為座師行弟子禮。

這一年十月，王陽明升任吏部文選清吏司員外郎。文選司為吏部四個清吏司中的首司，在六部四十二個清吏司中地位最高，掌文職官員和吏員的升遷、改調等事。員外郎則為吏部文選司的副長官，從五品，佐郎中掌司事。此時，他的老友湛若水被任命為出使安南的大使。而在此前，兩人在京城同行同飲，切磋學問，收徒講學，孜孜以求復興聖學。除徐愛、黃綰等弟子外，與鄒守益、南大吉同年進士的梁谷（仲用）（1483—1533 年）、

萬潮（1488～1543年）等人也拜在王陽明門下。此外他的弟子中還有方獻夫、穆孔輝、顧應祥、鄭一初、王道、陳鼎、唐鵬、路迎、孫瑚、魏廷霖、蕭鳴鳳、林達、陳洸、應良、朱節、蔡宗兗等諸多名流，不乏翰林、御史，一時蔚然大觀。

這些弟子中有一位特殊人物，就是吏部郎中方獻夫（1485～1544年），此前喜好文學辭章，又熱衷於論道講學，與王陽明是勢如冰炭，違合者半。後來與王陽明經常在一起討論，也慨然有志於聖人之道，沛然與王陽明同趣，竟不顧身為王陽明的上司，在他面前自稱門生，恭敬有禮。沒多久，悟至超然於無我的大無大有之境，毅然要掛冠而去，歸隱田園。

在方獻夫歸省之際，王陽明特意寫了四首詩送別，其中一首寫道：

　　道本無為只在人，自行自往豈須鄰？
　　坐中便是天台路，不用漁郎更問津。

方獻夫讀了這首詩後，頗有感悟：先生是在說「心即理」，不需要桃花源的洞口，也不要什麼天台路，只要向心內求理，一切皆可自悟自得。於是滿心歡喜，回老家廣東南海西樵山隱居去了。

王陽明與湛若水兩人雖是摯友，卻常有公開論學甚至分庭抗禮，於是京城學者分別稱之為王、湛之學。王、湛兩人也經常當着眾弟子的面辯論。有一次，有弟子問王陽明，聽說他年輕時曾迷戀佛老之術，現在卻倡導儒家聖學，怎麼會有這麼大的轉變？王陽明答稱：佛老是聖學枝葉，三家同根。譬如儒家執中、道家守中、佛家守空都講究通過反觀內省來調和形神。佛家所説空，這個空不是一無所有的空，而是在講世間萬物都在不斷變化之中，有生就有滅的，但只有自己的本性是永恆不變的，所以要明心見性，這跟我們儒家提倡的向內求理，有異曲同工之妙。

湛若水卻針鋒相對地說：天理流行是實，從宇宙萬物到精

神境界都沒有空。隨處體認天理才是正途。天理二字，難道是由空、由佛道兩家而來的？

王陽明認為，儒者不僅可以內聖而且可以涵括佛老。佛道之用，皆我之用。我盡性至命中完養此身謂之仙，盡性至命中不染世累謂之佛。但有的人不見聖學之全，卻將佛、道從聖學之中分離出去。譬如廳堂三間共為一廳，有人不知道都拿來給聖學用，看見佛家，就割左邊一間給它；看見道家，又割右邊一間給它；自己自處中間。這就是舉一而廢百。聖人與天地民物同體，儒佛老莊皆我所用，這才是大道。

湛若水卻認為沒有這個必要，不如專心弘揚儒學，讓更多的人知書達禮，通過鄉規民約教化一方就好了。

兩人爭得面紅耳赤，卻誰也說服不了誰。兩人的關係在這種論辯中反而更加精進。兩人的弟子也常在王、湛兩家輪流聽講，或師從於王結業於湛、或師從於湛結業於王。一時竟難以分辨究竟是王家弟子，還是湛家弟子。比如王陽明貴州龍場時的弟子蔣信，後來又拜在湛若水門下學習。

正德七年（1512 年）二月，湛若水踏上出使安南國的路途。三月，王陽明升考功清吏司郎中，這是正五品的司主官。王陽明最早的入門弟子之一徐愛，也是他的妹夫，這時任祁州知州兩年期滿，來京城述職。徐愛與穆孔輝、黃綰等幾十人同受業。講學內容由徐愛記錄整理，名《傳習錄》。語出《論語·學而篇》裏的「曾子曰：『吾日三省吾身，為人謀而不忠乎？與朋友交而不信乎？傳不習乎？』」

一日，徐愛在筆錄裏記下了王陽明在講解《大學》中「格物致知」的「致知」時，提出的「良知」說：

> 知是心之本體，心自然會知。見父自然知孝，見兄自然知悌，見孺子入井自然知惻隱，此便是良知，不假外求。若良知之發，更無私意障礙，即所謂「充其惻隱之心，

而仁不可勝用矣」。然在常人不能無私意障礙，所以須用致知格物之功。勝私復理，即心之良知更無障礙，得以充塞流行，便是致其知。知致則意誠。

王陽明在這裏舉了兩個例子來說明良知與生俱來，是心之本體，不假外求。一是孝敬父母、尊敬兄長這些孝悌之道不用外人多講，自己心中有數；二是看見一個小孩子快要掉進井裏去的時候，自然會生起惻隱之心，想下意識地伸手去救他一把。類似這種自然而然、不需要刻意學習和造作就能產生的善心，就是良知。

王陽明對徐愛和京城的諸弟子開始講述有關「新民」「至善」「格物」的新講。朱熹認為《大學》中的「在親民」應為「在新民」，有嚴厲訓誡百姓的意思。王陽明還是認可古本中的「親民」，是親近人民的意思。這才是古代明主的治國之道，方顯慈悲憐愛之心。朱熹所說的「至善」是於心外之物求得至善之理，所謂「事事物物皆有定理」。王陽明卻認為，至善是心之本體，只是「明明德」到「至精至一」處便是。他常說的「心即理」，指的是人們下功夫去除私慾後就會得到天理，而心的作用也會自然得以體現。天下無心外之事，更無心外之理。

有弟子提出疑問，這麼講述至善的道理，讓人知道工夫有用力處，但與朱熹「格物」的觀點卻不能契合。

王陽明解釋道，朱熹在《大學》中將格物的「格」字解釋為推究，格物就是推究事物的道理。他卻認為格物的「格」與《孟子》「大人格君心」的「格」是一個意思，即正心之不正，使其歸正的意思。因此，格物的過程就是去私慾而存天理，格物與誠意應該是一個連續的過程，而不是像朱熹所言，兩者分成不同階段。朱熹總是強調通過靜坐深思來悟道，而他卻提倡自生活磨練中悟道。心學不是懸空的，只有把它和實踐相結合，才是它最好的歸宿。他跟弟子們說：「我常說，人須在事上磨練，就是如此。」

這一年冬天，黃綰也因病返鄉，要去雁盪山和天台山修自得之學。得知湛若水在離餘姚陽明洞幾十里的錢塘江畔蓋了幢別墅，書屋也即將落成，王陽明大喜過望，讓黃綰幫他也在西湖邊買幾畝粗田，等到有閑暇時可以結伴講學，弘揚聖學之道，就像三人在京城一樣。

十二月，王陽明升南京太僕寺少卿，正四品。從正德四年歲末他從無品級的龍場驛丞升任正七品的江西廬陵知縣算起，三年時間，連升六級。王陽明欲赴任便道回家省親，徐愛此時升南京工部員外郎，與王陽明同舟回浙江。

這個月二十七日，內閣首輔李東陽以身老生病懇求休致，皇帝准許，賜敕褒譽李東陽。接替李東陽擔任首輔的是內閣大學士楊廷和。

這一消息傳到吏部尚書楊一清耳中，他的內心是五味雜成。成祖、仁宗、宣宗時期有三位名臣楊士奇（1365～1444年）、楊榮（1372～1440年）、楊溥（1372～1446年）都姓楊，人稱「三楊」。而今朝廷上楊廷和與楊一清也被時人稱為「二楊」。一個善文，一個善武，兩人都是年少得志。楊廷和是十二歲鄉試中舉，十九歲中進士。楊一清十四歲鄉試中解元，十八歲中進士。楊一清長楊廷和五歲，中進士登科比他早六年。楊一清是成化八年（1472年）壬辰科二甲第九十五名，賜進士出身。而楊廷和是成化十四年（1478年）戊戌科三甲第二百三十八名，賜同進士出身。按理說，楊一清出道更早，金榜成績更勝楊廷和一籌，可是而今楊廷和的鋒芒卻蓋過了楊一清。原因無他，只是楊廷和雖是三甲，卻因被考官稱道為「美風姿」，破例點了翰林院庶吉士。楊一清是二甲，卻因被認為「長相奇崛」，放榜後只安排了個中書舍人的閑職。而大明一朝又有「非翰林不入閣」的慣例，因而楊廷和憑藉他的翰林出身和翩翩風度在朝中平步青雲，士林中早就風傳「介夫（楊廷和字）鬱然負公輔望」，而今他果真擔任了內閣首輔。而楊一清雖兩次出任「三邊總制」，屢建戰

功，其職為六部之首，其位不可謂不隆，卻因此前督理過陝西馬政，常被讀書人譏為「督馬政者楊尚書」。正德五年（1510 年），安化王朱寘鐇叛亂，楊一清本遭劉瑾迫害致仕回鄉，那時臨危受命，總制軍務前往寧夏平叛。大軍未到，他以前的部將仇鉞已經平叛並逮捕朱寘鐇。他隨後馳馬抵達寧夏，曉諭皇恩，又設計除掉劉瑾。此一役，居功應為第一。論功行賞時，皇上只加他為太子少保，賜金幣，拜為戶部尚書。而作為閣臣的楊廷和只是起草了一封赦免反罪的詔書，便被特加少傅兼太子太傅、謹身殿大學士，皇上還任命他一個兒子為中書舍人。滿朝文武都知道，皇上成天豹房行樂，這些獎罰臧否盡出於內閣。楊一清一想到這事，就氣不打一處來。

另外還有馬中錫（1446～1512 年）一案，那是楊一清心中永遠的痛。馬中錫是文學大家，文章寫得橫逸灑脫。李夢陽、康海、王九思曾師從於他。他寫東郭先生以「兼愛」之心救狼，卻險被狼所害的《中山狼傳》，深受百姓喜歡，在民間被改編成雜劇搬上了舞臺。楊一清也很喜歡馬中錫的詩文，他在任三邊總制時，馬中錫曾以右副都御史巡撫宣府，兩人一見如故，意氣相投，都是性情中人，頗具俠義之氣，便結為異姓兄弟。馬中錫長楊一清八歲，楊一清敬他為兄長。而楊一清是成化八年（1472年）進士，馬中錫是成化十一年（1475 年）進士，馬中錫又敬楊一清為前輩。正德五年（1510 年）十月，流民劉六、劉七夥同趙燧等人在河北等地暴亂，一路斬關奪城，所向披靡，撼動京畿。因平叛安化王班師回朝又設計剪滅劉瑾的楊一清，此時在京由戶部尚書改任吏部尚書。他便舉薦馬中錫統率京營精銳圍剿劉六、劉七等叛賊。楊一清深知，馬中錫不只是文壇翹楚，也是一位難得的治軍將才。馬中錫巡撫宣府時，彈劾罷免了貪腐昏庸的總兵官馬儀，革除鎮守以下的私人武裝，把他們編入軍隊，還指揮軍隊數次打敗了韃寇犯邊。正德皇帝即位後，馬中錫巡撫遼東，清理土豪侵佔田地五萬畝，還給駐軍。彈劾劉瑾爪牙、鎮守太監朱

秀置官莊、擅馬市等罪。正德元年（1506年），馬中錫還一度出任兵部右侍郎。

對於楊一清這一舉薦，楊廷和卻不以為然。在他眼裏，馬中錫只是一介舞文弄墨的文人，無法勝任舞刀弄槍的平叛重任。當馬中錫與惠安伯張偉（？～1535年）一道率大軍從德勝門出城南征後，他卻在朝中言辭激烈地反對馬中錫掛帥。楊一清當場反駁：「文人領兵，自古皆有，遠的有文天祥，近的有正統朝于謙。他們都領得，怎麼馬中錫就領不得呢？再說大軍已出征，多言何益？」楊廷和卻道：「此賊來勢洶洶，詭計多端，恐非霹靂手段，難以奏效。文人常優柔寡斷，瞻前顧後，還愛好臉面，對付外敵尚可，對付刁民甚難。」二楊爭執不下，鬧得不歡而散。

馬中錫以右都御史提督軍務，在彰德、河間接連打了幾個大勝仗。捷報傳來，楊一清大喜，擬了個奏本薦馬中錫因功進左都御史，並放出話來：「誰說文人對付不了刁民？你們沒看到戲臺上都寫着『出將入相』四個字嗎？」此話傳至楊廷和耳中，又有了另一層意思：楊一清兩任三邊總制，又立有赫赫戰功，現在又位居吏部天官，莫非他還想入閣為相？楊廷和於是派出多路細作專尋馬中錫的不是。

馬中錫將造反的流寇打得落花流水，從對俘虜的審訊中得知，這些人大多是良民，他們造反實乃官逼民反，禁不住地方官吏的盤剝，才揭竿而起。馬中錫認為，圍剿流民易，撫平民怨難。於是上疏主張招降，並且下令：「不捕殺反賊據點，不邀擊過路反賊，反賊如有飢渴，則給他們食飲，投降者免其死罪。」馬中錫甚至親自攜帶酒食到劉六、劉七駐在德州桑園的大營，與他們宴飲，並開誠佈公招降他們。反軍諸頭領大受感動，一邊拜謝馬中錫，一邊流淚懺悔。劉六當場就想要投降，劉七卻拉着他的衣角私語道：「騎虎難下啊！如今宦官、奸臣竊取了朝廷大權，這是眾所周知的事。馬督堂能做得了這個主嗎？」劉六聽到這番話，頓時打消了投降的念頭，但對馬中錫仍頗為敬慕。馬中錫是

河間府故城縣人，不久叛軍路經故城，相約作戰時不許侵害馬都堂家。此話傳到了京城，正中楊廷和下懷，便指使科道言官紛紛上疏彈劾，謂其「以家故縱賊不戰」。這些彈劾摺子轉至內閣票擬，楊廷和擬出意見，以「縱賊」罪將馬中錫和張偉械送京師，下獄論死。未及審決，馬中錫便在獄中被折磨致死，張偉也被革爵。楊廷和舉薦兵部右侍郎陸完（1458～1526）接任，又調此前任過遼東和保定等地巡撫的名將彭澤（1459～1529 年）與咸寧伯仇鉞率各路兵馬進剿，歷時三年，轉戰至淮南淮北等地，才最終平息此場民變。論功行賞時，兵部擬蔭封楊廷和一子為錦衣衛千戶。楊一清卻大唱反調，提出要徹查馬中錫縱賊案和瘐死獄中案。楊廷和心中有鬼，對蔭封的事再三推辭。最後，皇上還是特加其為少師、太子太師、華蓋殿大學士。想起這一椿椿往事，楊一清內心難平。

第六章

將略平生非所長，也提戎馬入汀漳

正德八年（1513 年）二月，四十二歲的王陽明回到位於紹興山陰新河弄的家，那裏已物是人非。山陰是他們的祖居之地，在他十一歲時，父親就舉家從餘姚遷回了山陰，從此就一直居住在這裏。父親此時已鬚髮盡白，垂垂老矣。二弟守儉、三弟守文、四弟守章皆已長大成人，自立門戶。家人重聚，分外歡喜。小妹守讓聽說大哥和夫婿回來了，也專程從餘姚馬堰趕回來相會。

黃綰在天台山、雁盪山一帶，離紹興不算太遠。王陽明便給黃綰去信一封，邀他來紹興一會，他將攜徐愛等弟子同遊天台和雁盪諸山。無奈回鄉期間，親朋舊友多有造訪，王陽明分身乏術。直到五月，他才稍能脫身，決定開始遊學。

此時已值酷暑，王陽明與徐愛、蔡希淵、朱守中、王世瑞、許半圭等老家餘姚的弟子，經上虞進入四明山。一行人先至白水山，眺望了壁立千尺、飛流直下的奇觀。王陽明心情甚佳，當場吟詩二首，其

中有「千丈飛流舞白鷺，碧潭倒影鏡中看……卜居斷擬如周叔，高臥無勞比謝安」等句。

之後尋着龍溪源頭探訪了杖錫寺，又登雪竇山，攀千丈崖，遠眺天姥、華頂二峰瑰麗景象。師生們其樂融融，頗有「春風沂水之樂」。

十月，王陽明赴滁州上任。滁州位於南京西北部，當年太祖率義軍反元，攻佔的第一座大城池便是這裏，並以此為起點南征北戰。滁州因而成為京畿輔地，被譽為「開天首郡」。太祖也因此把管理全國馬政的太僕寺設了滁州。

滁州位於滁水之北，風景極佳，為江淮勝地。太僕寺少卿一職較為閑散。剛至滁州，王陽明身邊只有兩三弟子。不久，其他弟子聞訊從各地雲集過來。徐愛在南京任的也是閑職，沒事時常來滁州聽講。王陽明常與弟子們同遊琅琊、讓泉、龍潭等名勝之地。一日，來到滁州城北的醉翁亭。只見亭邊一巨石上刻着北宋大文豪歐陽修的《醉翁亭記》和蘇東坡的題跋。歐陽修曾被貶至滁州任知府，這篇家喻戶曉的名篇就是他率幕僚出遊至此所作。王陽明和衣斜靠在亭旁的巨石上，竟然睡着了。小睡後，心情大快，當場吟了一首《山中懶睡》的小詩：

> 掃石焚香任意眠，醒來時有客談玄。
> 松風不用蒲葵扇，坐對青崖百丈泉。

弟子王嘉秀見他有超脫凡塵之態，便向他請教有關對儒、道、佛三者關係的疑問：「佛以出離生死誘人信佛，道以長生不老誘人入道，其本意也不是不要人做不好。究其原因，只是學得聖人上一截，即形而上。後世儒者，又只得聖人下一截，分裂失真，執着於記誦辭章、功利訓詁，終身勞苦，於身心無分毫益處。比起佛道的超然於世累，反而有所不及哩。」

王陽明問：「聽你此言，你抱何態度？」

王嘉秀答道：「我認為，當今學者不必一開始就排斥佛、

道，不妨立志為聖人之學。聖人之學學好了，悟透了，則佛、老之學自然泯滅了。」

王陽明説：「你講的大體不差。但是將聖人之學分成上半截、下半截，又走偏了。聖人大中至正之道，徹上徹下，只是一貫，哪有什麼上一截、下一截？明道先生（程顥）不是説過：『形而上者存於灑掃應對之間』嗎？在聖人眼裏，形而下即形而上，形而上也即形而下。」

弟子蕭惠問道：「聽聞先生年輕時也是很好佛道之學的？」

王陽明説：「我年少時，確也曾執迷於佛道，自認為有所得，反而覺得儒學不足學呢。後來在貴州夷地住了三年，才悟到聖人之學真的是既簡易又廣大。我這才歡悔錯用了三十年的氣力呀！」

蕭惠又問：「佛道二學能讓先生執迷三十年，其中一定有絕妙之處，敢問先生其妙處何在？」

王陽明答道：「你卻不問我悟的，只問我悔的！」

大家大笑。

蕭惠又請教生死之道，他答道：「知晝夜，即知死生。」

弟子王純甫又問：「研讀心學的要義是什麼？」

「變化氣質是第一要義。」王陽明斬釘截鐵地回答。

諸生提出一個又一個古今話題，王陽明或言簡意賅，或大發宏論，「草堂寄放琅琊間」「只把山遊作課程」。王門學派的遊學活動別開生面。

正德九年（1514 年）春，從安南回國的湛若水專程繞道滁陽來探望老友，兩人把酒言歡，夜論儒釋之道。

這一年四月，王陽明升任南京鴻臚寺卿。南京鴻臚寺卿與設在滁州的南京太僕寺少卿都是正四品，但由副職轉為正職，也算升職。鴻臚寺是接待外國使臣的部門，南京鴻臚寺品秩雖與北京鴻臚寺同，但其實無所掌，設官備員而已。王陽明五月抵達南京，作一個閑散衙門長官，他也樂得逍遙自在。二弟守文專程從老家來南京從學於他，妹夫徐愛在南京也是閑職，幾乎每日都侍

奉在側。不久，黃宗明（？～1536年）、薛侃（1486～1546年）、馬明衡（1491～1557年）、陸澄、季本、周積（1483～1565年）等弟子紛紛聚在門下，以師事之。鴻臚寺的倉房裏都住滿了各地來的弟子。王陽明每日與弟子們論學，責礪不懈，而且常用生活中的例子點撥他們。

一日，陸澄接到家信，說他的兒子病危，他自然是悲傷不已，心有慼慼然。王陽明勸道：「按理說，當悲不悲當然不對，但此時正宜用功。若此時放過，平時講學何用？人正要在此等時刻磨練。父子之愛，自是至情，然而天理也自有個中和處，過即是私意。尋常人在這個時候，一般都認為天理當憂。但憂苦太過，便不得其正了。大抵人情在這個時候，受七情所感，大多都是過度憂苦，少有不及的。過了，便不是心的本體了，必須調停適中才能得其正。就如父母之喪，作兒子的豈不想哭死算了，心中方才痛快。然而聖人說：『毀不滅性』。這不是聖人強制，而是天理本體自有限度，不可太過。人只要識得心體，自然能把握這個度，不得增減分毫。」

有一個弟子得了眼病，終日憂心忡忡。王陽明知道了，毫不客氣地對他講：「你這是貴目賤心！」

這個學生被罵懵了，傻傻地站在那裏。

王陽明接着說：「人心一刻存有天理，便是一刻的聖人。終身存有天理，便是終身的聖人。這個道理很實在。人要有個不得已的心，如財貨不得已才取，女色不得已才近。在這樣的情況下，取財貨、近女色，乃得其正，必不至於太過啊！」

這個弟子恍然大悟。

一天，徐愛跟王陽明說，一些從滁州過來的弟子，沾染了南京城裏的時弊，喜歡高談闊論，有違先生教誨。

王陽明沉思良久，說：「此前我在講學之時，倡導『高明一路』，即清高、聖明之道。沒想到有些弟子卻流入空虛，以發新奇之論而自喜。從今後，我要在弟子中大力提倡學以致用、省察

克治之功。」

　　正德十年（1515 年）正月，正值京察大考之際，同僚正忙着述職，王陽明卻上了一封《自劾乞休疏》，說自己因病長期曠工，才不勝任，為了不讓別人也心生僥倖之心，懇請提前退休。這確實是他的本意，他雖居閑散之官，但也不免許多官場應酬，他真心想回到老家的陽明洞去。成雄是沒機會了，成聖之路還是可以去尋一尋的。等到十月，他看沒啥反應，又上了一道《乞養病疏》，說他正月上疏後，就等着開銷呢，當時就病了。本想為國盡忠，但自從去了一趟貴州荒夷之地，蟲毒瘴霧已侵肌入骨，又不適應南京的氣候，現在病得更厲害了。而且他自幼失母，由祖母撫養成人，現在祖母九十有六，日夜盼望他回去，臨終前能見上一面。等他在家把身體養好了，一定再回來報效朝廷。這一奏摺送上去，還是石沉大海。

　　這一年，王陽明已四十四歲，與諸夫人結婚多年，膝下一直無子，便把堂弟王守信八歲的兒子過繼到自己名下，取名王正憲。

　　在南京這兩年，王陽明除了靜坐養心，使心體更加明澈、純粹，便是與友人寫信論學，與弟子坐而論道，深入討論本體、工夫的精微，格致的玄妙。

　　正德十一年（1516 年）九月中旬的一天，秋高氣爽。王陽明與南京吏部員外郎方鵬（1470～？）及眾弟子赴城郊的鍾山秋遊。中午時分，一行人來到靈谷寺，用過齋飯，在禪林中坐而論道。

　　弟子薛侃首先提問：「先生這些日子，一直跟我們講述省察克治尤為重要，言辭頗嚴厲。不過，我們年輕學子，交遊甚廣，閱覽日多，思慮紛雜，或許不能強行禁絕。」

　　王陽明說：「紛雜思慮，當然禁絕不得。只就思慮萌動處省察克治，到天理精明後，各安各位，自然精專，無紛雜之念。這也就是《大學》裏所說的『知止而後有定』。」

弟子黃宗明問：「先生常說君子之學是『為己之學』。既然『為己』，又如何『克己』？」

王陽明答道：「正因為『為己』，才要『克己』。只有『克己』，才能達到真正的忘我之境。然而，世間學者多將『為己』當作肆意妄為之意，以致行事不端，有悖倫常。」

他接着舉例說：「名利色慾、私心雜念，就像眼前這滿山紅葉，乍一看美不勝收，但是疾風一吹，就得紅葉紛飛，並不長久。所以說，你們不要一味追求這些虛幻之物，一味推崇什麼虛靜、虛空，你們要常常自我反省。」

弟子陸澄平時最愛靜坐冥思，聽見他批評虛靜、虛空，便問道：「先生常常跟我們講起《中庸》裏的『喜怒哀樂之未發謂之中，發而皆中節謂之和。』並且說『中』是天下的根本所在，『和』是最普遍通行的準則。達到『中和』的境界，天地就秩序井然了，萬物就生長發育了。那麼我們靜坐時，寧靜存於心，難道不叫作『未發之中』嗎？」

王陽明說：「你們打坐入定，也只是定得氣。說寧靜存於心，也只是氣寧靜，離我所說的『中和』境界還差得遠呢。其實中和也由克己而來。因為喜怒哀樂，本體自是中和的。當本體附着其他意念時，失去中和，便是私了。」

陸澄又問：「什麼才是克己工夫？」

「只要去人慾、存天理，就是工夫。靜時念念去人慾、存天理，動時念念去人慾、存天理，不管它寧靜不寧靜，才能真正達到心靜。若只靠那寧靜，不止有喜靜厭動的壞處，中間許多病痛，只是潛伏着，終不能杜絕，遇事依舊滋長。以循理為主，何嘗不寧靜？以寧靜為主，卻未必能循理。」

弟子馬明衡問：「朱子說，克己先要弄清何為天理、何為私慾。否則，一味地克，豈不背道而馳？」

他沒有正面回答，只是說：「『未發之中』就是天理，因為天理是公正無私，無所偏倚的。克己才能知天理，而天理就存在

於心中。心即理，只有真正認識自我，才能知天理。」

見弟子們半信半疑，王陽明又進一步闡述道：「一個人若是真的用好克己之功，那麼對於心中天理的精微之處，便會一天比一天看得真切；對於私慾的細微之處，也會一天比一天看得明白。若不用克己工夫，終日只是誇誇其談而已，天理不會自己冒出來，私慾也不會看得清楚。這就像人走路一樣，走得一段才認得一段，走到歧路時，有疑便問，問了又走，這樣才能到想到的地方。當今世人，於已知之天理不肯存，已知之人慾不肯去，卻一味憂愁不能『致知』、不能『悟道』，只管閑講，有什麼益處呢？倒不如等到自己無私可克，再憂愁不能『致知』、不能『悟道』，也為時不晚。」

徐愛問：「按先生所言，趨靜者流入空虛；外馳者流於立異。那麼這克己的工夫，我們究竟怎麼樣去修才好呢？」

王陽明答說：「先說趨靜。無事時當然是獨知，有事時其實也是獨知。一個人如果不知道在這獨知的地方用力，只是在人所共知處用功，便是詐偽。此獨知處便是誠的萌芽。此處不論是善念惡念，更無虛假。一是百是，一錯百錯。再講外馳。你終日向外馳求，為名為利，這都是為着驅殼外面的事物。其實視聽言動，皆由你心。你心之視，發竅於目；你心之聽，發竅於耳；你心之言，發竅於口；你心之動，發竅於四肢。心並不專指那一團血肉。若是那一團血肉，你看那已死之人，那團血肉還在，但他的視聽言動在哪裏？」

對王陽明與諸弟子的對話，方鵬在旁聽得津津有味，這時笑着問他：「在下號我亭。聽了陽明先生的談話，知道在日常生活中省察克治，存天理、去私慾的道理。我想將『我亭』這個號改為『矯亭』。取矯正自己的過失和雜念的意思。不知妥否，請先生賜教。」

王陽明答道：「君子論學，不說『矯』，而說『克』。用克的工夫去掉心中的私慾，沒有過，也無不及。『矯』未免顯得有些

刻意，這種刻意，本身也是一種私中慾。因此，我認為，克己就好了，不必單獨再説『矯』字。」方鵬聽後，恍然大悟，諸弟子也似有所得。

王陽明與弟子們在南京坐而論道，漸入佳境之際，突然接到吏部諮文，上面寫着：南贛盜賊蜂起，王守仁升任都察院左僉都御史，巡撫南贛及汀漳等地。附文略述了南贛四省交界地界賊勢猖獗等緊迫情勢。

眾弟子喜憂參半，有賀喜先生高升的，有擔心先生為匪情所累的，也有捨不得又要與先生分別而傷心落淚的。

王陽明卻坦然道：「我們不是常說要事上磨練嗎？現在事兒來了，不正好是我們歷練的機會嗎？你們有願意跟我去南贛的，也早些回去收拾收拾，要回家看父母妻兒的，趕緊回去看。看完了，隨我打馬上任去殺土匪去！」

他雖然已經打定主意去南贛剿匪，並讓手下一眾弟子研究南贛周邊形勢，收集匪情，但卻不急着上任，給朝廷上了一道辭呈，説自己身體不好，才不堪用，不敢誤國敗政。在講了些謙讓客套的話後，奏疏的最後他打了個圓場：提出讓他回山陰老家與祖母訣別一面，然後就去上任。

十月，王陽明回到山陰老家，見到了闊別多年的老祖母。老祖母已經臥病在牀，風燭殘年，見到他分外驚喜，竟然強打精神，起牀與他聊了些家常。他在祖母病榻前侍候了幾日，聖旨又追了過來，催他上任。

聖旨説：「你前去巡撫江西南安、贛州，福建汀州、漳州，廣東南雄、韶州、惠州、潮州各府及湖廣郴州地方。撫好軍民，修理城池，禁革奸弊。一應地方賊情、軍馬、錢糧事宜，小則徑自區劃，大則奏請定奪。欽此。」

王陽明接到聖旨後，依然如故，在山陰老家走親訪友，遊山玩水。不久兵部又來函，不許他辭避遲誤，託疾避難。他還是優哉遊哉地往來於杭州與山陰之間，遍訪名士，流連山水。十二

月初，吏部又轉來聖旨：「王守仁不准休致。南贛地方見今多事，着上緊前去，用心巡撫。欽此。」王陽明這才帶着幾名弟子啟程赴南贛。

正德十一年（1516年）歲末，王陽明乘船先至南昌，拜訪江西藩司、臬司、都司等地方大員，詢問南贛賊情。藩臬等衙門的官員們見朝廷新派來的南贛巡撫竟然是骨瘦如柴、説話氣喘的病弱書生，心裏直為他捏把汗。

前些日子，叛賊謝志珊、詹師富等部攻掠大庾嶺，進攻南康、贛州，守城官員有的被殺。暴匪盤踞漳南羣山中的匪巢之地，相互呼應。正德六年（1511年），都御使陳金（1446～1529年）總督軍務，也算是個雷厲風行的人物，調動狼達土兵，大破大帽山等多處匪巢，但待官兵撤去，藏匿於深山老林之中的賊匪又重新聚集滋事。朝廷枉費巨額軍費不説，從兩廣調來的狼兵和從湖廣湘西調來的土兵，反而乘機滋擾百姓，其害比之匪害，有過之而無不及。後來，巡撫都御使周南（1448～1529年）、右副都御使俞諫（約1464～1521年），都來剿了幾次，都奈何不得，反而損兵折將。正德十年（1515年），繼任巡撫文森（1462～1525年）一見這情勢，才到南昌就稱病不出，壓根就沒赴南贛，直接掛冠而去。而今賊勢坐大，剿撫都不得當。

王陽明率領幾名親隨，從南昌乘船沿贛江逆流南行，途經萬安境內，突遇數百流寇搶劫前方商船。王陽明聞訊將受阻的數十隻商船集結在一起，在船上打出「奉旨撫贛」的深黃大旗，鑼鼓喧天。流寇被王陽明的氣勢所懾服，紛紛跪在岸邊，齊聲高呼：「我等都是飢民，不敢反抗官府，懇請老爺救濟。」王陽明當即派人離船登岸，安撫眾人，令其解散，回鄉待命，若再敢乘機搶掠百姓，定不輕饒。眾流寇感服不已，隨即散去。

幾十隻商船暢通無阻地抵達了贛州。這一天是正德十二年（1517年）正月十六日，王陽明在南贛巡撫都察院正式升帳開府。

贛州，古稱虔州。南宋紹興二十三年（1153年），校書郎董德元以「虔」字為虎頭，虔州號「虎頭城」，非佳名，奏請改名，詔改虔州為贛州，取章、貢二水合流之義，且保留虔字的底部「文」，故稱為贛。贛州是北宋理學鼻祖周敦頤創作千古名篇《愛蓮説》的地方。宋仁宗嘉祐六年（1061年）周敦頤任虔州通判，在此處講授太極圖説，還在水東玉虛觀開辦濂溪書院。慶曆二年（1042年），興國知縣程伯溫慕名將程顥、程頤二子送來此處拜師聆教，開宋明理學風氣之先。

王陽明了解到，這裏的匪情確實嚴重，但除了幾個作惡多端的大頭目外，大多是被脅從的流民。他們為生計所迫，與老家鄉親又有着千絲萬縷的聯繫，平時耕種，災荒時上山為匪，有時民匪難辨。更有甚者，官兵積弱，只知橫徵暴斂。前幾次用兵，從湖廣等地調來的狼達土兵，如同鼠狐聚黨，為禍當地百姓甚於賊匪。狼達土兵一來，賊匪即藏身深山。狼達土兵一撤，賊匪又出來招搖，當地百姓只好又附身於賊匪。

王陽明以南贛巡撫都察院的名義發佈《選揀民兵》的訓令，決定徹底組建一支剿匪新軍。南贛巡撫可節制贛閩湘粵四省兵馬，其實早在去年十一月二十五日，王陽明還未到贛州任上，就密令福建漳南道兵備僉事胡璉（1469～1543年）招募訓練民兵。漳南道不僅有效防範盧溪詹師富等賊匪的襲擾，還多次主動討伐，殲滅賊匪共計一百二十餘人，打掉了賊匪的囂張氣焰。王陽明發佈訓令推廣漳南道訓練民兵的經驗：江西、福建、廣東、湖廣四地兵備，要從弩手、打手、機快中，挑選驍勇絕羣、膽力出眾者，組建新軍。每縣多則十幾人，少則八九人，江西、福建兩兵備，各招五六百人，廣東、湖廣兩兵備，各招四五百人。挑選能將督練，整肅軍紀，打造一支精鋭之師。王陽明再三強調，各地組建新軍，不可加徵賦稅。各府州縣有敢以募兵徵餉為由，橫徵暴斂的，以通匪同罪。「奉聖旨，軍衛有司官員中政務修舉者，量加旌獎；其有貪殘畏縮誤事者，徑自拿問發落……各地

官吏都要守法奉公，長廉遠恥，務必協力以濟艱難！」

在這條訓令裏，王陽明不厭其煩地仔細叮囑各地要認真謀劃剿匪事宜：檢查城堡關隘，是否堅固完好？軍兵民快，操練得怎樣？某個地方如果賊勢猖獗，有沒有想出擒剿的辦法？如果賊匪已經退散，又如何安撫？哪些賊匪屬於頑固不化的，必須撲滅？哪些賊匪罪有可赦，尚可招降？什麼人可以作為嚮導？哪些大戶可以發動？軍隊不足依賴，或許可以另募精兵；財不足用，或許可以另想辦法。哪裏還有閑田，可以開墾屯兵以自給自足？哪裏還有浪費，可以節省以供軍需？哪些地方必須添建寨堡，以斷賊之往來？哪些地方應該建造城邑，以扼賊之要害？一昧姑息隱忍，當然不能實現長治久安；會舉夾攻，才能得到萬全之策。所有這些募資、養兵、滅寇、安民的方法，都要悉心謀劃。山川道路之險易，必須實地畫圖；賊壘民居之錯雜，也應按實標註。近的地方一個月內，遠的地方一個多月，都要把上面這些問題解答好，寫好揭帖，呈來巡撫衙門，以供挑選採納。務求實用，不要講假大空的話。

經過一番整頓訓練、補充兵員，贛州官軍氣象一新，漸有兵強馬壯之勢。帶兵眾將，紛紛請戰。王陽明多次來到軍中視察，鼓舞士氣，並在都察院門口張貼剿匪檄文。眾官兵日夜操練，翹首以盼，卻遲遲不見都察院下達剿匪的命令。

接下來，王陽明頒佈《十家牌法告諭各府父老子弟》，要在南贛地面推行「十家牌法」。他這是梅開二度，當年他在廬陵當知縣，那裏也是常有盜賊出沒。他當時剛結束流放，滿身都是病，哪有精力去跟這些盜賊周旋？左思右想，便從王安石「保甲法」中得到靈感，搞了個「十家牌法」，從此廬陵天下太平。「十家牌法」也甚為簡單：編十家為一牌，設牌長一名。農時耕種，閑時練武，一旦有事，全民皆兵。而且最重要的是，牌上開列各戶籍貫、姓名、年貌、行業，日輪一家，沿門按牌審察動靜，各家相互監督。遇有面目生疏之人，形跡可疑之事，馬上報告官府

究治明白。如有隱匿不報，十家連坐。如此一來，奸細無處藏身，山賊也被捆住了手腳。正好可以切斷山賊與民眾之間往來。

他又讓人放出風去，說現今天氣向暖，農人即將春耕，兼之山路崎嶇，林木茂密，又是雨季將至，瘴氣聚興。此時如果軍馬深入大山之中，實非易事。要待秋收之後，風氣涼冷，然後三省會兵齊進。在不甚要緊的地方，也抽回一些兵馬，做做樣子。暗地裏卻讓將士抓緊操練。

不久王陽明接到胡璉密報，盤踞在閩粵交界山區的詹師富、溫火燒聚眾為害，竟公然搶劫縣衙，殺害公差。王陽明決定先收拾漳州之賊。有人擔心捨近求遠去打福建之賊，贛州界面上藍天鳳、謝志珊等賊會乘機作亂。王陽明卻認為，藍、謝二賊可以先放一放，閩粵之賊勢力相對薄弱，且與江西的謝志珊、藍天鳳，廣東的池仲容聯繫較少，正好可以來個「先易後難，各個擊破」。王陽明明面上在大教場大饗軍士，對外宣稱匪情稍安，犒勞給賞，遣散民兵。暗地裏卻行文福建、廣東按察司等衙門，向各路兵馬下達進剿命令。

王陽明令兩百名本地招募之兵，扮作商旅、貨郎、鞋匠等各色人等，分成幾股小隊，進入漳州賊巢長富村周邊潛伏起來。再調江西按察司分巡嶺北道兵備副使楊璋率一千精兵，晝伏夜行，抵達長富村西面九連山麓太平堡。又令胡璉統領福建漳南道官兵五千餘人，兵分多路，以迅雷不及掩耳之勢對長富村形成包抄之勢。再令廣東按察司分巡嶺東道兵備僉事顧應祥（1483～1565 年）率大軍扼守粵閩邊境牛皮石、嶺腳隘等處，嚴防山賊南竄。準備妥當，下令總攻。一番激戰，俘得山賊共計五百餘名，大小頭目十餘名，酋首詹師富、溫火燒、黃燁逃往象湖山。對於一眾降卒和俘虜，老弱病殘者，遣其歸籍；罪大惡極者，枷鎖待審；青壯脅從者，整編一旅，戴罪立功。

象湖山乃溫火燒老巢，溫火燒經營多年，此處巖洞密佈，各洞又有密道相通。象湖山處閩贛粵三省交界處，是「三不管」

地帶。周邊有闊竹洋、新洋、大豐、五雷、大小峰等多處賊巢相互呼應，縱橫交錯，易守難攻。山上盤踞的大多是殺人越貨的犯事之徒，尤以廣東潮州一帶亡命之徒為多，極其兇悍。

王陽明令胡璉為先鋒率閩贛聯軍從長富村方向進攻象湖山。急調顧應祥率廣東兵馬不停蹄從南面挺進，務必於二月二十二日前趕到象湖山一帶，形成夾擊之勢。圍剿象湖山的決戰就此打響。胡璉令漳南分守道右參政艾洪率前軍探路，猛攻闊竹洋山賊哨所，左參政陳策率左路軍攻新洋，副使唐澤率右路軍攻大豐，他和都指揮僉事李胤、哨委官指揮徐麒率中軍攻五雷，南靖知縣施祥、知事曾瑤率後軍輜重、糧草接應諸路大軍。雙方在閩粵邊界多個據點全面交鋒，展開激烈攻守戰，先後大戰數百回合，最終寨兵潰敗，包括軍師黃燁在內的四百三十二名寨兵被擒獲斬首，一百四十六名寨兵家屬被俘，燒毀房屋四百餘間，馬牛等眾多物質被繳。詹師富、溫火燒率餘部撤至象湖山一帶堅守。各路官軍追至蓮花石，這時大雨傾盆，官軍地形不熟，人困馬乏，只好與寨兵對帳紮營，等待廣東援軍，伺機再戰。

第二日已是二十三日，仍未見廣東援軍。胡璉正在帳中着急，這時接到廣東方面急報，說廣東委官指揮王春正奉命率領官軍二千人來助戰，在大傘地界遭寨兵圍堵，損兵折將，形勢嚴峻，請求支援。大傘在廣東潮州府饒平縣境內，緊鄰福建漳南道龍巖，此關口乃兩省咽喉，十分險要。胡璉留一支兵馬在象湖山一帶佯攻，牽制此處之賊，自己與指揮覃桓、漳浦縣丞紀鏞率三千官兵前去大傘救援王春。

覃桓一馬當先，率五百勁旅冒雨急進。行至大傘前方一個叫「箭灌」的狹窄地段，覃桓的坐騎突然陷入陷阱之中。道路兩旁殺聲四起，石塊、木椿像雨點般滾了下來。官軍大駭，加之深陷泥濘，死傷慘重。

紀鏞率一隊人馬從後方來救。山中伏兵四起，與官軍展開肉搏。紀鏞見覃桓掉在陷阱之中，便翻身下馬，解開馬嘴韁繩投

入阱中去救覃桓。覃桓抓住韁繩，紀鏞拼盡全力去拉，無奈韁繩上盡是泥巴，覃桓又身受重傷，幾次眼看要被拉出阱中，手一滑又掉了下去。此時，山賊已逼近陷阱處，覃桓在阱中大叫：「紀縣丞快走，不要管我！」

紀鏞哪裏肯聽，還是指揮數名兵勇下阱營救。覃桓終於被拉出陷阱，扶上馬背。眾人且戰且退，正要退出箭灌山坳處，冷不防身後路段突然塌陷，山上一股泥石流沖了下來，覃桓、紀鏞，連同七名軍官、八名兵快全部被沖下懸崖，當場喪命。

王春一部正在大傘關外苦苦支撐，而箭灌山坳路段已被阻絕，無法突破。胡璉正一籌莫展之際，得知有降卒老家就在大傘關一帶村裏，兒時常跟大人們在這崇山峻嶺中採藥，熟知此處地形，知道有一條羊腸小道，可繞過箭灌山坳直通大傘關。胡璉讓手下將士只隨身攜帶輕便武器，以降卒為嚮導，徐徐攀越羊腸小道。正午時分，抵達大傘關下，對寨兵發動猛烈攻勢。大傘寨兵怎麼也沒想到，北面官兵竟然從天而降，從他們背後殺來，頓時大亂。王春見援軍已至，便率兵從包圍圈裏向外突圍。官軍裏應外合，一番苦戰，終於擊破大傘寨兵，奪取大傘關隘。正駐紮在關外的顧應祥，趁機揮師入關，與王春部會合。顧應祥令指揮楊昂、王春，通判徐璣、陳策，義官余黃孟和李正巖等統領大軍，兵分三路，從牛皮石、嶺腳隘等處進發，古村、未窖、禾村、柘林等多處山寨寨兵在毫無防備之下被官軍攻破。蕭乾爻、蕭五顯、范端、薊劍、賴隆、蘇瑢等大小頭目或被生擒，或被斬首。

張大背、劉烏嘴兩名頭目從山中逃出，在大水山一帶糾集餘部兩千餘人，準備對江西贛州官軍進行反撲。行至黃牛石山下埡口，被楊璋在九連山下太平堡一帶埋伏的一千精兵伏擊。張大背、劉烏嘴被格殺。

大傘一帶其餘寨兵退入山高地險的箭灌大寨聚集，與象湖山遙相呼應。他們以陡峭山勢為屏障，以溶洞為掩護，堅守不出。官軍進擊，他們藏匿無影蹤。官軍撤退，他們就沿途襲擾。

官軍每次行動都是無功而返，而且還白白折損不少兵馬錢糧。

官軍進退失據，陷入僵局。王陽明此時親率兩千精兵，屯兵於汀州的上杭縣。他擬了一封《案行廣東福建領兵官進剿事宜》的信，將雙方各打五十大板。

對於福建方面，他指出，諸將都有將功補過、奮勇殺敵之心，如果當初協謀並力，出其不意，乘賊不備，奮擊速戰，必可成功。可惜而今敵我已成對峙局面，曠日持久，賊匪聲勢彰聞。各巢賊黨，必有聯絡糾合，設置陷阱以抵禦官軍，奸細也更加陰險狡猾。事已至此，不如示以寬懈，麻痹賊匪。等待其露出破綻，再乘機進剿。如果還像往常一樣，草率行事，又不能一舉擊敗賊匪，反而助長賊匪志氣。這是「知吾卒之可擊，而不知敵之未可擊也」。

對於廣東之兵，他認為，只想着等待狼達土軍來增援再起兵，這雖是慎重之舉，但賊匪聽説官軍雖已集聚，但還待援兵，其防備必定鬆懈。這個時候，廣東之兵若能乘此良機偷襲賊匪，必能奮怯為勇，變弱為強。如果只是坐等狼達土軍來援，便坐失良機。這是「知吾卒之未可擊，而不知敵之正可擊也」。

他最後寫道：「善用兵者，要善於把握稍縱即逝的作戰時機，因形勢變化而靈活應對，制勝戰術也應變化多端，不能墨守成規，拘泥不化。兩省領兵官員務要同心協德，乘間而動，不得各守一方。如果彼此偏執，本院定將從重參拿，絕不輕貸。」

王陽明此信在於讓閩粵主將認清形勢，不可偏執己見。他又給前線官兵下達一道密令：讓各地哨所佯言收兵，對外散佈消息説要等秋後狼達土兵到後再舉兵進剿，以此麻痹寨兵。同時，他又指派當地義官曾崇秀派出密探深入賊巢，打探虛實，全面掌握寨兵的一舉一動。密探偵察得知，山上寨兵認為官軍吃了敗仗，在等秋後狼達土兵來援，最近不敢輕易出戰，萌發懈怠鬆弛情緒。溫火燒手下大約二千餘人，盤踞象湖山。詹師富有一千餘人，龜縮在可塘洞。兩人互為犄角，遙相呼應。此外，還有黃

貓狸、游四、蕭細弟、郭虎等大大小小的賊首在象湖山一帶山洞出沒。

這時，廣東布政使邵蕡來上杭勞軍，已定了三月十九日返回廣州。十九日一早，王陽明先是與邵蕡在大庭廣眾之下喝了場餞行酒。接着，他倆手拉着手大搖大擺地邁出了城門。王陽明派出一千五百餘名精兵，以護送邵蕡回廣州為名，悄然向象湖山方向進發。

當天深夜，王陽明突然傳令各路人馬緊急集結四千餘名精兵，兵分三路，同時進發。左路人馬由胡璉率領，圍攻象湖山。右路人馬由顧應祥率領，主攻可塘洞山寨。王陽明親率中軍督戰，切斷象湖山與可塘洞之間的聯繫。三路人馬啣枚疾進，祕密出征，向象湖山等賊巢進逼。

二十日拂曉時分，幾路人馬抵達象湖山下。在炮火的掩護下，官兵出其不意地攻佔了象湖山與外界聯繫的幾個重要隘口，並切斷象湖山周邊各個山寨的相互聯繫，對象湖山形成合圍之勢。雙方鏖戰激烈，呼聲震天，迴響山谷。最終，寨兵潰敗，四處奔逃，官軍乘勝掩殺。寨兵被燒死、失足跌落山崖而死、相互踩踏而死者，數以千計。最後清掃戰場，福建頭領黃貓狸、游四和廣東頭領蕭細弟、郭虎等二百九十一名寨兵被擒獲斬首，一百三十三名寨兵家屬被俘，五百多間山寨房屋被燒毀，此外還繳獲大量金銀、刀槍、牛馬。溫火燒率殘餘兵馬想往可塘洞方向逃竄，被王陽明率領的中軍迎頭痛擊，只好往流恩、山岡等山寨流竄。

與此同時，顧應祥的右路軍在哨委官指揮王鎧、李誠，通判龔震等的率領下，分五路圍攻可塘洞山寨。賊首詹師富被斬首，范克起被生擒，江嵩、范興長率餘部敗走竹子洞等處。顧應祥分兵追襲，窮追猛打。傍晚時分，江嵩、范興長被格殺。此役二百餘名寨兵被擒獲斬首，八十餘名寨兵家屬被俘。

官軍兵分多路繼續追剿象湖山、可塘洞殘餘寨兵，將盤踞各個山寨、溶洞的寨兵各個擊破。福建按察司增派指揮高偉、推

官胡寧道從大豐領兵前來助戰，斬獲頗豐。其餘寨兵敗逃至閩粵交界的黃蠟溪、上下漳溪大山裏。

王陽明令各路兵馬就地休整。他自己移師象湖山，在這裏召集江西、福建、廣東三地各路將領召開軍前會議。大家對他出奇制勝，指揮官軍僅用兩天時間就攻破象湖山、可塘洞等寨兵盤踞多年的據點讚不絕口。王陽明認為，「剃草存根，恐復滋蔓；狡兔入穴，獲之益難。」溫火燒等一眾賊子仍在潛逃，周邊大大小小窩點數以百計。而且更嚴重的是，很多山賊藏在村子裏，與老百姓混在一起，難以辨識，極易死灰復燃。前幾年幾次征剿，大軍一撤，他們又佔山為王。這次務必斬草除根，除惡務盡。他要官府公開張榜，有舉報寨兵或提供線索者，重獎！有窩藏隱匿不報者，以山賊同夥問罪。也要給寨匪改過從善的機會，被脅迫上山的，遣送回籍，還發給路費。就算是頭目，向官府自首的，也要從輕發落。只要不再為害，以前的罪可以一筆抹銷。他認為，剿匪不是目的，讓他們能改過自新，重返正途，重新喚起內心的良知，這才是目的。

二十一日，王陽明得到捷報，顧應祥率廣東程鄉知縣張戩、指揮張天傑，兵分兩路攻破白土村、赤口巖等處賊巢後，驅兵直奔箭灌大寨，經過一番惡戰，最終合力圍剿成功。溫火燒等匪首和二百二十四名寨兵被當陣斬首，八十四名寨兵家屬被俘，眾多牛馬、兵器等輜重被繳獲。至此，漳南各地匪患已盡數剿滅。詹師富、溫火燒盤踞在閩粵交界山區數十年之久，王陽明二月出兵，四月即蕩平此處寨兵，軍中將士無不歡欣鼓舞。王陽明情不自禁地吟詩一首：

> 將略平生非所長，也提戎馬入汀漳。
> 數峰斜日旌旗遠，一道春風鼓角揚。
> 莫倚貳師能出塞，極知充國善平羌。
> 瘡痍到處曾無補，翻憶鍾山舊草堂。

詩中說的是西漢一代名將李廣利和趙充國的故事。王陽明在感慨「一將功成萬骨枯」，表達了待平息戰亂後，想歸隱南京玄武湖邊的舊草堂，做一個吟風弄月的山野之人的想法。

王陽明召集福建、廣東各路將領及漳南一帶地方官開會。他說，漳南一帶，百姓多年來深受山賊之害。今日終於霧散雲開，這個勝利來之不易。道府州縣一定要切實關心百姓疾苦，讓百姓重新燃起建設家園的希望，切不可讓百姓萌生官不如匪的念頭。他一番苦口婆心，說得一眾地方官員無不為之動容。最後，他要求無論軍中還是官府，切不可濫殺無辜，軍中過去憑人頭或耳朵領獎的陋習一律廢除。道府州縣還要做好俘虜的甄別工作。凡是被脅迫上山的，一律招撫安置好，嚴防反彈和激起民變。

四月底，王陽明得知共有一千二百三十五名寨兵俘虜和二千八百二十八名家屬得到妥善安置，就地務農，安居樂業。他才戀戀不捨地離開漳南，班師回贛州。臨走前，他對胡璉再三交待，在漳南一帶寨兵出沒的地方設一新縣，這樣才是禦盜安民的長久之策，可以收到「盜將不解自散，行且化為善良」的效果。具體來說，可以考慮割南靖縣清寧、新安等地和漳浦縣一些地方，作為新縣的轄地。他讓胡璉摸清情況，着手新縣治的選址和籌備工作。

五月八日，王陽明向朝廷奏報漳南一戰的戰況和戰績，並請對部下論功行賞。漳南戰役中，王陽明深感官軍戰鬥力渙散，尤其是團練的民兵，更是一盤散沙，兵卒死了、跑了都沒人管。他想，此役雖獲全勝，但暴露出來的問題也是迫在眉睫，必須來一番大刀闊斧的整治才行。不久，他頒佈《兵符節制》，更改兵制，提高軍隊快速反應能力。《兵符節制》中說：「習戰之方，莫要於行伍；治眾之法，莫先於分數。」所謂「分數」，就是強化等級觀念，各守其責，各司其職。具體說來，南贛軍隊十五人為伍，伍有小甲；二伍為隊，隊有總甲；四隊為哨，二哨為營；三營為陣，二陣為軍，軍有副將。副將以下，層層管制。這樣

一來，隊伍營哨之間既能各自為戰，又能協同配合，可以上下相維，大小相承，如身之使臂，臂之使指，自然舉動齊一。

編伍完畢，發放兵符。每五個人給一牌，上寫本伍十五人的姓名，使之聯絡習熟，謂之伍符。每隊各置兩牌，編立字號，一張牌給總甲，一張留在王陽明的大本營，叫隊符。依此類推，有哨符、營符。凡有行動，發符徵調，比號而行，以防奸弊。平時訓練，戰時進退都集體行動，做到令行禁止。經過一番團練會操，官軍士氣大振，至此，王陽明認為才算治眾如治寡，綱舉目張了。

此時，王陽明雖是南贛巡撫，但畢竟是文職，不是武職，除了可自行組織民兵和地方武裝，卻不能權宜調動各處衛所軍隊。軍情稍縱即逝，等到請旨調兵，朝廷批准，公文在路上來回數月，賊子早就跑得沒影了。王陽明認為，統兵一方，最怕手無全責，自我掣肘。將帥要有擔責，要能機變。於是上奏摺請辭南贛汀漳巡撫，請求改任軍務提督。又給兵部尚書王瓊（1459～1532 年）寫了封私信，陳述利害，講了些南贛匪情如何頑固，鋪陳授予機變全權的必要。

沒幾日，王陽明收到胡璉有關新設縣治的呈報。他權衡再三，又擬了一道奏摺，懇請朝廷俯順民情，於南靖縣之河頭大洋陂設立平和縣。並說此地曾為汀、漳羣匪的大本營，扼江西、福建兩省賊寨咽喉。今象湖、可塘、大傘、箭灌諸巢雖破，但難保有餘黨不再嘯聚。過去，亂亂相承，皆因縣治不立，官府鞭長莫及。若在這裏設縣治「控制羣巢，於勢為便」，正可以撫其背而扼其喉，賊匪將不解自散，化為良民。他還說，設立縣治，還可設立縣學，安置教化招降過來的兩千餘口山民。

鹽稅在明代是地方財政收入的重要來源。王陽明在南贛剿匪，朝廷不額外撥款，全靠地方籌餉。贛州一帶私鹽氾濫。王陽明派人密查後得知，原來新鹽法規定贛州、吉安、吉州、臨江等州府由兩淮供鹽，但這條線地勢陡峭，手續繁雜，稅費高昂。而閩廣線所經地勢較為平坦，又能藉助水路運輸，故而成本較低。雖有山賊出沒，但很多鹽販仍鋌而走險，依舊從福建、廣東舊路進鹽，其中逃稅、漏稅者比比皆是。新鹽法成了一紙空文。

朝廷在南安府的折梅亭和贛州府的龜角尾兩處地方設了鹽稅局。其中龜角尾收的商稅大部分都供了軍費開支。由於折梅亭地處偏僻，以往稅收很少，此前官府也沒當回事，監管也不嚴。有些商戶，尤其是私鹽販子，知道龜角尾的稅局天衣無縫，便寧願繞遠道走折梅亭，通過收買這裏的官員逃稅。私鹽過了折梅亭，加蓋了官府的關防，搖身一變成了公鹽。

正德十二年（1517 年）六月十五日，

王陽明上奏《疏通鹽法疏》，提出改革鹽稅制度，懇請朝廷重新啟用舊制鹽法，以杜絕偷稅漏稅。並說此舉公私兩便，可在不增加百姓負擔的情況下增加稅收，彌補巨額的軍費開支。最後，他還建議嚴懲貪腐，將折梅亭和龜角尾兩處鹽稅局合併。

奏摺剛剛送出去，有軍情來報，盤踞南安府南面大庾嶺以陳曰能為首的賊匪蠢蠢欲動。王陽明便讓手下放出風去，說目前軍費不足，打不了仗，正等待朝廷調派狼達土兵來援。他自己親率兩千精銳親兵，對外宣稱督查折梅亭鹽稅局貪腐案，向南安府折梅亭方向進發。快到折梅亭時，他突然下令調轉方向，全速逼近大庾嶺，於六月二十日深夜奇襲敵營。大庾嶺之寨兵毫無防備，被打了個措手不及。官軍幾乎一夜之間蕩平大小巢穴十九處，擒獲及斬殺陳曰能等首領三人、寨兵六百餘人。

從大庾嶺凱旋，王陽明召集諸將議事。他說，前些年官府在南贛剿匪接連失利，何故？不是賊匪多麼厲害，而是官兵不能打仗。究其原因就是賞罰不明，軍紀缺失，以致士卒不能拚死應戰。貪生怕死者混跡軍中尸位素餐。

九月，朝廷果不其然下旨賜他八面旗牌，並授予他提督軍務、調配錢糧、誅賞懲治和自由裁奪之權。有了旗牌，王陽明如虎添翼，當即頒佈命令，明確各項賞罰標準，尤其是嚴明軍紀：兵士臨陣退縮者，領兵官即軍前斬首。領兵官不用命者，總兵官即軍前斬首。有擒斬功次的，不論尊卑，一體升賞。

一切準備就緒，軍隊操練得差不多了，王陽明也摸清了贛州、南安一帶的敵情。寨兵聚集何處，人員分佈哪裏，地形輜重以及各處賊匪的聯繫和親疏，他都了如指掌，剿匪方略也了然於胸。贛州及南安的西部與湖廣郴州府桂陽縣交界，桶岡、橫水兩巢穴位於江西上猶縣與湖廣交界處，是江西寨兵的兩大主要據點。橫水是一條流經上猶縣北部的河流，兩岸崇山峻嶺，地勢險要，河上多處設有隘口。橫水岸邊有一左溪村，是其據點之一。桶岡峒位於上猶縣西北部，山洞大而隱蔽，雄踞山岡之上，易守

難攻。另有浰頭之寨兵位於贛粵交界處的九連山中，東部與廣東龍川縣相鄰，此處山嶺連綿，與府縣官道隔絕，自成天地。浰頭又分上浰、中浰、下浰三地，各成門戶，遙相呼應。

橫水佘族頭領謝志珊、桶岡佘民頭領藍天鳳、浰頭頭領池仲容各自稱王，私設百官，強搶民女為大小王妃，日常出行儼然皇帝出巡一般。此前，官府多次調派狼達土兵征剿，皆無果而終。前些日子，謝志珊聽說王陽明出征福建漳州，竟然自封征南王，率所部乘虛攻破南安府南康縣，並大肆掠佔湖廣多地。

王陽明分析形勢認為，南贛寨兵多分佈於南安橫水、桶岡等地，與湖廣郴州府接壤。雖人數眾多，但卻過於分散，各自為陣，僅能憑藉天險抵抗官軍，相互之間還有些勾心鬥角。而浰頭之賊靠近閩粵，此地匪巢集中，互有結盟，而且狡猾蠻橫。官軍先剿橫水、桶岡之賊，再圖浰頭之賊方為上策。

此時，湖廣巡撫都御史陳金來信向王陽明建議，集結江西、湖廣、廣東三省官軍夾擊江西諸匪。並提出由南贛提督軍門向各路大軍派發不同旗號，統一作戰號令，指揮協同作戰，解決此前官軍各自為戰，一盤散沙的弊病。

王陽明在回信中認為陳金的作戰部署較周密，但並不贊成三省圍剿，而認為首先應切斷各處寨匪之間的聯繫，再各個擊破。他說，廣東狼兵所過如剃，毒害民眾超過土匪，會激起更大的民變，而且隔着一道五嶺山脈，交通不便。剿江西賊匪，有江西、湖廣兩省官兵足矣。

陳金再來一信說，應集合湖廣、江西兩省兵力先行攻破桶岡，再搗橫水、左溪諸巢穴，並把聯手進剿桶岡的攻期定在十一月一日。王陽明卻不以為然，他分析認為，對於湖廣而言，桶岡諸巢為賊之咽喉，而橫水、左溪諸巢為之腹心；而對於江西來說，則橫水、左溪諸巢為賊之腹心，而桶岡諸巢為之羽翼。如不先去掉橫水、左溪腹心之患，而欲與湖廣夾攻桶岡，進兵兩寇之間，腹背受敵，勢必不利。

王陽明進而認為，橫水、左溪諸賊見官兵還未集結，而距離十一月的攻期尚有時日，又以為官兵必先攻桶岡，勢必觀望。而今若出其不意，進兵速擊，可以得勝。破了橫水、左溪，再移兵桶岡，便勢如破竹了。

為防大軍征剿橫水、左溪時，九連山一帶的涮頭之賊趁機作亂，東出福建漳南，西下南贛諸縣，形成夾擊之勢，王陽明派原從山賊隊伍歸順過來的義官李正巖去勸降涮頭之賊。對此，王陽明向諸將解釋道，雖說勸降涮頭之賊有穩住東面戰線的考慮，但這些賊子今雖從惡，當初也同是朝廷赤子，不教而殺非仁義之道。而且巢穴之內，豈無脅從之人？況且聽說涮頭之賊中還有不少大家子弟，應該也有些識達事勢，頗知義理的。

在南贛官軍進剿橫水、左溪前幾日，王陽明派人將他的親筆信和幾車牛羊美酒專程送去涮頭勸降池仲容。池仲容等頭領對這些牛羊美酒倒不是很感興趣，反而爭相傳閱王陽明的親筆信：[1]

> 本院巡撫是方，專以弭盜安民為職。蒞任之始，即聞爾等積年流劫鄉村，殺害良善，民之被害來告者，月無虛日。本欲即調大兵剿除爾等，隨往福建督征漳寇，意待回軍之日剿蕩巢穴。後因漳寇即平，紀驗斬獲功次七千六百有餘，審知當時倡惡之賊不過四五十人，黨惡之徒不過四千餘眾，其餘多係一時被脅，不覺慘然興哀。
>
> 因念爾等巢穴之內，亦豈無脅從之人。況聞爾等亦多大家子弟，其間固有識達事勢，頗知義理者。自吾至此，未嘗遣一人撫諭爾等，豈可遽爾興師剪滅；是亦近於不教而殺，異日吾終有憾於心。故今特遣人告諭爾等，勿自謂兵力之強，更有兵力強者，勿自謂巢穴之險，更有巢穴險者，今皆悉已誅滅無存。爾等豈不聞見？

1　［明］王守仁：《告諭涮頭巢賊》。

夫人情之所共恥者，莫過於身被為盜賊之名；人心之所共憤者，莫甚於身遭劫掠之苦。今使有人罵爾等為盜，爾必怫然而怒。爾等豈可心惡其名而身蹈其實？又使有人焚爾室廬，劫爾財貨，掠爾妻女，爾必懷恨切骨，寧死必報。爾等以是加人，人其有不怨者乎？人同此心，爾寧獨不知？

乃必欲為此，其間想亦有不得已者，或是為官府所迫，或是為大戶所侵，一時錯起念頭，誤入其中，後遂不敢出。此等苦情，亦甚可憫。然亦皆由爾等悔悟不切。爾等當初去後賊時，乃是生人尋死路，尚且要去便去；今欲改行從善，乃是死人求生路，乃反不敢，何也？若爾等肯如當初去從賊時，拚死出來，求要改行從善，我官府豈有必要殺汝之理？爾等久習惡毒，忍於殺人，心多猜疑。豈知我上人之心，無故殺一雞犬，尚且不忍；況於人命關天，若輕易殺之，冥冥之中，斷有還報，殃禍及於子孫，何苦而必欲為此？

我每為爾等思念及此，輒至於終夜不能安寢，亦無非欲為爾等尋一生路。惟是爾等冥頑不化，然後不得已而興兵，此則非我殺之，乃天殺之也。今謂我全無殺爾之心，亦是誑爾；若謂我必欲殺爾，又非吾之本心。爾等今雖從惡，其始同是朝廷赤子；譬如一父母同生十子，八人為善，二人背逆，要害八人；父母之心須除去二人，然後八人得以安生；均之為子，父母之心何故必欲偏殺二子，不得已也；吾於爾等，亦正如此。若此二子者一旦悔惡遷善，號泣投誠，為父母者亦必哀憫而收之。何者？不忍殺其子者，乃父母之本心也；今得遂其本心，何喜何幸如之；吾於爾等，亦正如此。

聞爾等辛苦為賊，所得苦亦不多，其間尚有衣食不充者。何不以爾為賊之勤苦精力，而用之於耕農，運之於商賈，可以坐致饒富而安享逸樂，放心縱意，遊觀城市之中，

優遊田野之內。豈如今日，擔驚受怕，出則畏官避仇，入則防誅懼剿，潛形遁跡，憂苦終身；卒之身滅家破，妻子戮辱，亦有何好？爾等好自思量。

若能聽吾言改行從善，吾即視爾為良民，撫爾如赤子，更不追咎爾等既往之罪。如葉芳、梅南春、王受、謝鉞輩，吾今只與良民一概看待，爾等豈不聞知？爾等若習性已成，難更改動，亦由爾等任意為之；吾南調兩廣之狼達，西調湖、湘之土兵，親率大軍圍爾巢穴，一年不盡至於兩年，兩年不盡至於三年。爾之財力有限，吾之兵糧無窮，縱爾等皆為有翼之虎，諒亦不能逃於天地之外。

嗚呼！吾豈好殺爾等哉？爾等苦必欲害吾良民，使吾民寒無衣，飢無食，居無廬，耕無牛，父母死亡，妻子離散；吾欲使吾民避爾，則田業被爾等所侵奪，已無可避之地；欲使吾民賄爾，則家資為爾等所擄掠，已無可賄之財；就使爾等今為我謀，亦必須盡殺爾等而後可。

吾今特遣人撫諭爾等，賜爾等牛酒銀兩布匹，與爾妻子，其餘人多不能通及，各與曉諭一道。爾等好自為謀，吾言已無不盡，吾心已無不盡。如此而爾等不聽，非我負爾，乃爾負我，我則可以無憾矣。

嗚呼！民吾同胞，爾等皆吾赤子，吾終不能撫恤爾等而至於殺爾，痛哉！痛哉！興言至此，不覺淚下。

王陽明在這封被後世喻為「抵過千軍萬馬」的勸降書中憂樂對比、恩威並用，先是警告：不要以為有險可守，也不要以為兵強馬壯，比你們強大得多的漳南之賊不也被我們消滅了嗎？三個月時間斬獲七千六百多人。審理時得知，首惡不過四五十人，其餘的都是一時被脅迫。然後，王陽明在信中發揮他的心學特長：若罵你們是強盜，你們必然發怒，這說明你們也以此為恥。那麼又何必心惡其名而身蹈其實呢？若有人搶奪你們的財物妻兒，你

們也必憤恨報復，但是你們為什麼忍心去搶奪別人的呢？我也知道，你們或為官府所逼，或為大戶所侵，一時錯起念頭，誤入歧途。此等苦情，值得憐憫。但是你們至今還不悔悟，不能毅然改邪歸正。你們當初是生人尋死路，尚且要去便去；現在改行從善，死人尋生路，反而不敢。為什麼？怕我說話不算話，跟你們秋後算老賬吧？我無故殺一雞犬尚且不忍，又怎會輕易殺人，讓子孫遭報應呢？但若你們頑固不化，逼我興兵去剿，便不是我殺你們，而是天殺你們，也決非我之本心。我對新撫之民，讓他們安居樂業，既往不咎，這個你們想必已經聽說。你們若是躲在山中不出來，我就南調兩廣之狼達，西調湖湘之土兵，親率大軍圍剿你們。一年不盡剿兩年，兩年不盡剿三年，你們財力有限，糧草不多，誰也不能飛出天地之外！

這封信通俗易懂，道理淺顯。浰頭山洞裏的一些瑤族酋長，如黃金巢、盧珂、劉遜、劉粗眉、溫仲秀感動不已，覽信後即率本部出山投誠。

王陽明對他們進行了嘉獎，並挑其精壯驍勇之士五百餘名，編為官軍，隨大軍一道赴橫水、左溪征剿，其餘老弱一律遣散。

十月七日一早，王陽明率冀元亨、陸澄、薛侃、劉潛、何廷仁、黃宏綱、何春、謝魁、賴元、劉潤、管登等一眾新老弟子來到督學試院旁的愛蓮池。池後已建起一座嶄新的書院，上面是王陽明的手書：「濂溪書院」。書院後方賀蘭山頂是翻修一新的「鬱孤臺」。王陽明率眾弟子登上鬱孤臺。王陽明在戰事頻因、軍費緊張之際，仍不忘辦書院、興人文。鬱孤臺是贛州文脈所在。蘇東坡寫過一首《過虔州登鬱孤臺》，裏面有幾句：「山為翠浪湧，水作玉虹流。日麗崆峒曉，風酣章貢秋。」辛棄疾任江西提點刑獄，駐節贛州，登鬱孤臺所作《菩薩蠻·書江西造口壁》寫道：「鬱孤臺下清江水，中間多少行人淚。西北望長安，可憐無數山。青山遮不住，畢竟東流去。江晚正愁餘，山深聞鷓

鵠。」文天祥任贛州知州時，也寫過一首《鬱孤臺》，裏面有名句：「風雨十年夢，江湖萬里思。倚欄時北顧，空翠濕朝曦。」

就在王陽明率弟子登鬱孤臺之前，他已令江西、湖廣各路官軍一萬餘人同時出兵，在橫水、左溪一帶集結。先頭出發的便是黃金巢、劉遜等率領的由投誠之兵改編的「義字營」。

來到濂溪書院，弟子們席地而坐。王陽明坐在講堂之上，聲音洪亮地説：「剛才有人看到山賊投誠後還能奔赴前線殺敵，頗有感慨。《孟子》云：『人之所不學而能者，其良能也；所不慮而知者，其良知也。』原本是山賊，怎麼一下子就成了官兵了？就是內心的良知仍未泯滅。良知人人具有，個個自足。做山賊時是良知蒙了塵，做回官兵，便是用這衣袖將這塵抹了去。」他邊説邊用衣袖在講桌上抹了抹，「就像這桌子一樣，抹去塵土，又變得乾乾淨淨。這個抹塵土的過程就是『致良知』，就是致吾心內在的良知。這個『致』是在事上磨練，本身即是兼知兼行的過程，『致良知』也就是在實際行動中實現良知，是知行合一。」

他略作停頓，見諸弟子都是一副若有所思的樣子，又説：「剛才在鬱孤臺，大家都吟誦了辛棄疾、蘇東坡、文天祥的詩詞名句，想必都很有感觸。這三位古人，或投身報國，或隻身悟道，或以身殉國，向內求也好，向外求也罷，都是在致良知。其實人的一生，不管在做什麼，最終來講，都是為了把自己的內心磨練得更加純粹。」

諸生大悟。

王陽明又跟諸弟子講授省察克治的工夫。他提倡心即理，認為個體自身既可知天理，也可存天理，克治即「掃除廓清」，即將私慾雜念盡皆清除。他跟弟子強調説：「須是平日好色好利好名等項一應私心，掃除盪滌，無復纖毫留滯。而此心全體廓然，純是天理。方可謂之喜怒哀樂未發之中，方是天下之大本。」[1]

1　［明］王守仁：《傳習錄》上卷。

對於省察克治的途徑，王陽明並非一味排斥通過靜坐悟道。對於心高氣傲、心不在焉的初學者來說，靜坐可讓他們聚精會神、專心向學。但一味枯坐，也容易讓人心如枯槁、心灰意冷，墮入佛老之虛無之境。因而他認為，省察克治與主體動靜無關，應隨時隨地，經常自省，去除私心雜念。「省察克治之功，則無時而可間，如去盜賊，須有個掃除廓清之意。無事時，將好色、好貨、好名等私，逐一追究搜尋出來，定要拔去病根，永不復起，方始為快。常如貓之捕鼠，一眼看着，一耳聽着。才有一念萌動，即與克去。斬釘截鐵，不可姑容，與他方便。不可窩藏，不可放他出路，方是真實用功。方能掃除廓清，到得無私可克，自有端拱時在。」[1]

講學完畢，王陽明回到都察院，親率大軍出征。十月九日，抵達南康至坪。在這裏，他將各路人馬集結起來，重新整編為十隊，每隊任命主將、副將，統一旗幟服裝和行軍口令，隨時準備進攻橫水、左溪。

這時有探子送來密報稱，義官李正巖和醫官劉福泰通敵。王陽明聞訊大怒，當即令人將此二人綁來問話。王陽明免了他們的通敵之罪，讓他們留在軍中戴罪立功。傍晚，此二人為了感謝不殺之恩，特來求見，向王陽明稟報：橫水寨地勢極險，上山要必經一個叫作「十八面隘」的隘口，一面在懸崖峭壁之上，另一面只有一條羊腸小道，真可謂「一夫當關，萬夫莫開」。此前官兵進剿皆困於此地。有一泥瓦匠名張保，長期身居匪巢，多次參與修築山寨和堡壘，對山上的地形極為熟悉。官兵若能找到此人，對匪巢的地形便可了如指掌。

此時張保已被官兵抓獲，押至軍門外。王陽明令人將他押進後堂審問。王陽明厲聲道：「你可知道，替賊修建山寨，此乃

1　[明]王守仁：《傳習錄》上卷。

死罪！」

張保嚇得連忙磕頭求饒。王陽明見他已被震懾，語氣稍為緩和：「料你乃手藝人，如是被賊匪脅迫，可從輕發落。」

張保便求饒說：「小人確是被他們抓上山，被逼無奈才替他們幹活，不然小命不保啊。」

王陽明輕聲細語說：「你幫賊匪建造山寨，修築工事，一定知曉其中要害。現命你將山寨佈局、兵力部署、險要之處、明崗暗哨和出入道路盡告本院。若能助官軍一舉蕩平匪巢，不僅不治你的罪，還另有封賞。」

張保一聽此話喜不自禁，當場伏在地上，在紙上畫圖。山寨佈局和要塞隘口，高臺暗堡及進退路徑，一目了然。還附有上山、下山的方法。王陽明大喜，次日封賞李正巖、劉福泰、張保三人，並下令即刻拔營，全軍進發。

十一日上午，王陽明率大軍在距寨兵老巢三十里處安營紮寨。他命士兵大伐林木、挖掘壕溝、修建崗塔，擺出一副長期駐紮的架勢。當日夜間，他命將官雷濟、義民蕭庚各領一旗，分率四百名擅攀爬的樵夫和民兵，攜帶旗幟、火槍、炸藥、撓鈎、套索等物由小道攀崖爬壁而上，潛入附近幾個山頂，一邊窺探寨兵動靜，一邊堆起數千堆茅草。出發前，王陽明特別交待：等次日天亮官軍舉兵進攻之時，你們可張旗、發炮、燃火以做策應。

十二日清晨，官軍進至十八面隘，敲鑼打鼓，呼聲震天，假造聲勢。寨兵也不示弱，據險固守，石塊、木頭像雨點一般猛砸下來。此時，遠近幾處山頂炮聲如雷，火焰四起，旗幟飄揚。據守十八面隘的寨兵以為官軍已攻破山上巢穴，軍心大亂，皆驚慌失措，棄險潰散。官軍趁機奪取十八面隘。千戶陳偉、高睿分別率領幾十名精壯兵卒，從十八面隘峭壁上掛繩索攀緣而上，奪取其他高臺和重要險要隘口，封住寨兵退路。指揮謝昶、馮廷瑞率兵乘勝追擊，由小路攻入敵寨。此刻各處山頂飄揚着官軍獵獵旗幟，烏煙四起。寨兵上不能上，下不能下，進退兩難，兵敗如

山倒，數千名寨兵大敗奔潰。官軍一舉蕩平長龍、先鵝頭、狗腳嶺、庵背等巢寨，並攻破白藍、橫水兩大窩點。

「征南王」謝志珊等人當初以為橫水天塹易守難攻，官軍定會先圍桶岡，沒想到官軍突然從天而降，十八面隘等天險也無險可守，便倉促分兵應戰。官軍山上山下殺聲四起，火焰衝天，槍炮之聲震得山搖地動，寨兵們嚇得膽戰心驚，紛紛放棄隘口四散逃命。謝志珊見無力回天，便率幾十名親信翻山越嶺逃往他處藏匿。

各路官軍無不奮勇殺敵，從清晨一直打到傍晚，在橫水實現會師。王陽明見眾將士困乏不已，山上路又奇險，一不小心便會墮入深谷，便下令各隊就地安營紮寨，燃起篝火，殺羊宰牛，犒賞三軍。

第二日，天起大霧，伸手不見五指。王陽明下令閉營不出，就地休整，並加強警戒，嚴防偷襲。此後一連數日，天氣都是如此。王陽明也不心急，乾脆讓各隊將士整日在營中歇息，養精蓄銳。同時，暗地裏派出數十名從當地樵夫中選拔的探子，探查殘匪動向。

十五日，探子傳回情報，謝志珊糾集殘部逃至不遠處的長河洞，並與朱雀坑、觀音山等附近寨兵串通一氣，排兵佈陣，互為呼應，在絕險崖壁之處修築碉堡，準備拚死一搏。

有部將提醒王陽明，此前與湖廣巡撫陳金約定，兩省官軍將於十一月一日夾攻桶岡之賊。而眼見日期臨近，各將官不禁擔心江西大軍能否如期抵達。楊璋説：「山路崎嶇，大軍從橫水至桶岡，至少要走三日。不如分師一部，去打桶岡。」

王陽明説：「不可。兩面同時作戰，乃兵法之大忌。若我軍對此處賊匪圍而不打，轉而移師桶岡，此處賊匪可能苟延長喘，甚至反戈一擊。而對付桶岡之賊又有可能因為兵力不夠而難以一舉獲勝。因此，在夾攻桶岡之前，我軍必先掃平橫水之賊！」

恰在此時，官兵抓獲一名奸細，是桶岡的嘍囉兵鍾景，被

藍天鳳派來打探橫水這邊的消息。王陽明命人將其帶來，說：「我軍銳不可擋，所向披靡。橫水之賊即將覆滅，桶岡之賊也是死期將近。你若能改過自新，本府恕你不死。」

鍾景當即磕頭謝恩，並歸降了官軍。將桶岡的地勢路況和兵力部署和盤托出。王陽明賜他酒肉，將他留在帳前聽用，戴罪立功。

之後，王陽明將各營人馬分為正、奇兩隊。正兵從正面進攻，奇兵從背後偷襲。官軍在大霧的掩護下，對謝志珊餘部發起全面總攻。當天即攻破旱坑、穩下、李家等寨巢。十七日攻破絲茅壩。十八日攻破朱雀坑、村頭坑、黃竹坳、觀音山。十九日攻破梅伏坑、石頭坑。二十日攻破白封龍、芒背、黃泥坑、大富灣。二十二日攻破白水洞。二十四日攻破寨下、杞州坑。二十五、二十六日又分別拿下朱坑、楊家山、李坑、川坳。二十七日，官軍進逼長河洞，洞中頭目棄洞逃往桶岡，其餘不戰而降。隨後，左溪也被官軍攻破。大匪首謝志珊逃往桶岡。

桶岡地勢十分險要，王陽明在寫給朝廷的奏摺中這樣描述：「桶岡四面，萬仞絕壁，中盤百餘里，山峰高聳入雲，深林絕谷，不見日月。」

王陽明命令官軍將桶岡團團圍住，先攻破桶岡附近據點，切斷它與外界的聯繫。隨後派遣義官進入桶岡勸降。藍天鳳本來有些心動，但謝志珊和左溪寨匪不同意投降，兩邊主意未定，防守有所懈怠。王陽明趁雨天揮師突襲桶岡，桶岡寨破，藍天鳳、謝志珊、肖貴模等匪首都被生擒斬首。官軍攻破巢穴八十四座，俘斬寨兵六千多名。

此前，王陽明已經摸清，進入桶岡共有六條道路，分別是十八磊、茶坑、新地、鎖匙龍、葫蘆洞、上章，除湖廣桂東縣上章那一路稍稍平緩外，其餘五條路線皆崎嶇陡險，須架棧梯過山壑，沿絕壁攀巖而上。在派人上山遊說的同時，王陽明將南贛官軍分成五隊，密令這五隊人馬悄悄向桶岡進發。汀州知府唐淳領

兵直襲十八磊；南康縣丞舒富領數百人奔鎖匙龍；王陽明率中軍與贛州知府邢珣（1462～1532年）部屯茶坑；吉安知府伍文定（1470～1530年）領兵直入西山界；潮州府程鄉縣知縣張戩領兵往葫蘆洞。只留上章一路待湖廣官軍來攻。三十日夜，南贛五路大軍祕密抵達五處關隘，分兵把守，做好進攻準備。

十一月一日正午，山上送來消息，藍天鳳還在召集各山寨頭頭商議歸順之事，眾人仍在爭執，至今仍無結果。此時，突降大雨。而李、劉、鍾三人也還在繼續與藍天鳳談歸降之事。寨兵斷定官軍此時不會攻寨，都放鬆了警惕。

就在此時，王陽明向各路官軍發出了全面進攻的命令。官軍以迅雷不及掩耳之勢從四面八方發起攻擊。藍天鳳手下寨兵大驚失色，倉促應戰。官軍手中有鍾景繪製的地形圖，對各個隘口和關卡都了如指掌。從樵夫和降卒中招募的敢死隊攀緣而上，再後面是蜂擁而上的大隊人馬。官軍以雷霆萬鈞之勢迅速佔領了各個隘口。寨兵大敗。官軍派人輪番朝山上喊話，並向山上隘口、營寨射出上千支攜帶傳單的箭。山上寨兵見藍天鳳等大小頭目還在爭吵不休，又讀了傳單上勸降的話，心裏都在打着退堂鼓，有些都悄悄收拾物什準備下山了。

第二天一早，見山寨上還是沒有動靜，王陽明下了總攻命令。官軍所到之處，幾乎沒有遇到像樣的抵抗，有幾個隘口都是營門洞開，毫不設防。官軍僅用一天時間就一舉蕩平桶岡各處寨巢。

謝志珊在行刑前被擒至王陽明面前，王陽明問他：「你不過是一介草民，何以能招募如此多的匪眾？」

謝志珊答道：「此非易事！每當我發現英武神勇之士，我斷不肯輕易錯過。我會通過各種手段引誘他們，例如請他們喝酒，或接濟他們生活，直到他們對我感恩戴德。這時，我再讓他們跟隨我，他們定會死心塌地為我效命。」

後來，王陽明將此事告與弟子，並以實例來啟發、開導他

們説:「若想有朋友相助,我們也必須如此。」

　　此時,湖廣統兵參將史春為了按計劃與王陽明部會合,正急率大軍朝桶岡奔襲而來,當他抵達兩省交界的郴州府時,收到王陽明發來的公文,這才得知桶岡之賊已被悉數剿滅,驚喜不已,由衷感歎:「此前官軍多次會剿,都半途而費。我等花費一年時間備戰,仍擔心不足迎敵。而陽明先生竟彈指間,一日盡破桶岡之賊,猶如秋風掃落葉一般。早晨出戰,傍晚即告捷,真乃諸葛再世啊!」

　　王陽明憑南贛一地之力,僅用一個月時間就蕩平了橫水、左溪、桶岡八十餘處寨巢,抓獲並斬殺謝志珊、藍天鳳等八十六名頭領及三千一百六十八名寨兵,另俘虜家屬兩千三百三十六人。

　　在隨後報送朝廷的《橫水桶岡捷音疏》中,王陽明列明監軍副使楊璋,參議黃宏,領兵都指揮僉事許清,都指揮行事指揮使郟文,知府邢珣、季敦、伍定文、唐淳,知縣王天與、張戩,指揮余恩、馮翔,縣丞舒富等二十餘名有功官員和將領,請求朝廷對他們論功行賞。

　　官軍獲勝後,王陽明沒有急着撤軍,而是駐紮在茶寮隘。茶寮隘是桶岡的險要關口,東鄰贛州府興國縣,南鄰廣東仁化、樂昌二縣,西鄰湖廣省的桂東、桂陽二縣,北鄰吉安府萬安縣,可謂扼三省咽喉,此前寨兵曾派兵長年駐守於此。鑒於此,王陽明決定在此處設立哨所及巡檢司。

　　此時,陸澄和薛侃來茶寮向老師辭行,他們倆要結伴進京趕明年春天的大考。王陽明興致勃勃,拉上他倆上到桶岡峒之上,飽覽無邊秋色。此地懸崖峭壁,怪石林立,溝壑縱橫。陸澄、薛侃二人禁不住感慨:前幾日還烽火狼煙的,此刻已太平盛世了,可見皆是「景沒負我我負景」,事在人為。

　　王陽明也深有感觸,認為不能光是仗一打完,向朝廷報了捷就完事了,還得治理好這片遭受匪亂之地,讓這裏的百姓崇義敬文。他參照上次在漳南設平和縣的舊制,向朝廷上奏摺,從上

猶、大庾、南康三縣劃分新地設立新縣，縣名崇義縣，縣治設在橫水鎮。

臨近年底時，王陽明準備將官軍主力分批撤出。臨走前，模仿古人舊制，在茶寮立了一塊高兩丈五尺、碑身需十一人方能合抱的大石碑，以彰我軍威，教化百姓。他以提督軍務都御史的名義親筆撰寫碑文，裏面有一句常被人稱道：「兵惟凶器，不得已而後用。」

十二月十五日，王陽明從桶岡撤兵，回師南康。十二月二十日，王陽明率大軍浩浩盪盪返回贛州。正德十三年（1518年）正月七日至三月八日，王陽明率軍趕赴廣東龍川縣，一舉蕩平浰頭之亂。之後，又平定九連山。

在江西、湖廣、廣東、福建四省寨兵中，最強悍、最狡詐的莫過於浰頭池仲容部。說起平浰頭之亂，還得從正德十二年（1517年）二月説起。

二月七日，贛州府信豐縣令急報，龍南縣匪首黃秀魁糾合廣東浰頭賊人池仲容，偷襲信豐縣城，攻城不退，請求王陽明發兵救援。王陽明收到此公文時正在赴上杭路上，着手指揮漳州戡亂。隨即委派經歷王祚、縣丞舒富領兵前去助戰，同去的還有義士楊習舉和他招募的一支民兵。官軍經過一番激戰，裏應外合，雖斬獲四名寨兵，但楊習舉被黃秀魁手下殺害，王祚被擒。於是，王陽明親率大軍趕赴信豐縣，圍城之敵方才退去。

王陽明親自審訊所擒頭目牛二、王六，問他們為何當賊匪？牛二、王六答稱，為求一日兩頓飽飯。王陽明當即賜其酒肉。牛二、王六又稱，當賊匪為求有銀子花。王陽明又賜二人紋銀二十兩。王陽明又問他們有家人沒有，二人淚眼花花。王陽明說：「若能救出王祚，再各賞紋銀二十兩，准你們回去與家人團聚。」牛二、王六受命返回老巢，終於設法救出了王祚。

王陽明留下一支官軍交與王祚，駐守信豐縣城，讓他嚴加防範，並派出探子摸清龍南黃秀魁和浰頭之賊虛實。王陽明臨走

時對王祚拋下一句話：「你只管守住。等本院滅了漳南之賊，再來對付此處賊匪不遲。」

王祚不斷向王陽明密報敵情。龍南黃秀魁不過糾合幾十名遊手好閑的地痞無賴，依附浰頭大頭領池仲容，幹些趁火打劫之事，難成氣候。而浰頭匪首，主要有池仲容、池仲寧、池仲安三兄弟，此外還有高飛甲、高允賢、李全、黃金巢、溫仲秀等人，皆瑤苗山民，性情野蠻，各據一方，稱王稱霸。屢次進犯鄰縣，殺害官兵，焚燒村寨，虐殺村民，致使百姓居無寧日，聞之色變。

王陽明當時忙着一心剿除漳南一帶匪患，無暇顧及浰頭之賊。等到九月，計劃進兵橫水、桶岡之時，為防浰頭之賊趁機作亂，便修書一封予以安撫，瑤寨黃金巢等幾個頭領當即出山投降。

唯獨大頭領池仲容對此不屑一顧，他憤然對手下說：「我等做賊已非一年兩年，官府來招也非一次兩次。我等向來逍遙自在慣了。官府萬一是誘餌，我們豈不是撿磚打天？等黃金巢投官後，若平安無事，我們再遣人出投也為時未晚。」

十月，池仲容得知官軍已一舉蕩平橫水，驚恐不已，擔心王陽明接下來拿自己開刀。於是，他召集池仲寧、高飛甲等人商議對策。最後決定，先派其弟池仲安率兩百老弱殘兵歸降王陽明，假意協助官軍剿匪，實則探聽官軍虛實。

王陽明看到池仲安帶來的這兩百老弱殘兵，當即識破了池仲容的如意算盤，表面上卻不動聲色，還給池仲安封了官職，賞了些銀兩。官軍征剿桶岡時，故意讓池仲安繞遠路堵截殘匪，同時命官軍提防池仲安部，以防嘩變。

王陽明內心清楚浰頭的問題最後還得用武力來解決，只是時間早晚的事。他暗自派人分頭尋找到數十名深受浰頭賊匪禍害的百姓，將他們帶到軍營，共商討賊良策。眾人你一言我一語，聲淚俱下地控訴池仲容等人的罪行。

王陽明見百姓心中的怒火已經激發出來，便讓他們各自返回，回家前發給他們一些火銃、刀劍和十餘匹戰馬。再三叮囑，待官軍對浰頭之賊發動進攻時，請他們發動村民挖路設阱，阻撓寨兵通行。

十一月，王陽明率軍一舉剿滅桶岡的消息傳到池仲容耳裏，他更加驚恐，心想官府下一個目標一定就是浰頭，悄悄下令各山寨加強戰備。不久，王陽明再次派出使者前往浰頭，以獎賞池仲安部助剿為名，將牛馬、酒肉等物賞賜給各寨主，實則探聽其動靜。池仲容在山上大修工事，狡辯說不是想跟官府作對，而是要防盧珂等人來偷襲，還控訴龍川縣遊俠盧珂、鄭志高、陳英等人與浰頭為敵。

盧珂三人是新近歸降朝廷的新民，有部下三千餘人。在龍川、龍南界面，算是一支足以與浰頭抗衡的力量。而且此前為了爭地盤，雙方一直矛盾重重。池仲容嫁禍於盧珂，除了為自己大修工事辯護，還想借官軍之手除掉自己的眼中釘。

池仲容也派人來到王陽明位於桶岡茶寮的軍營。王陽明對池仲容歸順朝廷，派兄弟助剿桶岡賊匪之事大加讚賞，並表示已查實盧珂等人密謀襲擊浰頭挑起事端，官軍欲派兵征剿此賊，因要途經浰頭，所以令你們伐木開道，保障通行。

池仲容聞知此言，又喜又懼。喜的是，王陽明已誤信盧珂等三人要襲擊浰頭；懼的是，官軍若在途經浰頭之時突然攻取浰頭，其後果不堪設想。他再次派遣使者來答謝，聲稱不願勞煩官軍，自己會嚴加防範盧珂等人。王陽明前番所說取道浰頭征剿盧珂的話，本是試探。而今看到池仲容如此懼怕官軍，更加坐實了此人乃虛情假意，並非真降。心中暗自下了決心，一定要將計用計，收拾此賊。

十二月中旬，王陽明回師南康之時，盧珂、鄭志高、陳英三人聞訊專程趕來王陽明行營，揭發池仲容的罪行。盧珂說：「池仲容表面上歸順官府，實際上仍我行我素，封官許願。現今

已點集兵眾，聯絡遠近各巢賊首，授以『總兵』『都督』『指揮』等偽官職。等候三省夾攻之狼兵一至，即同時舉事，行其不軌之謀。」盧珂說完，當場向王陽明呈上池仲容偽授他的「金龍霸王」印信文書。

王陽明其實早就派人查知此事，這時卻故意怒斥他們擅自派兵仇殺投誠之人，又編造不實言論。當即命人將盧、鄭、陳三人五花大綁，押赴死牢候斬。

池仲安的部下與王陽明在一個大營，見盧珂三人前來，心中原本不安。等看到王陽明要將盧珂等人斬首，又暗自高興起來。他們由池仲安領着，來到王陽明帳下，紛紛叩拜，高呼「老爺聖明」。然後，一把鼻涕一把眼淚地控訴盧珂等人的罪行。王陽明假意安撫，讚揚池仲安等人的忠心。

入夜時，王陽明偷偷派人潛入死牢，告知他這是苦肉計，讓盧珂暗地裏派人回到龍川縣集結兵勇，待盧珂等人返回之時，即刻出兵剿滅洌頭之賊。盧珂竊喜，一切遵令而行。

與此同時，王陽明又派遣生員黃表，義官李正巖、雷濟、張保、鍾景前去洌頭遊說池仲容，勸其不要再對官府生疑。黃表等人在寨中一住多日，整日除了與大小頭領喝酒交朋友，就是在各寨遊山玩水。黃表和李正巖能說會道，巧舌如簧，性情豪爽，在與眾匪首推杯換盞間，暗中收買了不少池仲容的親信，使其勸說池仲容主動歸降。張保、鍾景是察看地形的高手，所到之處，各隘口機關和兵力部署都了然於胸。

十二月二十日，王陽明凱旋，在贛州城裏大擺宴席犒賞三軍。他以南贛提督軍門的名義發佈檄文：「今南安賊巢皆已掃蕩，而洌頭新民又皆誠心歸化，地方自此可以無虞。民久勞苦，亦宜暫休為樂。」

眼看新年將至，王陽明又解散了民兵，讓其回鄉過年。滿城盡是喜氣洋洋，似有天下太平，不再有兵戈之亂的跡象。王陽明特地把池仲安喚至都院後廳，和顏悅色地命他帶兵返回洌頭。

池仲安還假稱不願回去，願跟在都爺跟前效力。王陽明哈哈一笑：「現在橫水、桶岡賊匪已滅，你想效力也沒有機會了。倒是浰頭那邊，你若回去還可助你大哥防守關隘。盧珂等人雖然被我抓了，但他的手下可能會對你們心生怨恨，你們可要當心呢。」

池仲安聽了這話，做出一副感激涕零的樣子。他回到浰頭，將此事告訴大哥池仲容，眾人皆歡欣不已。池仲容暗自發笑：「都説王提督厲害，我看不過如此。」

過了些日子，春節臨近。王陽明又派指揮余恩、奮曆前去浰頭犒勞，送了不少年節禮物，並提醒他們勿要鬆懈，以防盧珂餘黨前來攻山。池仲容等人大喜。余恩跟池仲容説：「而今提督老爺派軍中大員大老遠地來慰問勞軍，你何不親往贛州當面回謝？」

看到池仲容面有難色，余恩拉住他低聲説：「我上山前就私下裏得到消息，盧珂等人在牢中日夜哭訴你們要謀反。盧珂乞求王提督假裝拘捕你等，若拘而不至，即可坐實你們謀反的事實。」

池仲容一聽此話，大驚失色：「盧珂跟我有仇，這純屬誣陷！」

余恩便勸他自行前往贛州謝恩，當面斥責盧珂罪行，讓誣陷他的話不攻自破。那些此前已被官府收買的親信，這時紛紛在池仲容面前極力贊成此事。池仲安也在旁説，王都爺一臉善相，對浰頭信任有加。池仲容於是決定去趟贛州。

第二日，池仲容在余恩、奮曆、黃表、李正巖、雷濟、張保、鍾景等人陪同下踏上了下山之路。臨下山前，他私下對池仲安等兄弟説：「若要伸，先用屈。贛州那邊就算搞小伎倆，我也得親眼去看穿它才行。」

王陽明得知池仲容已上路，心中暗喜。祕密傳檄各府縣加強軍備，以接應大軍行動。又派千戶孟俊率百餘名旗校，先行趕往龍川縣，暗中集結整頓盧珂手下兵馬。為使孟俊順利通過浰頭，王陽明給孟俊下了一道拘捕盧珂餘黨的軍令。浰頭寨兵見孟俊帶兵到此，便詢問何事。孟俊拿出提督軍令給他們看。寨兵一見此令，都爭相護送孟俊等人過境。孟俊抵達龍川後，與盧珂舊

部暗自接上頭，着手對他們整頓擴充。浰頭寨兵卻以為官府要大張旗鼓拘捕盧珂餘黨，反而徹底放心。

閏十二月二十三日，池仲容一行抵達贛州城，見各營官兵已被解散，街市燈火輝煌，百姓聽戲取樂，歡聲笑語，更加相信官府短期內定不會發兵。他為探查盧珂等人近況，暗自買通死牢獄卒，見盧珂等人身披重枷，大喜。隨後他派人返回浰頭，告知屬下：「而今我們高枕無憂，大事可得萬全。」

見此，王陽明連夜偷偷釋放盧珂、鄭志高、陳英等人，厚加賞賜，命他們速返龍川掌兵。然後，又命人每日殺羊宰牛，陪池仲容等人飲酒看戲，藉以拖延歸期。

正德十三年（1518 年）一月三日，王陽明接到龍川方面密報，盧珂等人已返回龍川，所需兵勇也已募齊集結。於是在都察院中庭設宴，並在四周埋伏眾多甲士。池仲容一行九人魚貫入席，磕頭領賞。最後輪到池仲容隻身入內，遠遠地看見王陽明穿一身大紅官袍，笑容可掬地端坐在正堂之上。池仲容伏身拜倒，正要磕頭，所伏甲士應聲而出，將他一舉擒獲。

池仲容撲騰掙扎，嘴裏連聲叫冤：「我真心歸順，大人為何抓我？」

「你雖投順，去後難保其心。」王陽明從懷裏掏出盧珂所書狀紙，列數浰頭匪眾罪行，當面逐款質問。又掏出池仲容偽授盧珂的「金龍霸王」印信，喝斥道：「此印信從何而來？」池仲容頓時啞口無言。

隨後，王陽明又讓人拿出數十名浰頭周邊百姓的控訴筆錄，念與他聽。池仲容眼看事已至此，多說無益，只好一個勁地叩頭求饒。

王陽明命人將他押赴轅門，即刻問斬。池仲容被押至轅門之外，才知道其餘領賞的八人都殺完，悔之不已，瞑目受刑。刑前仍大呼：「王大人多詐！」

當天晚上，王陽明派出一隊輕騎兵，分赴各縣通知他們

迅速集結回鄉過年的民兵，同時命令他們於初七當日齊攻浰頭匪巢。

七日這天，盧珂領兵率先從龍川縣的和平都、烏虎鎮、平地水發起進攻。隨後，楊璋從龍南縣的高沙堡、南平、太平堡，郟文、伍文定從信豐縣的黃田岡、烏徑等地同時向浰頭發起進攻。王陽明親率帳下親兵由冷水徑直取浰頭大巢。

此前，池仲容派人回來通知浰頭諸寨頭領，說贛州官兵已盡數解散。眾人信以為真，歡天喜地地各自返回山寨，過年的過年，玩耍的玩耍。七日這天突然得知官軍兵分幾路進攻浰頭時，許多匪首還不信，以為是他們借道浰頭去打龍川。等到兵臨寨下，這才倉促應戰。正想分兵去佔隘口，可不少隘口已被上次王陽明武裝起來的當地村民佔領。

池仲寧、池仲安糾集精銳兵勇千餘人，扼守地勢險要的龍子嶺，妄圖在此設伏阻擊官軍。王陽明接到當地村民密報，知道龍子嶺必有埋伏，指揮官軍從另外三面攻打，唯獨留下龍子嶺圍而不攻。等到官軍佔了龍子嶺後面和左、右幾座山頭時，據守龍子嶺的寨兵終於沉不住氣，害怕被包了餃子，棄嶺而逃。

王陽明於是揮師而上，與其他各路官軍前後夾擊浰頭寨兵，寨兵大敗而逃。官軍窮追不捨，一舉攻克上、中、下三浰。池仲寧、池仲安等人倉皇而逃，慌不擇路，有些竟然直接撞進已被官軍或村民控制的隘口，自投羅網。

傍晚時分，見已獲全勝，王陽明令官軍在各寨駐紮下來，燃起熊熊篝火，與前來助戰的苗瑤各族村民飲酒吃肉大聯歡。

次日清晨，王陽明命各哨官軍不急於進軍，派出小股人馬探查殘匪去向，再做打算。當晚，各哨來報，已將殘匪藏身之地鎖定在附近幾座山寨。王陽明大喜，當即點兵，讓他們第二日一早分兵合圍，各個擊破殘餘匪眾。

九日這天，官軍從幾個方向直撲寨兵躲藏的幾座山寨，許多寨兵望風而降。然而浰頭頭領李全、張仲全糾集八百餘名精壯

兵勇退守九連山，毀掉各條進山道路、橋樑，妄圖憑藉天險拚死一搏。

王陽明前次從贛州進出漳南，都是從九連山下經過，對這一帶的地形較為熟悉。他認為，九連山山勢極高，九座山嶺相連，橫亘數百里，且四面斬絕，官軍若要硬攻，很難獲勝。況且九連山東面與龍門山相連，此處尚有大小匪巢上百處。若官軍一味追趕，九連山上的寨兵必定逃往龍門山。兩處寨兵合為一處，則更難剿滅。九連山雖有天險可守，但上面天寒地凍，缺兵少將，糧草也不充足。若是派出一支精銳人馬偷偷潛入敵營，斷其退路，不出半月，便可剿滅。便密令楊璋挑選七百壯士，讓其佯裝敗退逃竄的賊匪，趁暮色急行通過崖下羊腸小路，繞到山上之賊的後方，斷其退路即可。

當天傍晚，太平堡的一支官軍佯裝潰逃寨兵，急匆匆來到斷崖之下，要取道小路進山。山上守險寨兵見狀，連忙放下索橋接應。官軍們也假意應承，迅速通過天險小路，頭也不回地朝後面山頭狂奔而去。

次日，山上寨兵才得知這羣人為佯裝的官軍，而此時退路已被切斷，還面臨着腹背受敵的危險。

王陽明下令前後夾擊山上之敵。由於官軍佔據了後山的有利地勢，居高臨下放箭，寨兵抵擋不住，只得節節敗退，包圍圈越縮越小。

王陽明料到山上殘餘寨兵必定連夜潛逃，吩咐各哨官軍在山下設伏堵截。果不出所料，入夜時分，寨兵分路潛逃。官軍以逸待勞，守株待兔，在九連山下的五花障、白沙、銀坑水等處截殺殘敵。二十七日，見數百寨兵退守烏虎鎮一碉樓裏負隅頑抗，王陽明下令深夜掘碉樓旁湖水淹殺。寨兵哪裏料到官軍會出此一招，在睡夢之中就稀裏糊塗地被湖水淹了，大部被凍死淹死，其餘從水中逃出的也成了官軍的甕中之鼈。

二月二日至三月三日一月間，官軍對殘餘寨兵展開拉網式

搜捕。歷經大小戰役二十餘場，將浰頭各巢窮兇極惡之徒盡數擒斬。僅餘張仲全率兩百餘名老弱殘兵盤踞在白沙九連谷中。這些殘兵躲避於谷口，哀號痛哭，向官軍投遞降表，表示願意歸順。

得知此事，王陽明下令官軍封鎖谷口，停止進攻。派生員黃表前往九連谷以探虛實。得知眾匪走投無路，果是誠心歸降，王陽明命令黃表攜些乾糧、衣物，指引張仲全率殘部出谷投降。對有罪之人，按律處罰，其餘被脅迫之人，重新錄入戶籍。至此，官軍順利收復白沙，浰頭之戰獲得全勝。

在回軍途中，王陽明途經龍南縣，還忙裏偷閑攀登了當地的玉石巖。此巖深處有兩個深邃的大洞穴，可容納百餘人。洞壁有宋元名人留下的幾十幅摩崖石刻。此洞與王陽明在家鄉舊居的會稽山陽明洞極為相似，他在洞中流連忘返，特意命名「陽明別洞」，還饒有興趣地作了三首小詩，其中一首寫道：

> 陽明山人舊有居，此地陽明景不如。
>
> 但在乾坤俱逆旅，曾留信宿即吾廬。
>
> 行窩已許人先號，別洞何妨我借書。
>
> 他日巾車歸舊隱，應懷茲土復鄉閭。

自一月七日至三月八日，歷時三個月，官軍攻破浰頭各寨巢共三十八處，擒斬大頭目二十九人、小頭目三十八人、寨兵兩千零六人，俘虜寨兵八百九十人，收繳牛馬一百二十二匹、槍矛器械兩千八百七十隻、贓銀七十兩六錢六分。戰後，王陽明上《浰頭捷音疏》，請求朝廷對兵備副使楊璋等將官論功行賞。

王陽明後來與一眾弟子閑聊時，說起浰頭大頭領池仲容臨死時說他多詐，淡然一笑道：「《孫子兵法》有言：『兵以詐立』，又說『兵以詭道』，還說『善戰者，致人而不致於人』。我不詐他，就等着他來詐我呢！得先勝之算於廟堂，收折衝之功於樽俎，這才是用兵之要道。」

從正德十二年（1517 年）正月抵達贛州，至正德十三年

（1518年）三月，王陽明馬不停蹄，征剿閩粵及橫水、桶岡、三浰等處，最終收得全功。連日來的鞍馬勞頓和勞心勞力，尤其是智鬥三浰大頭領池仲容，更使得他心力交瘁，疲憊不堪，最終導致肺癆舊疾復發。王陽明向朝廷上疏，請求辭官休養，並循福建平和縣、江西崇義縣例，奏請朝廷在三浰之地設新縣治。經核准割龍川縣屬和平、仁義、廣三圖（都）和河源縣屬惠化圖[1]以及江西龍南縣鄰界一里以內的地域，設縣治，立縣學，擇賢設治，並沿用原龍川縣和平圖的和平峒之「和平」兩字為縣名，始定為和平縣，縣城設在原和平圖的和平峒羊子埔（即現陽明鎮）。

在進剿橫水、三浰等處賊匪時，王陽明悟出一個道理：剿滅山裏的賊寇容易，征服人心卻難。正德十三年（1518年）一月，王陽明在與俐頭的山賊作戰的間隙，曾寫信給弟子薛侃（字尚謙）說：「即日已抵龍南，明日入巢，四路兵皆已如期並進，賊有必破之勢。某向在橫水嘗寄書仕德（楊驥）云：『破山中賊易，破心中賊難。』區區剪除鼠竊，何足為異。若諸賢掃蕩心腹之寇，以收廓清之功，此誠大丈夫不世之偉績。」[2]「破山中賊易，破心中賊難」也指打敗外界的敵人容易，消除心中各種慾念卻很難。這句話簡潔明了，直抵人心，讓人將眼光投向自己的內心，去檢視心裏的陋習，跨越自己的心坎。

1　元代在縣一級以下，改鄉為都，改里為圖，明代大多沿用。

2　[明]王守仁：《王陽明全集·與楊仕德薛尚謙》。

第八章

贛州刊行《傳習錄》

兵部尚書王瓊收到王陽明發來的奏捷疏，大讚他為奇才。此前，有門客得知王瓊私心傾愛王陽明之才，卻與他素未謀面，特意送了王陽明的一幅畫像給他。王瓊如獲至寶，將其懸掛於堂屋正中。這時，王瓊坐在堂屋之中，左手抱幼孫，右手持王陽明的疏文高聲朗讀。當讀到「以故詔旨一頒，而賊先破膽奪氣；諮文一佈，而人皆踴躍爭先。效謀者知無沮撓之患，而務竟其功；希賞者知無侵削之弊，而畢致共死」一段，王瓊撫膝讚歎，並看着自己的孫兒情不自禁地感慨：「生子當如王守仁！」

沒幾日，王瓊又收到王陽明的《乞休致疏》，便左右為難。南贛諸亂已平，王陽明舊疾復發，加之其祖母又病重，不准似不合常情。但南昌的寧王朱宸濠正蠢蠢欲動，與南贛諸匪相交甚密。更有甚者，就在王瓊從陸完手中接任兵部尚書前，寧王運作關係，竟然讓朝廷恢復了自己的王府護衞。王瓊前幾日在陸完府中宴飲，竟然看到了宋代大畫家張擇端的名畫《清明

上河圖》，在其圖尾，陸完新寫的跋文竟赫然列於李東陽之後。
王瓊猜想：這一定是寧王送給陸完的禮物，感謝陸完任兵部尚書
時幫自己恢復王府護衛。

寧王早有異心。早在正德二年（1507 年），就重賄劉瑾，將
已革去的護衛及屯田恢復。等劉瑾伏誅，寧王府的護衛又被革
去。此時皇上忙着遊幸，寧王又交結上皇上寵臣、錦衣衛指揮
使錢寧（？～1521 年），讓他在皇上耳邊幫他吹風。從正德八年
（1513 年）開始，寧王在朝中四處活動，處心積慮想恢復護衛。
到了正德九年（1519 年）春天，此事在陸完的幫助下才終於有
了眉目，連首輔大學士楊廷和也脫不了干係。

先是陸完為江西按察使，寧王極力拉攏，逢人便說：「陸先
生他日必為公卿。」此話傳至陸完耳中，陸完也有心攀附。後來
陸完升任兵部尚書，寧王大喜：「我們寧王府的護衛可以失而復
得了！」陸完調入北京後，寧王與他逢年過節一直書信問候不
斷，自然少不了厚贈禮物。後來寧王去信陸完，提到恢復護衛的
事。陸完也不敢貿然行事，回信稱須遵守祖訓。這時教坊司伶人
臧賢，深得太后賞識，與皇上身邊的錢寧、張銳、張雄等人也暗
自勾結。臧賢本是回族，擅長聲樂和祕戲，常在各達官貴人府中
走動，偶爾也由錢寧帶入豹房給皇上獻藝，甚得皇上歡心。恰好
臧賢的女婿司鉞犯法，被充軍南昌衛軍。寧王趁機關照司鉞，並
通過他交結上臧賢。每次讓司鉞從南昌用馬車滿載金銀珠寶運至
北京，藏在臧賢家中，由他分送朝中權貴，受賄最重的便是國姓
爺錢寧。寧王還在臧賢家設立了一個祕密的驛傳系統給江西方面
傳遞消息。次輔費宏（1468～1535 年）得知此事，公開揚言說：
「而今寧王用成千上萬的金銀珠寶來想方設法恢復護衛，乃狼子
野心。若是聽其所為，我們江西將無寧日！」

費宏是江西鉛山人，十三歲中信州府童子試「文元」，十六
歲中江西鄉試「解元」。成化二十三年（1487 年），年僅二十歲的
費宏又中了狀元，被任命為翰林院修撰，可謂「連中三元」，是

明朝開國以來最為年輕的狀元翰林。他對寧王的異謀早就有所耳聞，不少鄉黨來京，說起寧王都是視為王莽一類。費宏還有一處特別的信息來源，是他的堂弟費采（1483～1548 年）。費采與寧王是連襟——都是江西上饒名儒婁諒的女婿。

一日入朝議事，陸完迎面碰到費宏，便問：「寧王請求恢復護衛，是否准其所請？」

費宏冷冷地說：「不知當初革去是何緣故？」

陸完語塞，支吾道：「今日恐怕不能不給他哩。」

費宏板着臉不理他。

後來錢功指使宮中太監拿着寧王的奏摺來到內閣，徵求內閣意見，費宏極力反對給他恢復護衛。陸完卻串通首輔楊廷和背着次輔費宏把這事給辦了。當時正值廷試進士，已定於三月十五日內閣與部院大臣都在東閣閱卷。陸完便於十四日投《覆寧王護衛疏》。十五日司禮監太監盧明將這封奏疏下到內閣，偷偷把楊廷和從東閣約了出來，讓他票擬准了寧王所請。

此事過後，錢功與寧王勾結愈緊，也就愈加憎恨費宏。錢功甚至派錦衣衛密探日夜在費宏門前窺視，總想找出他有什麼見不得人的事才甘心。幾個月過去，卻一無所獲。

錢功仍不心甘，多方勾結，上下亂竄。朝中很多大臣都收受了寧王賄賂，擔心費宏揭發，因此在錢功的挑撥下惡人先告狀，四處找碴彈劾費宏。錢功指使御史余珊彈劾費宏的堂弟費采是憑藉費宏的關係才留在翰林院，並翻出乾清宮上次火災的老賬攻擊費宏說：「乾清宮大火，費宏奉命起草詔書，最後卻將起火的原因歸咎於皇上不修私德。」皇上一聽此話，也很氣憤。一天，內閣突然來了個大太監，當着眾閣臣的面，莫名其妙地降旨斥責費宏。費宏臉上掛不住，只好上疏請求致仕還鄉。楊廷和只能眼睜睜地看着次輔費宏被錢功、陸完等人合計陷害致了仕。費采不久也被罷免南歸。

費宏離京後，寧王指使王府中豢養的一批號稱「把勢」的盜

匪，跟在費宏回老家的船後。船到山東臨清一帶，派去的亡命之徒放火燒了費宏的船，行李箱籠被燒得一乾二淨。費宏狼狽不堪地回到江西鉛山老家，寧王又唆使鉛山當地一些惡棍地痞，偷竊費家財物，還放火焚燒費家，甚至毀壞費宏的祖墳。費宏攜家帶口只得逃往鄰縣躲避。誰知道寧王還不放過他，又暗中指使一幫賊匪攻城，還綁架了費宏的哥哥和弟弟，哥哥竟被肢解。費宏隻身逃出。江西巡撫孫燧聞訊大怒，心想堂堂內閣次輔，竟落得這步田地！急忙派兵來救，這才剿滅了這幫烏合之眾，讓費宏化危為安。

　　錢功結交寧王，完全是為了防備江彬。江彬（？～1521年）本是蔚州衛（現河北省張家口市蔚縣）指揮僉事，非有他能，惟倔強勇悍。後賄賂錢功，經錢功引進受到正德皇帝召見，出入豹房。正德皇帝在豹房飼養了很多猛獸，一次在與老虎搏擊時，被老虎逼到角落裏。錢功見此情形，嚇得在一旁瑟瑟發抖，江彬卻奮不顧身，沖上前去營救。從此，皇上對江彬另眼相看，與他同起臥。後來成為皇上義子，賜姓朱，風頭蓋過錢功。江錢二人於是不合。錢功結交寧王也有寧王府道士李自然的一份功勞。此人喜歡裝神弄鬼，在江湖上頗有些名氣。此前寧王就是因為他的一句讖言「殿下有貴為天子之骨相」，而對帝位生出覬覦之心。李自然由臧賢引薦給錢功。他一見到錢功便匍匐在地，說：「大人命相，貴不敢言！」錢功屏退左右，李自然這才說：「大人已是國姓爺，單名一個『寧』字，乃是朱寧，這是暗指咱朱家江山會歸於寧府呀。而大人是上天派來踐行此事的天之使者。皇上雖值壯年，後宮豹房嬪妃眾多，但卻無子。這也是天意歸寧的徵兆。」

　　錢功心想，朝中已有不少大臣上摺勸皇上早日建儲，江西寧王有勇有謀，如果能讓寧王世子入承大統，他以擁立之功，可輕而易舉地扳倒江彬。這次聽了李自然一番話後，更加堅定了與寧王結盟的決心。

　　寧王朱宸濠的反心由來已久。當年他的先祖、第一代寧王

朱權與燕王朱棣共同造反，但燕王稱帝后，卻把寧王朱權軟禁到南昌。這個先輩人結下的梁子，到了朱宸濠這一代仍沒有解開。而且當今正德皇帝又是一個頑主，把朝廷弄得亂七八糟、烏煙瘴氣，朝野上下怨聲四起，安化王朱寘鐇先前的造反就是對正德皇帝不滿的一例明證。一向自以為雄才大略的朱宸濠心想，此頑童都能當皇上，我為何不能取而代之？由此便生出了造反的野心。不過，造反畢竟風險太大，寧王轉念一想，只要兒子做了皇帝，自己以太上皇之尊，同樣可以把持國政。

於是，錢功一方面勸寧王多進珍玩寶器，取悅皇上，另一方面又假託皇上之名，對寧王有所賞賜。總之他在中間為拉攏兩人打圓場。

寧王如願以償恢復護衛後，野心更為膨脹。他不僅府中養了百餘名武功高強的「把勢」，串通南贛諸處賊匪，而且還勾結一班水盜，在鄱陽湖上肆行劫掠。這事引起了江西按察副使胡世寧的警覺。胡是杭州人，說來也巧，他與王陽明、孫燧都是浙江同鄉。他們三人同為弘治五年（1492 年）浙江鄉試舉人。胡世寧和孫燧又於次年同時中進士。

胡世寧平盜之餘，給朝廷上了一封奏摺，比較隱晦地表明：「江西患非盜賊，寧府威日張，不逞之徒羣聚而導以非法。上下諸司，承奉太過。」此奏摺到了陸完手中，陸完避重就輕，庇護寧王，只建議派都御史俞諫到江西「計賊情撫剿之」，而對寧王的「違制擾民」則輕描淡寫。皇上無心深究，便批准了陸完的奏議。

寧王得知胡世寧參他，大怒，揚言必殺胡世寧。他遍賄京中權幸，羅列罪名構陷胡世寧。參胡世寧的奏摺轉到都察院右都御史李士實手中，此人正是被寧王收買的死黨。他說服左都御史石玠一起上奏，稱胡世寧太過狂狷無理，要治他的罪。他們草擬好的聖旨還沒有下發，寧王第二道摺子又送上來了，說胡世寧妖言惑眾，大逆不道。錢功便矯旨命錦衣衛逮捕胡世寧。此時胡世

寧已調任福建按察使，取道回浙江老家省親。寧王便誣陷他畏罪潛逃，發出五百里加急飛遞至杭州，令其黨羽、浙江巡按御史潘鵬將胡世寧拘送江西。潘鵬率兵趕到仁和縣，將胡世寧家團團圍住。恰好胡世寧此時外出訪友，不在家中。潘鵬便將胡的家人全部抓了，逼問胡的去處。浙江按察使李承勛（1473～1531年）此前曾任南昌府知府，與胡世寧有舊，深知胡為人耿介，便私下派兵保護他，將他從潘鵬虎口中奪出。胡世寧亡命抵達北京，自投錦衣衞詔獄中，在獄中雖受盡折磨，仍三次上書揭發寧王逆行。寧王驚恐，重金賄賂錢功及辦案官員，讓他們把胡世寧擬成死罪。監察御史程啟充（？～1537年）是有名的諫臣，愛仗義執言，得知胡世寧的事，聯合徐文華、蕭鳴鳳、邢寰等敢言的同僚，各自上奏章援救，胡世寧這才免於一死，被發配到遼東。

卻説寧王得知王陽明在漳南之役全殲賊匪，大獲全勝。寧王覺得這裏面有文章可做，便通過賄賂錢功，讓他在皇上面前吹風，派他的黨羽、南昌鎮守太監畢真去贛南做王陽明的監軍。寧王企圖通過此舉控制王陽明在南贛拉起來的兵馬。而畢真也想去兵營之中渾水摸魚，大撈一筆。

奏摺轉到王瓊手中，王瓊一眼就看出了寧王的企圖，頓時冷汗淋漓，濕透了衣背。陸完升任吏部尚書後，為爭兵部尚書一職，王瓊此前與彭澤在朝中鬥得你死我活。彭澤算是正德朝一代戰神，任保定巡撫時平河南劉惠、趙鐩之亂，後又總督川、陝諸軍，討伐四川廖麻子、喻思俸叛軍。正德九年（1514年），土魯番速檀滿速兒侵佔哈密，他又總督陝甘軍務，一舉平定。正德十一年（1516年），他提督京邊官軍，防守山海、紫荊等關，逼退瓦剌入侵。陸完升任吏部尚書後，其實彭澤最有希望接任兵部尚書。王瓊使了一招離間計。彭澤為人有正氣，時常辱罵錢功，王瓊告訴錢功，但錢功不信。王瓊於是邀請彭澤喝酒，並在屏風後藏匿錢功，挑撥彭澤喝醉並辱罵，使得錢功聽到。兵部尚書便歸了王瓊。王瓊雖與錢功、江彬二人交往甚密，但在大是大非面

前卻也毫不含糊。對於南贛之事，他挺身而出，在皇上和內閣閣老面前說出了自己的看法：「兵法最忌遙制，若是南贛用兵卻有待省城的鎮守做最後決斷，豈不貽誤戰機？」為了給錢功和南昌鎮守太監畢真留點面子，又說：「不過，若是省城南昌有警，南贛軍隊必須接受鎮守太監調遣，前往救應。」這麼一來，王瓊總算圓了這個場。等到王陽明上書申請改任提督軍務，又懇請朝廷授予旗牌，王瓊暗自高興：如此一來，他雖在南贛，南昌如果有警，他仍可遙制。他在內閣白批時，提議准許王陽明所奏之事。此時，王瓊手裏拿着王陽明的《乞休致疏》，左右權衡，反覆掂量，最後在白票上擬了一個：不准。

　　王瓊將白票附在王陽明的奏摺後面，用信封裝好，準備讓書辦送進宮去。突然想起楊一清致仕的事，心中又放心不下。楊一清是出將入相的朝中重臣，性耿直，敢諫言，有威名。前次乾清宮火災，皇上按慣例下罪己詔，求直言時，楊一清上書稱皇上視朝太遲，享祀太慢，在西內大造寺廟，在禁中留宿邊兵，並直陳在京畿內設立皇店的弊病，以及江南織造擾民等事。見皇上我行我素，把他的話當耳邊風，楊一清一氣之下，上了封因病乞歸的摺子。皇上見楊一清鬧情緒，自然好言相勸，將他挽留下來。大學士楊廷和丁憂時，還命楊一清以吏部尚書兼武英殿大學士，入閣參贊機務。等到錢功在皇上身邊得寵後，一手遮天，擾亂朝政，楊一清實在看不下去，幾次當着皇上的面指責他。於是錢功與江彬等人勾結，派人在皇上面前詆毀楊一清，此後還處處掣肘他。不是他的摺子留中不發，就是他的建議無端駁回。楊一清又想故伎重演，再次上奏摺請求致仕歸鄉。他本以為皇上又會極力挽留，他到時也好給錢功一些臉色看看。可是，這次楊一清失策了，他的乞休致仕的摺子被退了回來，上面不是挽留的話，甚至都沒有客套，赫然硃批：准奏。

　　按照朝廷規定，京中大臣休仕就得歸鄉回籍，不得在京城逗留。楊一清手裏拿着摺子，看着上面「准奏」二字，這位當朝

一品大員不覺犯了難：原籍在哪裏呢？他的祖籍在雲南安寧。他父親任廣東化州同知時，楊一清生於化州，其生母為張氏。他六歲時，其父楊景致仕，又隨其父遷居湖南巴陵，這裏是楊一清前母劉氏的老家。在巴陵住了六年，楊一清由岳州府推薦入翰林院讀書，父母於是隨他前往北京居住。後來父親逝世，無力歸葬雲南，便葬在楊一清異母姐姐住地江南鎮江府丹徒縣。楊一清的籍貫有點複雜，用李東陽此前贈他的詩說：「君本滇陽人，還生嶺南地。巴陵非故鄉，京口亦何意？」楊一清左思右想，最後在給皇上上的謝恩摺上，將自己歸老的原籍寫成了鎮江。鎮江畢竟是父親葉落歸根之地，那裏還有自己的一脈血親。於是與楊廷和並稱「二楊」的風雲人物楊一清被朝中弄臣錢功擺了一道，戛然謝幕，黯然離京，前往長江邊上那個叫鎮江的陌生之地。

王瓊心想，這錢功因為上次寧王往南贛派監軍之事，本來就對王陽明有了芥蒂，恨不得把他趕回老家，現在看到王陽明乞休的奏摺，如果故伎重演，又來個順水推舟，豈不壞了大事！想到這一層，王瓊親自將票擬好的這封奏摺交到了皇上手中，並說服皇上不准王陽明辭官。

王陽明接到不准他致仕的聖旨時，心情顯得異常平靜。他其實早就料到，朝廷不會輕易放他走。他想致仕歸鄉，一則想能最後看一眼臥牀多年的老祖母，二則想着能親至徐愛的墳前祭奠。

去年春天，他在漳南與賊匪激戰正酣，徐愛在病中寄來書信，說他與二三友人於湖州溪之畔購下農地，等待他歸來。王陽明在戰火之中的空暇，寫下兩首詩，其中有這麼幾句：「山人久有歸農興，猶向千峰夜度兵。」「百戰自知非舊學，三驅猶愧失前禽。」

王陽明的思鄉歸耕之心溢於言表。他真心期待着能早日解甲歸田，與徐愛在溪邊一邊垂釣，一邊論道。可是就在五月他上疏朝廷奏報平定漳州之賊十幾天後，他接到了徐愛去世的消息，

當場放聲慟哭。王陽明時年四十六歲，徐愛年僅三十一歲。

徐愛不僅是他的妹夫，而且是他最器重的學生。徐愛年輕時不及弟弟聰明，但王華力排眾議將女兒許配給他，而不是他的弟弟，就是看中徐愛的質樸淳厚。後來徐愛果不負眾望，考中了進士，而且成了王陽明門下高足。他將王陽明的對話、語錄編成了一本書，取名《傳習錄》，並寫了序言。而當初王陽明主張「述而不作」，是反對門下弟子私錄他的話的，他說：「聖賢教人如醫用藥，皆因病立方，對症下藥。要看病人虛實、溫涼、陰陽、內外等情況的不同而時時加減藥量。關鍵是能治好病，究竟怎麼用藥，用多用少，並無定說。若拘執一方，想着用一個方子包治百病，他日誤己誤人，我的罪過可就大了！」他這種想法有點類似老子的「知者不言，言者不知」，心學的道理讓學生在生活經驗和實踐磨練中自己去揣摩就好了，不需要太多的文字束縛了大家的思想。當年在貴州龍場，出於這種考慮，他竟然將自己辛苦數載撰寫的《五經臆說》付之一炬。

所以，徐愛將詳細記錄王陽明所教之言編輯成書時，有同門好友便用上面王陽明說的那段話來規勸他。徐愛笑着答道：「若是照你這麼說，又是像先生說的那樣『拘執一方』了。孔子跟弟子子貢說：『我跟你沒話說。』過了幾天，他又說：『我跟顏回講了一整天的話。』孔夫子難道言行不一嗎？」

好友便問：「這又是何故？」

徐愛說：「因為子貢喜歡記些孔子的話語，做些表面文章，所以孔子不跟他說話，並以此警示他，讓他多揣摩他話語的深意，以求自得。而顏回不一樣，他將孔子的話默記在心，並觸類旁通，舉一反三，因而孔子跟他講話一講就是一整天。」

好友恍然大悟：「原來如此。」

徐愛對好友頗有感觸地說：「我們同門好友大多離羣索居，有了這本語錄，我等弟子能從先生言語之中，窺其要義，而實踐履行。這才會明了先生之學，確為孔門嫡傳。其他學說皆是旁蹊

小徑，斷港絕河。」

王陽明含淚寫下《祭徐曰仁文》，師徒情深溢於言表。寫罷祭文，又提筆給弟子陸澄寫了封信，說：「徐愛去世後，真正理解我學說的人更少了！」

沒多久，王陽明得知廣東樂昌的高快馬糾集李斌、吳凡等殘匪，侵擾三省，荼毒百姓。他此時身心俱疲，已不能親率大軍出征。但他還是運籌帷幄，指揮官軍「聲東擊西，陽背陰襲」，「或先散離其黨羽，或陰誘致其心腹」，一舉擊敗了這夥盤踞三省交界的殘匪。官軍斬殺賊匪兩千八百零九人，俘虜五百零四人，大獲全勝。王陽明的《三省夾剿捷音疏》還沒有送走，朝廷升任他為都察院右副都御史，蔭子錦衣衛世襲百戶的聖旨就來了。明洪武年間改御史臺為都察院，其職權是「糾劾百司，辨明冤枉，提督各道，為天子耳目風紀之司」，行使監察、彈劾之職，長官為左、右都御史（正二品），下設左、右副都御史（正三品），左、右僉都御史（正四品）。都御史、副都御史、僉都御史常為在外督撫加銜。對這些賞賜，王陽明照例辭免，並請求以原職卸任，回鄉務農。在這封謝恩摺中，他將剿匪的功勞全部歸結於朝廷任人唯賢、用人不疑。他說，馬車跑得順暢，是因為車伕御馬有方，朝廷就是車伕，自己不過是識途老馬而已。此後又多次上疏請辭，皆未獲批准。最終，王陽明未能見到祖母岑氏最後一面。

這一年，是正德十三年（1518 年），王陽明在贛州刊刻了《大學古本》和《朱子晚年定論》。他跟鄒守益等弟子說，他在貴州龍場時就懷疑朱熹《大學章句》並非聖門本旨，「聖人之學本來簡易明白，其書只有一篇，原本並無經傳之分」。在《大學古本》序中，他將《大學》的宗旨歸納為「誠意」二字，並將「致知」作為求學的宗旨，並認為「致知」乃「致本體之知」，且以致知為誠意之本。

早在正德十年（1515 年）冬，王陽明就已寫了《朱子晚年

定論》的序言。在《朱子晚年定論》中，王陽明從朱熹「晚年」所寫書信中選擇一些內容加以論證認為，當時所流傳朱熹《論語集註》《孟子集註》及其《或問》等書，是朱熹中年未確定的學說，而朱熹晚年已悟出之前的學說是錯的，只是朱熹已經年邁，沒來得及改正而已。王陽明在書中說，在這些書信中，朱熹承認了自己早年在「格物致知」解釋上的謬誤，要格的「物」是心物，非外物，還提及生怕來不及改正以往著述上的錯誤。朱熹說他晚年時眼睛失明，行動不便，常常靜坐。他發現用他以前的學問無法安定自己浮躁的心，寫了這麼多的書竟然都如空談一般。靜坐返觀久了，有了更多的時間往內關注，更容易覺察自身，他忽然體會到了聖學裏面最精粹根本的內涵，竟然就在內心這個小小的區域裏，心體原來就是一股氣！這也許是天意，朱熹觀外物的眼睛失明了，觀內心的心窗卻意外地打開了。這才讓朱熹有了這個驚天的發現。他想到自己中年以前的著述有這麼大的謬誤，非常後悔，一有機會就在書信裏面告知他的學生，且為無力改變現狀而憂心。王陽明藉以指斥當時的學者堅守朱熹的未確定的學說，而不求既悟之論。

　　《朱子晚年定論》刊刻出來後，理學學者羅欽順（1465～1547年）、余祐（1465～1528年）等先後發難王陽明，指責《朱子晚年定論》中選取的內容大部分是朱熹早年寫的信件，顛倒時間順序，污衊朱熹。後世的顧炎武也批判王陽明的《朱子晚年定論》：「顛倒早晚，以彌縫陸學而不顧矯誣朱子，誑誤後學之深。」[1] 王陽明雖然也承認所選朱熹信件中的時間順序沒有考證，但是對「晚年定論」的說法仍堅執甚篤。[2] 為什麼王陽明會寫《朱子晚年

1　［明］顧炎武：《日知錄》卷十八。

2　《傳習錄·答羅整庵少宰書》。《明史·卷二百八十二·列傳第一百七十》，祐（余祐）謂：「朱子論心學凡三變，存齋記所言，乃少時所見，及見延平，而悟其失。後聞五峰之學於南軒，而其言又一變。最後改定已發未發之論，然後體用不偏，動靜交致其力，此其終身定見也。安得執少年未定之見，而反謂之晚年哉？」

定論》呢？王陽明寫《朱子晚年定論》的時間是正德十年（1515年）左右，這是在他平定南贛匪亂和寧王之亂之前，名氣並不算大。而且當時他的思想還停留在「知行合一」的階段，還沒有提出「致良知」，可以說那時還沒有悟出最高的境界，還處於心學的摸爬滾打階段。在這樣的前提下，他不敢與代表程朱理學主流思想的朱熹分道揚鑣，只能採取迂迴作法，說朱熹晚年痛悔舊說，已經逐漸向心學靠攏了，拉「朱子」的大旗為自己的學說張目。按王陽明自己的話說：「蓋亦不得已而然。」如果等到正德十四年（1519年）王陽明只用了三十五天平定寧王造反之後，在這樣大的名氣之下，王陽明斷不會去寫《朱子晚年定論》的。

也是在這一年，薛侃於贛州刊行了徐愛編撰的《傳習錄》，裏面有一段記錄了薛侃與王陽明關於「花間草」的討論。周敦頤不除窗前草，渾然與萬物同體，一派仁者氣象。而薛侃去除花間草，只因「我」愛花，故惡草。王陽明說薛侃「從軀殼起念」便是錯誤的，周敦頤的心，從理所出，是公心；薛侃的心，從我所出，是私心，境界不同。王陽明又說：「天地生意，花草一般。何曾有善惡之分？你欲觀花，則以花為善，以草為惡。如欲用草時，則以草為善哩。此等善惡，皆由你心生好惡，故知是錯。只因這是私心，一時喜怒無常，物在我心忽善忽惡，這是『動氣』。」他最後總結說：「無善無惡者理之靜，有善有惡者氣之動。」

王陽明在贛州平定匪亂後，四方之士聚集而來，拜在其門下。剛開始，他將弟子安排在射圃寓居，但後來人太多住不下，因而在舊布政司故址重修濂溪書院，收容弟子，並讓冀元亨擔任書院的主講。

王陽明正德六年（1511年）為會試同考官時選拔的會元和探花鄒守益是江西安福縣人，少年時便博覽羣書，十七歲時，中江西鄉試，以理學氣節自命。中進士第三名後，被授為翰林院編修。任職僅一年，便辭職回鄉，潛心研究程朱理學，但對二程、

朱熹的「格物致知」學說百思不得其解。正德十三年（1518年），鄒守益前往贛州謁見王陽明，兩人反覆辯論「良知」之學。鄒守益對王陽明的「知行合一」學說及用反求內心的方法以達到「萬物一體」的境界，心領神會，一掃往日心中疑慮。他恍然大悟地說：「道在是矣！」於是拜王陽明為師，潛心鑽研心學理義，並開始在贛州講學。

地方匪亂已平，王陽明在南贛舉鄉約、立社學、推行十家牌法，經過一番治理以後，南贛地方初見太平景象。鄒守益在多年以後曾憶及在贛州的所見所聞：

> 往歲受學於虔，時方剿橫水，破桶岡，平浰頭，郊野樂業，商賈四集，而成人小子橫經講學，歌詩習禮，雍雍文物之盛。[1]

此番話絕非泛泛而談的應景諛詞。鄒守益在嘉靖朝因在「大禮議」中反對皇帝為親生父親上尊號而獲罪被貶為廣德州（今安徽省宣城市廣德市）判官。在他治理地方的時候，學習老師在贛州以教化治郡的舉措，建復初書院，延請王陽明高足王艮（1483～1541年）和其他學者來講學，並頒佈《諭俗禮要》。這時他的頭腦中應該時常浮現王陽明在贛州「聚童子數百而習以詩禮，洋洋乎雅頌威儀之隆」的情形。[2]

正德十四年（1519年）的春天，鄒守益、陳九川（1494～1562年）、冀元亨等幾名弟子陪着王陽明一道前往贛州郊外的通天巖遊覽。此巖位於大和山上，三面絕壁環繞，風景絕美，「石峰環列如屏，巔有一竅通天」，周圍又有大小不一十幾個洞穴和石窟。王陽明登上通天巖四下望去，萬里江山風景如畫，令人忘卻

1　［明］鄒守益：《虔州報功祠記》，《鄒東廓文集》卷四，《四庫存目叢書》集66，第33頁。

2　［明］鄒守益：《諭俗禮要序》，《文集》卷一，第571頁。

心中憂愁，便於崖壁題詩一首：

> 青山隨地佳，豈必故園好？
> 但得此身閑，塵寰亦蓬島。
> 西林日初暮，明月來何早，
> 醉臥石牀涼，洞雲秋未掃。

　　王陽明一生酷愛洞穴，家鄉山陰、貴州龍場，哪怕在戰事稍歇的龍南和贛州，他都能找到風景奇崛的洞穴。在這通天巖，他也特別喜歡其中一個僻靜洞窟，覺得酷似家鄉會稽山的舊居陽明洞，便也給此洞取名「陽明小洞天」。他常在此處給贛州的弟子們講學，要求弟子多做些去慾存理、省察克治的體認實學工夫，「如果我沒有功利之心，雖錢穀兵甲，搬柴運水，何事而非實學？何事而非天理？」並斷言「萬事萬物之理不外乎吾心。」「本心之明，皎如白日。心明就是天理。」時人也將此洞稱為「觀心巖」。

　　一日，王陽明與弟子冀元亨一同冒雨前往贛州附近山裏的栖禪寺，探訪寺中閉關度日的高僧。突然府中書童傳來消息，薛侃、陸澄、季本、許相卿（1479～1557 年）、蔡希淵五名弟子一同考中進士。王陽明大喜：「非為他們登第做官而喜，為陽明山中日後有良伴而喜！」

　　王陽明在贛州辦書院講學名聲日隆，南昌的寧王朱宸濠來信，邀請他赴南昌講學。此時寧王已是「司馬昭之心，路人皆知」，但畢竟是藩王來請，王陽明不好推辭，便派弟子、濂溪書院主講冀元亨替他前去南昌講學。

　　冀元亨來到南昌，住在陽春書院。這陽春書院本是寧王籠絡士林、儲備人才的地方。因科場案無緣仕途的唐寅（字伯虎）（1470～1523 年），此時也在其中。冀元亨暗自發現，寧王不僅邀請江湖巨盜楊清、李甫、王儒等百餘人入王府為「把勢」，還在護衛營裏蓄養死士，招募凌十一、閔廿四等流竄在鄱陽湖的強

盜五百餘人，厚結廣西的土官狼兵以及贛南、汀州、漳州一帶的山賊。此外，還暗藏盔甲、火器等違禁武器。護衛營公然收買皮張，製作皮甲，私製槍刀盔甲和佛郎機銃火器，日夜造作不息。

白天，寧王到書院跟他談王霸之道，企圖讓他拉攏王陽明入夥。冀元亨昧昧然裝糊塗，只是跟他說些為學立志等話。一日，冀元亨在書院裏講《西銘》，反覆陳述君臣大義，想以此來打動寧王。誰知寧王勃然色變，當場把佩劍從腰間解下來砸在案桌上。旁人大驚失色，冀元亨卻面不改色，照講如舊。寧王看他是個書呆子，只好讓人將他嚴加看押，禮送出境。

冀元亨回到贛州，將寧王謀反的種種跡象告知王陽明。寧王后來聽說冀元亨向王陽明告密的事，怒不可遏，揚言要取冀元亨項上人頭，派出一幫所謂武林高手來贛州刺殺他。聽到風聲，王陽明連忙派親兵護送冀元亨回去湖廣武陵老家，暫避風頭。

正德十三年（1518年）五月，因月糧無法供應，福州府三衛軍士進貴、葉元保等以索餉作亂，延平、邵武等衛的軍士也響應騷亂。福州城內人心惶惶，致仕在家的原都御史林廷玉、按察副使高文達出面調停，騷亂乃定。八月，又亂。亂軍大搜城內金銀，藏於開元寺，兵備副使李志剛等出兵平亂，但此亂剛平，另亂又起，官府應接不暇。

正德十四年（1519年）二月，福建巡按御史程昌奏請調王陽明南贛官軍前去平亂，而此前王陽明也上摺請辭提督軍務及交還調兵旗牌。兩份奏摺轉至兵部尚書王瓊處。王陽明弟子應天彝此時正在兵部任主事，王瓊便對應天彝說：「福州此等小事，不足煩令師。但藉此機會讓便宜行事的敕書旗牌留在令師手中，以待他變。你不妨幫我擬一題稿來看。」王瓊對寧王所欲也是心知肚明。

應天彝的題稿擬好後，經司禮監加印降敕給王陽明：「福州三衛軍人進貴等協眾謀反，特命你暫去彼處地方會同查議處置，參奏定奪。」

六月五日，王陽明接到調他赴福州平亂的敕書。九日，率軍沿贛江北上。他在離開贛州前，奏請平叛成功後順道從福州回浙江老家一趟，探望其父並參加祖母的葬禮。因此與他一同乘船的還有諸夫人和繼子王正憲。

六月十三日是寧王大壽，此前王陽明已接到寧王的請柬，正想順道去南昌給寧王拜壽。可是船至吉安府時，他突然想起自己忘帶官印，便派中軍典儀官返回贛州去取。這麼一來，路上就耽擱了幾日，十五日才抵達豐城縣的黃土腦。此處距離南昌城只有一百二十里。

王陽明正泊船岸邊，略為休憩。前方官道上一匹快馬奔馳而至。近到跟前，馬上人一骨碌滾落下來，上氣不接下氣地朝着船上喊：「寧王反了！」

王陽明認出此人是豐城知縣顧佖，前年他剛至南昌城時，碰巧見過此人。顧佖已接到寧王的偽檄，上船面告。聽他講，寧王雖蓄謀已久，但這次反叛，卻由皇上身邊的小人傾軋所引發。江彬與錢功不和，而太監張忠等人被錢功欺壓已久，心懷怨恨，就想借江彬之手扳倒錢功。張忠等人所持錢功的短處，便在他交結寧王一事。但太早揭發的話，寧王罪狀還沒顯現出來，便扳不倒錢功。所以他們一直在等待機會。

正德十四年（1519年）初夏，寧王以為時機成熟了。這寧王朱宸濠是太祖朱元璋四世孫寧康王朱覲鈞的庶子，也就是小妾所生，初封上高王。因寧康王沒有嫡子，他於弘治十二年（1499年）襲封寧王。按理說，他是太祖五世孫，而當今皇上是太祖的七世孫，而且脈系相隔較遠。但為了幫助寧王，錢功挖空心思做文章。春季太廟祭祀大典，錢功蒙騙皇帝，召寧王世子入太廟司香，為將來繼統張本。又讓人將詔令寫在一種被稱為「異色龍」的特殊紙上。這種紙，依照慣例是專用於與監國聯絡的。如果沒有太子，監國就代皇帝行事，這暗示寧王世子有望成為監國。江彬得知此事，大為焦慮。

此時，江西巡撫孫燧在派兵保護費宏、鎮壓土匪活動時，從捕獲的幾個匪首口中偵破了寧王與賊匪勾結並蓄謀反叛的事實。孫燧為人有正氣，性格剛毅。正德十年（1515年）十月他由河南右布政擢升江西巡撫時，同僚們說，江西的官員們都以調離江西為幸事，勸他不要去江西趟這渾水。孫燧毅然道：我就當去赴死報國難吧！他把家眷送回餘姚老家，只帶了兩個書童去江西赴任。他知道不僅他身邊屬吏，而且布按衙門官員中都有不少寧王的耳目，因而謹言慎行，軍機大事左右都不得窺探。他還時常找機會規勸寧王，陳說大義，但寧王毫無悔改之意。他暗自觀察到按察副使許逵（1484～1519年）忠勇有謀，可以囑託大事，有事時便與他一起謀劃。

與他同年中舉的胡世寧此前向朝廷舉報反而獲罪，孫燧認為沒有確鑿證據，貿然上書朝廷毫無用處，打狗不成反被狗咬。他與許逵計議，以剿匪為名，備兵各地。許逵進士出身，而儀表脾性都似名將。他正德十二年（1517年）到江西當按察副使，一到就大捉寧王府庇護的羣盜。他認為這不僅僅是為了地方治安，還另有深意。

許逵跟孫燧說：「寧王敢為暴，是因為朝中有權臣撐腰。權臣為何給他撐腰？因為受了寧王的重賄。而寧王行的重賄來源於他豢養盜賊的搶劫。現今只要剿滅了盜賊，寧王便沒了錢行賄，朝中權臣便也不會再給他撐腰。」

孫燧深以為然，大力支持許逵剿匪。為了防備寧王強奪軍械庫，孫燧又將省城所貯兵器分運他處。寧王知道孫燧不好惹，便用對付此前江西地方官的方法，命人送他四樣果蔬。孫燧打開一看，是棗、梨、薑、芥，知道這是要他「早離疆界」的意思，故笑而不受。

寧王得知有匪首被孫燧所擒，擔心他們可能在拷問下泄漏他的計劃。四處打聽到孫燧將他們關在南康府城的牢房裏，便派王府護衛襲擊南康企圖營救。而這只是孫燧事先佈置好的一個計

謀，只等寧王派人來救，一則坐實他與賊匪串通謀反，二則也趁機抓住王府護衛幾個兵卒，收集可靠證據。於是，從這一年春天開始，他接連向朝廷遞送了七份關於寧王謀反的奏摺。錢功一再扣押、攔截這些奏摺。但還是有一兩封落到司禮監太監張忠手中。張忠與江彬密謀，正可以此擊垮錢功。恰在這時，南昌一幫無行士子拿了寧王好處，上疏保舉寧王孝行，說他居母喪期間如何如何禮儀有加。江西巡按御史等一些地方官也跟風上奏舉薦。皇上一見這些奏摺，滿臉驚詫：「百官賢達可以升官，寧王賢達意欲何為？他是想將我置於何地呢？」

於是張忠趁機密奏錢功、臧賢勾結寧王之事。東廠廠公張銳與首輔楊廷和也發現事態嚴重，紙包不住火，於是祕密商定，革除寧王護衛，以剪其羽翼。風聲一露，言官紛紛發難攻擊寧王。御史蕭淮上疏稱寧王「不遵祖訓，包藏禍心，招納亡命，叛形已具」。江彬、張忠看到此奏摺，大讚御史敢言。

江彬又指使給事中徐之鸞、御史沈灼各自上疏，揭發寧王將密探林華藏身樂工臧賢家中的不法行徑。皇上於是詔令張銳率東廠捕快去抄臧賢的家。林華聞訊從臧賢家牆壁裏的暗道逃走。雖然張銳沒有抓獲林華，但卻偵破臧賢家中的間壁機關：從外面看是上了鎖的木櫥，打開則是長巷，直通外街。佈局精妙，常人無法察覺。

皇上聽說臧賢家密室裏有間壁機關，大驚：「朕此前也曾去過臧賢家聽戲，就在此密室起居，不知牆上竟有間壁，間壁裏竟有暗探窺探，真是好險！」

事已敗露，江彬等人便在皇上面前建議，派太監賴義等攜帶敕書前往南昌革其護衛。皇上問內閣的意見，首輔楊廷和贊成革除王府護衛，但主張仿照「宣宗諭趙王故事」。趙王是明成祖第三子朱高燧（1383～1431年），是宣宗的胞叔。大哥朱高熾（1378～1425年）為太子時，趙王曾與二兄漢王朱高煦（1380～1426年）共謀奪嫡，後來還曾毒害成祖。等到仁宗朱高

熾駕崩，宣宗即位後，漢王起兵造反，宣宗出其不意，御駕赴山東樂安親征，將漢王一舉擒獲。這時在彰德的趙王得到消息，頗為不安。尚書陳山（1364～1434年）勸宣宗移師彰德，一舉擒下趙王，以除後患。大學士楊士奇（1365～1444年）卻建議，派遣駙馬都尉、廣平侯袁容，左都御史袁觀持敕書至彰德宣示，將漢王朱高煦招認曾與趙王通謀的口供及羣臣上書請削其護衛的奏摺等拿給趙王看。趙王大懼，乃請獻出王府護衛及羣牧所、儀衛司官校。宣宗命收繳趙王護衛，而退還儀衛司與他。

正德皇帝准楊廷和所奏。除太監賴義外，還增派皇上姑丈、駙馬都尉崔元和左都御史顏照壽一同前往南昌「戒飭」寧王。由於「戒飭」二字彈性甚大，崔元有點拿捏不好分寸，臨出發前還特地去向楊廷和求教。楊就拿「趙王故事」説給他聽，讓他變兵戎相見為皆大歡喜。

寧王原本只須交出護衛便可相安無事，但他接到林華的報告，聯想到的不是趙王故事，而是荊王故事。

荊王朱瞻堈（1406～1453年），明仁宗第六子，先封在江西建昌府南城。一日，他坐在王府中，猛然抬頭，恰好看到有條大蛇自梁間蜿蜒而下，正俯瞰王座，頓時嚇出一身冷汗，一病不起。於是多次請求徙封，終於在正統十年移藩湖廣蘄州。朱瞻堈的長孫名朱見瀟，天順五年襲封荊王。此人形同禽獸，怪他親生母親偏愛兄弟朱見溥，便將母親關起來，不給食物，竟活活餓死。召朱見溥入王府後園，用棍棒打死。將弟媳何氏縛綁入王府，強行姦污。後來他看到堂弟都昌王朱見潭的王妃茆氏長得頗有姿色，趁朱見潭外出，多次試圖姦污。朱見潭的母親馬氏防備甚嚴，不給他下手的機會。朱見溥大怒，抓住馬氏頭髮，用馬鞭狠狠地抽她。又用囊土壓死都昌王朱見潭，將其妃茆氏戴上刑具，綁入荊王府。朱見瀟的異母弟、樊山王朱見澢知道這些事後，驚懼不已，密奏朝廷。其時孝宗在位，遣太監蕭敬、駙馬都尉蔡震、都御史戴珊，前往蘄州，召荊王朱見瀟入京，幽錮西

內。後來查出其有謀反實跡，賜死。

此為弘曆七年間的故事，離此時並不算遠。蔡震一行往蘄州時，來去都取道南昌，因此荊王被擒，為寧王朱宸濠親眼所見。他以為崔元等人此次來南昌召他，也是照此行事。如果他奉召入京，則必死無疑，便決定興兵反叛。

卻說林華從臧賢家間壁逃出，一路喬裝改扮逃回南昌。這一天是六月十三，恰好是寧王的生日，大宴江西的文武官員。宴罷，林華面見寧王，稟報東廠如何在臧賢家抄家，朝廷如何要派太監來南昌問罪等事，其中少不了添油加醋一番，聽得寧王膽戰心驚，急召軍師劉養正來王府密議。

這劉養正幼時稱神童，以詩文見長，中舉後卻一直無緣進士及第。寧王以重金將其招至幕下，與唐伯虎等名士一道在陽春書院居住。後來唐伯虎察覺寧王有謀反之舉，裝瘋賣傻逃回了蘇州。而劉養正已鐵定一條心跟寧王謀反。他與寧王原來商定的計劃，是在六月十五日起事。因為這年是鄉試大比之年，六月十五日那天地方大僚要入闈監考，城防空虛，易於起兵。

一心想做「姚廣孝第二」的道士李自然，此前也在寧王面前出主意，說選在今年六月造反是天意使然。燕王朱棣舉兵造反是乙卯年，今年也是乙卯年，正好相差兩個甲子一百二十年。燕王於壬午月稱帝

改元為永樂，今年六月也是午月，也宜稱帝改元。他將要改的年號都給提前想好了：順德，意思是順天承德。還有，當年太祖朱元璋拜李善長（1314～1390年）為太師，劉伯溫（1311～1375年）為軍師，太師姓李，軍師姓劉。現今寧府太師、軍師也是現成的，而且一個姓李，一個姓劉，他說的是李士實（？～1519年）和劉養正。他這一番話，說得寧王甚為心動。李士實、劉養正聽罷，也是蠢蠢欲動。

劉養正聽了林華的一番話，認為事態緊急，非提前動手不可。勸寧王趁第二天布按都三司大僚入王府謝宴之際，先發制人，一網打盡。李自然說，這個也有出處，當年燕王也是在王府宴請朝廷派來的張昺、謝貴等官員時宣佈起事，並將府內叛變的葛誠、盧振一併處決。

寧王於是連夜召集大盜吳十三、凌十一、閔廿四等匪眾來王府埋伏，王府護衛也提前戒備。寧王又把李士實找來。李士實是江西南昌府新建縣人，原本是右都御史，與寧王是兒女親家，此前幫寧王陷害過檢舉他的胡世寧。後致仕回到江西，乾脆入了寧王幕府，被寧王奉為上賓。李士實頗迷權術之道，以姜子牙、諸葛孔明自詡。李士實聽了劉養正提前起事的計劃，覺得甚是突然，但也只好唯唯稱是。

第二天一早，鑼鼓喧天、張紅燃爆的寧王府早已殺氣騰騰，但江西地方文武官員不明就裏，仍由巡撫孫燧率領，魚貫而入，笑容可掬地謝宴。寧王朱宸濠端坐王座受禮後，便謊稱當今正德皇帝是太監李廣所抱民間棄子，非孝宗皇帝親生，他奉張太后密詔起兵討賊，共申大義。孫燧和按察副使許逵不肯就範，被拖至南昌惠民門外，斬首示眾。

任浙江巡按御史時曾幫寧王捉拿胡世寧的潘鵬，此時任江西兵備僉事。他率先叩頭，高呼萬歲。布政司參政王倫也跟着下拜。

原南安知府季斆此前跟着王陽明平賊有功而被保薦升任廣

西參政，帶着家小由水路赴任，行至省城，適遇寧王生日，也跟着來寧王府湊熱鬧，沒想到攤上這等大事。看到吳十三、凌十一、閔廿四等大盜帶着一幫匪兵突然將他們團團圍住，兇神惡煞的樣子，季敩真後悔沒有早點去廣西赴任。他看了看站在他旁邊的楊璋。楊璋因剿匪有功，此前也被王陽明保薦升為江西按察使。楊璋跟他四目相視，大汗直流，不敢出聲，也不知做甚才好。

吳十三看見季敩東張西望，用眼睛瞪了一眼他，把大刀架在他的脖子上。季敩嚇得趕緊拜伏，拜前還扯了一把楊璋的衣角。楊璋也只好跟着下拜。

左布政使梁宸、按察副使唐錦、都指揮馬驥彼此面面相覷，不知該說什麼。

寧王大喝：「順我者昌，逆我者亡！」

梁宸、唐錦、馬驥三人也不由得屈膝下跪。

鎮守太監王宏、巡按御史王金、右布政使胡濂、參議黃宏、奉差主事馬思聰等不肯附逆，都被奪去官印，打入大獄。黃宏、馬思聰二人在獄中寧死不屈，後來絕食七日而死。

南昌城內各衙門，盡為寧王叛軍劫收。寧王隨即稱帝，改年號正德為順德，任命吉暨、涂欽、萬銳等為御前太監，尊李士實為太師，劉養正為國師，王倫為兵部尚書，季敩、潘鵬等各有加封。凌十一、吳十三、閔廿四等大盜都被封為將軍。又向各地散佈推翻正德皇帝的檄文，使用江西布政使的印鑒和公文，傳檄各省布政司，鼓動一同舉事。

寧王將此前招攬的各方賊匪四萬餘人，與王府護衛，受脅迫屈從的按察司、都司衙門官軍合到一處，湊齊七萬餘眾，準備分兵掠地。

王陽明得知寧王叛亂，當機立斷，取消福建之行，留在江西戡亂。此時打前陣的水師來報，寧王已派快船數十艘溯江來追。此時王陽明麾下只有百餘名羸弱士卒，自然不敢輕易迎敵，

決定返回贛州，整頓兵馬再做打算。可是不巧的是，南風勁吹，船舶無法南行。

眼看追兵將至，眾人心急如焚。王陽明不慌不忙，命人取來香燭，親至船頭，焚香望北拜了三拜，口中念念有詞：「皇天若哀憫生靈，許王守仁匡扶社稷，願即反風。若天心助逆，生民合遭塗炭，守仁願投水自溺。」

他邊念邊掉淚，身邊的隨員看見此情此景也為之感動。祝禱畢，南風漸漸停了，不一會兒檣杆上小旗飄揚，已轉北風。眾人大喜，升帆行船。

船行約二十餘里，太陽下山。王陽明見官船過大，航速遲緩，便悄悄命人去找隻漁船。

漁舟靠近，眾人勸王陽明趕快登舟。王陽明看到諸夫人和幼子正憲留在官船上，心生猶豫。諸夫人提起長劍，大聲說：「都堂快走！不要擔心我們母子。萬一遇到賊人，我用這把劍可以自衛！」

在轉乘漁舟前，王陽明已換上便裝，將自己的官服冠冕脫下留在官船上，卻將官船舳前立着的青色羅傘收好帶走。充當幕賓的致仕縣丞龍光也隨王陽明一道下了官船。

一行人輕舟飛渡，旋即抵達臨江府府治清江縣。知府戴德孺（？～1523 年）出城相迎，將其接至府城中小憩，詢問對策。王陽明告訴他，臨江瀕臨贛江，與南昌相近，且居道路之沖，不可久居。戴德孺聽到此話，為之變色，不知所措。王陽明分析認為，寧王若出上策，應乘其銳氣，出其不意直趨京師，則宗社危矣。若出中策，則徑直攻取南京，大江南北也被他所害。但如果踞守江西省城，則勤王之師四面蜂擁而至，他則如魚游釜中，此是下策。現在各地毫無防備，勤王之師聚集起來也需要時間。因此當務之急是要用緩兵之計，將寧王拖在南昌。寧王未經戰陣，在王府養尊處優慣了，內心必有怯戰情緒。他讓戴德孺派人偽造一封由兩廣巡撫都御史楊旦發來江西各地的緊急公文，説是接到

兵部機密火牌：「都督許泰等將邊兵四萬、都督劉輝等將京兵四萬，水陸並進；南贛提督王守仁、湖廣巡撫秦金、兩廣巡撫楊旦各率所部，合計十六萬，直搗南昌。所至之處，有司備辦糧草供應，不足者以軍法論。」

戴德孺擔心寧王見此公文，未必相信。王陽明說，就算不信，也會生疑。只要他一遲疑，那麼就大勢已去。再等個十天半月，待各地勤王之師圍攏過來，便可關門打狗。

王陽明又讓戴德孺再擬一封致李士實、劉養正的信，封入蠟丸，嘉獎其歸誠之心，叮囑他們勸寧王早離南昌到南京。戴德孺依計安排可靠之人偽裝成驛傳公差，攜帶偽造公文和信件，專擇大路而去。

得知王陽明將坐船經贛江赴福州平亂，寧王派內侍官喻才率百餘追兵沿途來截。此時喻才乘快船已趕至豐城縣黃土腦，截住官船。諸夫人、王正憲等人藏在船艙夾層內。喻才擒住船家詰問。船家答說，王都爺走了好久了。

喻才來追之前，寧王曾交待說，王陽明有濟世之才，追到後要拉他入賬共謀大事，不可加害於他。得知王陽明已遁逃多時，喻才不敢貿然再追，只好取走王陽明的衣冠回去向寧王覆命。

王陽明從臨江出來，謝絕戴德孺給他找來的大船，仍坐輕快漁舟，沿贛江南去，不久抵達新淦縣。平日悉心操練兵馬的知縣李美邀他入城檢閱了城中枉山巡司和義兵。王陽明慷慨激昂地發表了一通訓話，勉勵他們加強軍備，準備打仗。

在新淦義兵營中匆匆用過午膳，王陽明提筆寫了一封回覆兵部的手抄文書。先敘述了朝廷的命令：許泰、郤永率邊軍四萬從鳳陽由陸路進攻，劉輝、桂勇率京兵四萬從徐州、淮安水陸並進，王守仁率兵兩萬，楊旦等人率兵八萬，秦金等人率兵六萬，定下日期，從四面夾攻南昌。緊接着他在該文書中建議：兵部的進軍方略是先發制人，但如果把寧王包圍在南昌府，一時難以消滅叛軍。不如各軍緩步進軍，只等寧王率軍離開南昌府，在前往

南京的路上，設下伏兵，攻其首尾，定能生擒寧王。

文書寫好後，交給龍光看。龍光看後，拍案叫絕。王陽明便將此文書交給李美，讓他找來兩名精幹小吏，將這些文書分成兩份縫到他們的衣袂裏，又給了他們不少盤纏，讓他們前往南昌，故意讓寧王的伏兵擒住，好讓這些文書落入寧王手裏。

李美見他舟車勞頓，便邀請他駐守縣城。王陽明謝絕了他的美意，直言此處固守還好，但是彈丸之地，不堪用武。

新淦之後江道漸寬，王陽明換乘了李美準備的大船，前往吉安府。六月十八日安然抵達吉安城下。此時城中已收到寧王叛亂的消息，全城戒嚴，城門緊閉。王陽明見狀，便令手下高高擎起提督羅傘。城中守禦千戶大喜，打開城門，將他們一行迎了進去。看到此情此景，龍光等人這才由衷佩服王陽明臨危不亂，遊刃有餘。

吉安知府伍文定本是王陽明南贛剿伐桶岡、橫水、浰頭賊匪時的部下，有勇有謀。他是湖廣松滋人，弘治十二年進士，體力過人，能騎善射，與人辯論起來慷慨激昂。他在江蘇常州任推官時，判決獄訟果斷敏銳。魏國公徐俌與民爭田，經伍文定勘查，最終不畏權貴，將田判歸百姓，因而被人讚為「強吏」。

寧王造反的消息傳至吉安，吉安士民爭相逃難，城門口一片大亂。伍文定怕後方動搖，人心不穩，聞訊趕至城門之下。於亂民中當場斬殺一人，懸首示眾，亂相方才制止，民眾各自歸家。伍文定吩咐守城官兵封鎖迎恩門、煥文門、魁聚門、永豐門、嘉禾門等五座城門，嚴防寧王派兵偷襲。

聽說王陽明到了吉安，他立刻從府衙打馬趕來魁聚門謁見，將他們一行接至府學安頓。王陽明本想馳奔贛州徵集士卒，伍文定卻請王陽明坐鎮吉安發號施令，不必返還贛州。王陽明眼見吉安士卒糧草充足，居南昌與贛州之中，進可攻南昌，退可守贛州。吉安府雖不是他提督南贛汀漳的轄地，但他手持八面王命旗牌，可便宜行事，便也不推辭，決定留駐吉安。一邊向朝

廷飛報寧王謀反之事，一邊動用朝廷賜他的王命旗牌，徵調江西吉安、南安、贛州等府及湖廣、福建、廣東鄰省官兵，合軍一處征討叛軍。並行文周邊各縣，闡明大義，招募義兵，一時應者雲集。

料想寧王將出兵襲奪南京，王陽明又向南京的各軍衛發出諮文《預行南京各衙門勤王諮》，邀請各軍衛出兵勤王。請南京操江提督率舟師在沿江設伏，從東往西進軍。又約西面湖湘水師，從西往東沿江而下。他自己率大軍由南往北，攻擊叛軍，牽制其後。他很有信心地在諮文中說：「以義取暴，以直加曲，不過兩月之間，斷然一鼓可縛！」

與此同時，他派遣龍光前往吉安府安福縣，將劉養正的妻女請到縣城盛情款待，並讓其家屬把這個消息傳遞給南昌的劉養正，令寧王對劉養正起疑。又派心腹祕密拜訪李士實家，對其家人說：「王都爺不過只是奉旨行事，徵集一下士卒，做做表面文章罷了。既沒有想過干涉寧王之事，也沒有考慮過戰爭成敗，並非打算要與寧王為敵。」

寧王自然都得知了這些事，被王陽明的這些計策耍得團團轉，左右為難，舉棋不定。

七月一日，王陽明發出《調取吉水縣八九等都民兵牌》，特派龍光前往平素便以習武尚義著稱的吉水縣八都、九都，組織民兵義軍。他在此牌文中稱：「寧府未叛之前，尚為親王，人不敢犯；今逆謀既著，即係反賊，人人得而誅之，復何所憚？爾等義民，正宜感激忠義，振揚威武，為百姓報仇泄憤，共立不世之勳，以收勤王之績……」

他又專門發出牌文《牌行吉安府敦請鄉士夫共守城池》，邀請居住於吉安府各縣、都中的名士俠客，協助官軍守城。聽說吉安府居住着正德八年致仕的前福建按察使劉遜，是位身負才望、忠勇奮發之士，王陽明命人以賓師之禮將他延攬至軍門，為軍機事宜出謀劃策。王陽明的倡議，激起吉安一帶名士積極反響，不

少勇士壯丁踴躍參軍，甚至出現父子從戎、兄弟投軍的壯舉。王陽明對此十分欣慰。

吉安是南宋民族大英雄文天祥（號文山）（1236～1283 年）的故鄉。正德十三年（1518 年），伍文定與廬陵知縣邵德容一道重修了文山祠，還邀請王陽明寫了篇《重修文山祠記》。王陽明認為，文山先生祠是吉安風化之所繫，重修祠堂不只是改觀廟貌，更是喚起大家的忠孝之心，對崇尚名教、傳承國魂，也是十分有益。所以說：「忠義有諸己，思以喻諸人，因而表其祠宇，樹之風聲，是好其實者也。」又說：「以氣節行義，後先炳耀。」王陽明讓人在文山祠裏擺上孫燧、許逵二位的神主牌位，以官府的名義在文山祠舉辦一個隆重的祭祀儀式。王陽明率眾祭祀文天祥的同時，也祭奠孫、許二位當世英雄。

李士實、劉養正原本建議寧王朱宸濠立刻由湖廣蘄州、黃州出兵，直搗北京。不然的話，就沿長江南下，奪取南京。但朱宸濠此時截獲王陽明故意放出的驛傳所攜公文，上面寫着朝廷已發十六萬各路大軍大舉來攻，便猶豫不決，坐鎮南昌，一味堅守。只派他的內弟婁伯攻打南昌東南的進賢縣，因兵器不足，出師不利，婁伯被進賢知縣劉源清所斬。孫燧、許逵此前將省城軍械庫分發各地，此時才顯深謀遠慮。

這時，李士實、劉養正又來勸朱宸濠速去南京，正式登基，號令一方。李士實說，朝廷剛派遣駙馬來江西，怎麼會遽然發兵？這肯定是王陽明的緩兵之計。寧王現在揹負反叛之名，如果不風馳雷擊，而困守一隅，等到四方兵集，必被圍困。劉養正也說，現在應該分兵一支，打九江府。若得此府，內有二衛兵馬可以調用。再分兵一支，打南康府。陛下應仿成祖舊制，親率大軍直趨南京，先即大位。天下必有貪富貴的人，紛紛來歸，大業指日可定！

而朱宸濠此前已收到王陽明偽造的書信，裏面除了說李、劉二人的歸誠之心可嘉外，便是要他們勸寧王早離南昌去南京。

他有了信中的先入之言，便對二人起了疑心，在南昌仍是按兵不動，觀望各方動靜。

直到七月初，才知道所謂邊兵、京兵及三省會剿之說，全屬子虛烏有，這才發佈檄文，聲討朝廷，主動出擊，北上掠地。而這十幾天的工夫，王陽明已完成了初步的戰略部署，江西和長江一帶府縣也加強了防守。

七月一日，朱宸濠派本藩宗親宜春王朱拱㭤與內監萬銳留守南昌，命凌十一、吳十三、閔廿四率軍順流而下往北攻南康。南康知府陳霖逃走，城池陷落。之後，叛軍又攻九江，九江知府汪穎、知縣何士鳳、兵備副使曹雷也望風而逃。吳十三、閔廿四分別屯兵於南康、九江，派人報捷。

朱宸濠聞訊大喜。這時探子來報，王陽明正坐鎮吉安府屬兵秣馬。朱宸濠便吩咐季敩前往吉安招降。季敩知道王陽明不好對付，但也只好硬着頭皮去趟吉安。一路上有南昌府學教授趙承芳等十二人跟隨，隨身攜帶寧王發佈的檄文。而在此之前，王陽明下令，讓各路的領哨官但凡看到有寧王府的人路過，不問身份，立刻捉拿至軍門審問。

季敩等到達墨潭附近時，被千戶蕭英擒獲，將其與趙承芳等，連同所攜檄文帶至軍門前。王陽明一看檄文，不寫正德年號，只稱大明己卯歲。得知手下將季敩抓獲，不禁慨歎道：「忠臣孝子與叛臣賊子，只在一念之間。季敩此前立功討賊，便是忠臣。今日奉賊驅使，便是叛臣。為舜為跖，毫厘千里，真是讓人扼腕歎惜！」

季敩被押至王陽明面前，羞愧滿面，無地自容，將如何途經南昌赴任，隨眾謝宴，寧王又如何威逼利誘，自己被囚獄中一股腦全說了。

王陽明念及他此前助剿有功，又跟他是浙江同鄉，便說服他歸順朝廷，潛伏在朱宸濠身邊，有重要軍情，差心腹之人來報。

王陽明見朱宸濠遣人四處招降，為防他派手下襲擊遠在浙江紹興的父老親屬，便派人走小路回鄉送信，將寧王叛亂之事告知父親王華，順便將諸夫人和正憲送回老家安頓。紹興那邊有人也勸說王華，讓他暫且避難，以免寧王派人來尋仇。但王華泰然自若，答說：「我兒以一支孤軍急君上之難，我作為國家舊臣，如果先逃走了，此地老百姓怎麼看我？」王華還與府縣官員商議整備兵糧，謀劃守城之策。

朱宸濠見季敦折翼而歸，大罵王陽明不識好歹。又問季敦王陽明那邊有何動靜，是否有準備出兵的態勢。季敦答說，吉安一帶風平浪靜，營中也只有些老弱殘兵，只可自守。

朱宸濠對季敦的話深信不疑，料想王陽明不敢率老弱來攻南昌。七月三日，朱宸濠與「左右丞相」李士實、劉養正自率水軍六萬，號稱十萬。以劉吉監軍，王綸參贊軍務，葛江為「都督」，楊璋、潘鵬、季敦等降官隨行。水軍分為五哨一百四十餘隊，搭乘戰船千艘出鄱陽湖。蔽江東下，攻打安慶。欲從安慶再東下攻取南京。

安慶上溯武昌，下抵南京，為腰脊之地。長江有事，每為戰守要塞。一旦安慶失守，南京門戶洞開，叛軍將直抵南京城下。而更有甚者，浙江鎮守太監畢真，此前任江西鎮守太監時與寧王就有勾結，當時已準備起兵響應，贛、浙兩路夾攻南京。一旦叛軍奪取南京，以其城堅池深，守可憑城頑抗，進可侵掠大江南北。

七月七日，朱宸濠帶着妻妃、姬妾、世子坐中軍船上，親自指揮攻城。

安慶知府張文錦（？～1524年）、都指揮楊銳（1471～1532年）、指揮崔文令軍士鼓譟登城大罵叛軍禍國殃民。當時南康、九江相繼陷落，遠近驚駭。張、楊、崔三人踞守孤城，以忠義之士卒誓死固守。叛軍攻城十日之久，遭遇城中頑強抵抗，相持不下。

潘鵬是安慶人，跟張文錦有舊。朱宸濠便令他派其兄潘鯤拿着書信和重禮入城招降。張文錦令崔文親手斬殺潘鯤，將其碎屍投至城下。

朱宸濠還不死心，又令潘鵬至城下遊說，潘鵬點名要見張文錦。張文錦坐在城樓之上，一邊飲茶，一邊質問潘鵬：「王都堂前有牌面來，吩咐緊守城池，大軍不日且至。潘僉事乃國家憲臣，為何為反賊傳話？」

潘鵬面有慚色，答道：「寧王殿下率大軍十萬，旌旗蔽天，豪氣沖雲，天命所歸。安慶小城，安能守得住？」

張文錦笑道：「寧賊有本事，來打安慶城便了！」

潘鵬不死心：「你且開城門，放我進來，有話商量。寧王還備有厚禮。」

張文錦答道：「要開門，除非寧賊自來！」

潘鵬還要費話，崔文在旁站立，拉弓搭箭，欲射潘鵬。潘鵬拔腿就跑，才留住性命。

張文錦等潘鵬走了，仍是怒不可遏，親率兵卒來至潘鵬家中，將其全家老少誅殺殆盡。

朱宸濠勃然大怒，叫囂要將安慶城殺個雞犬不留。揮師猛攻安慶城樓，極盡各種攻擊之術，都不能奏效。李士實勸他順江而下，速往南京即大位。不可在此耽擱太久，錯失良機。

第二日，朱宸濠命令船隊準備繞過安慶，直下南京。楊銳在城頭看到叛軍異動，便明白了其意圖，他知道如果叛軍直奔南京，便成大勢，東南一隅危在旦夕，眼下必須設計將叛軍拖在安慶。他命人在城頭四角豎起寫有「剿逆賊」三個大字的旗幟，讓軍民環立城頭，向城下齊聲吶喊：「宸濠反賊，膽小如鼠！宸濠反賊，屁滾尿流！」

朱宸濠立在船頭，正準備東去。聽到牆上叫喊，怒不可遏，於是下令攻打安慶城西側城郭，包圍正觀、集賢二門，要取楊銳首級，再往南京不遲。李士實早上聽說大軍將東下南京，心

花怒放。突然又見舟師停而不發，問清緣由，急忙趕到旗船來見朱宸濠，含淚勸道：「陛下要以江山社稷為重，切不可逞匹夫之勇！」

朱宸濠一聽，大怒：「你竟敢罵我是匹夫？！」

李士實自知失言，不敢作聲。

朱宸濠對其部下說：「一個安慶，且不能攻下，又怎能想着去攻南京呢？」於是親自運土填塹，發誓不拿下安慶不罷休。

安慶城池堅固，張文錦、楊銳、崔文料理已久，積聚大量炮石及守城器械。此時軍衛士卒不足百人，守城者都是民兵。城中民戶，全民皆兵。合家上下調發，老弱婦女，也令協防。登城者必帶一兩塊石塊，城牆上石積如山。又值盛夏，在城上置起幾口大鍋，煮茶解渴。叛軍攻城，就投石擊之，或澆以沸湯，叛軍死傷者眾，不敢靠近。

叛軍搭起雲樓，欲倚高攻城。城中守軍便建起數十座飛樓，從高處放箭，致使雲樓上的叛軍非死即傷。等到夜晚，楊銳招募一批敢死之士，從城牆上順繩而下，偷偷焚燒叛軍雲樓。

叛軍又建起幾十架雲梯，寬達二丈，比城牆還高，在上面鋪上木板，前後有門，中間藏有伏兵，攻向城壁。而城頭軍民則往一束束蒿草上倒上油脂，點燃一端，等到叛軍雲梯架到牆上，便將蒿草束扔下，叛軍雲梯都是乾燥木頭所造，着火即燎，藏在雲梯中伏兵多被焚死。

楊銳令人將大量勸降書射入叛軍營中，勸他們自行解散。叛軍兵卒互相傳話，人心不穩，不少兵卒乘機逃走。

楊銳又招募英勇之士，夜劫叛軍軍營，縱火焚燒其糧草輜重。叛軍大亂，拂曉時分稍安。但受此驚嚇，鬥志全無。

七月十五日，王陽明大集義師於臨江府清江縣的樟樹鎮，此處離南昌府豐城縣僅六十里。吉安府知府伍文定，臨江府知府戴德孺，袁州府知府徐璉（1468～1544 年），贛州府知府邢珣，瑞州府通判胡堯元、童琦，撫州府通判鄒琥等各引府中所轄十餘

縣義兵報到，總數八萬，號稱三十萬。

這時原內閣次輔費宏的堂弟費采率一支幾百人的義軍隊伍從小路趕來與大軍會合。得知寧王反叛，費宏與費采在家鄉祕密拉起一支義兵，還為鄰近各府縣義軍出謀劃策。聽說王陽明在贛南調集各地人馬，費宏便派費采率兵前來助戰，並帶來了他對當前軍事形勢的意見，勉勵各路勤王義軍奮勇殺敵。

王陽明當場向眾將士宣讀了費閣老慷慨激昂的書信，義軍上下齊聲歡呼，備受鼓舞，同仇敵愾，眾志成城。

此前，考慮到鄱陽湖周邊的水夫已大多被叛軍徵集調用，王陽明還特意給福建布政使發去《預備水戰牌》，調集漳州府海澄縣一萬名水手士卒，編成水戰部隊。因先前收到過叛軍沒收農民運糧船的報告，王陽明向吉安府發出命令，下令將糧米暫時收藏保存到府內穀倉或寺院內的糧倉，在叛軍徹底平定之前，中斷糧米貿易。

王陽明在轅門外築起一壇，本準備第二天一早以提督都御史名義立於壇上，給各路大軍發號施令，卻因積勞成疾病倒在牀。過了兩天，王陽明病情稍有好轉，在豐城邀各路將領商議下一步行軍戰略。至於進兵方向，是救安慶，還是攻南昌，大家眾說紛紜。當時義兵初至，士氣旺盛，多數人主張救安慶。王陽明卻認為，如果繞過南昌沿長江東下，與寧王對峙江上，安慶城中之兵，僅能自保，又無舟師，必不能援我於長江之上，夾攻之說不能成立。如果去救安慶，南昌賊兵便在義軍之後。一旦絕我糧道，南康、九江之賊兵又合勢乘機從長江上游順流而下襲擊義軍，義軍便會腹背受敵。義軍新集氣銳，若攻南昌可一舉攻克。寧王聽說義軍攻南昌，必解安慶之圍，還兵自救。等他來時，義軍早已攻克南昌，城頭易幟。他一見這情況，必定氣急敗壞，首尾牽制，寧王可一舉擒獲。王陽明此策，有如兵書上的「圍魏救趙」。

王陽明下令，以伍文定為先鋒，率大軍攻南昌。各路大軍

齊集一處，分成十三哨，每哨自一千五百人至三千人不等。以七哨各攻南昌七道城門，另餘六哨，作為游擊，外圍策應。緊接着又下了一道極嚴厲的軍令：一鼓附城，再鼓登。三鼓不登，誅。四鼓不登，斬其隊將！

王陽明又給南昌府奉新縣、靖安縣兩位知縣劉守緒、萬士賢發出密令，要他們趕在大軍對南昌發動總攻之前，各率精兵三千祕密趕到南昌西山墳廠一帶設伏。一則防止大軍攻城時，叛軍由小道偷襲，二則堵住城中潰逃叛軍去路。

為了安撫南昌城內民心，王陽明擬了一封《告示在城官兵》，聲明攻擊目標僅為發動叛亂主謀，也是為了解救平日遭寧王虐政的百姓。總攻當天，王族相關者閉門留家，尋常百姓與平日生活無異，勿驚慌，勿助逆。軍兵繳械歸順。並敦促叛逆者投誠自首。《告示》擬好後，讓人印了許多份，潛送到城中分發。

一切準備就緒，就等發兵總攻。就在此時，王陽明接到諜報，朱宸濠當初出兵時，將三千兵卒埋伏在城外新舊墳廠一帶，以備南昌城危機時增援。王陽明便派遣奉新縣知縣劉守緒，同千戶徐誠領精兵四百，從小路夜襲，出其不意，給伏兵來了個甕中捉鱉。伏兵一時潰散，齊奔南昌城來。官軍還沒總攻，就打了個勝仗，先聲奪人。城內叛軍驟聞王都堂兵至，殺散伏兵，人人驚駭。傳相告語，都有畏避之意。

十九日，王陽明召集各路大軍在南昌城南七十里處的市汊集合，誓師發兵。在出發之際，又下令當眾斬殺了數名不願聽從命令的士卒，以儆效尤。但實際斬殺的，是之前跟隨季敩前來送檄文的叛軍旗校。

第二日清晨，總攻開始。聽到鼓聲，伍文定身先士卒，率兵卒向城牆進逼，一路高聲吶喊，殺聲震天。攻城雲梯架到城牆上，一聲令下，義兵踏軟梯而上。城上守卒，不是望風而逃，就是臨陣倒戈。有幾個城門居然未關，一推就開。天還未大亮，南昌便已光復。

官軍一舉擒獲留守南昌的宜春王朱拱欘及其三子、四子，寧府內監萬銳等叛黨共千餘人。寧王眷屬百餘人深居寧王府中，聽說南昌城破，放火自焚而亡。府中大火蔓延到城內百姓家中。王陽明急令各哨分頭滅火。

由於各地義兵軍紀不一，贛州、奉新一帶來的，多為投誠的山賊流寇，打仗驍悍，但也惡習不改，喜歡打完勝仗，燒殺搶掠。此時城中又有大火，更是趁火打劫。王陽明得知這一情況，當機立斷，迅速派出親兵營前去執法，拿不守軍紀的當街殺了幾個，才扭轉亂局。又以提督軍務都察院的名義遍貼安民告示。告示中說，如果是受寧王脅迫才跟從謀反的，免去死罪，而對於斬殺叛軍首腦歸順之人，重重有賞。以此撫慰居民，人心始定。

火勢稍定，伍文定等人將此前被寧王脅迫而聽命的諸官，前右布政使胡濂、前參政劉斐、前參議許效廉、前副使唐錦、前僉事顧鳳，以及南昌府知府鄭瓛、同府知縣何繼周、通判張元澄、南昌縣知縣陳大道、新建縣知縣鄭公奇等，押至王陽明臨時駐紮的布政司堂前。諸降官跪倒在地，羞愧難言。王陽明見這些昔日同僚，而今成了階下之囚，心中不忍，便吩咐手下將他們提去監所，畫押候審，待請旨發落，切不可為難他們。又令中軍官將叛軍此前搶奪的各大小衙門、衛所官印九十六個押收入庫，妥善封存。

南昌失守的消息傳來時，朱宸濠正在安慶城下，親自督兵填壕塹，期在必克。得知南昌城破、留守的宜春王被擒、寧王府眷屬縱火自焚，朱宸濠頓時方寸大亂，放棄攻安慶，親率大軍去奪回南昌。

南昌的義軍又有了兩派主張。一派主守，一派主戰。主守的認為，叛軍失去老巢，憤怒異常，將會銳不可擋。俗話說「哀兵必勝」，又說「怒兵不可與其爭鋒」。不如堅壁清野，踞高牆深塹，避其鋒芒，待消磨其銳氣，再擊而潰之。主戰的認為，城中叛軍耳目眾多，怕裏應外合，不好對付。王陽明贊成主戰一

方，但卻認為他們沒有說到點子上。他認為叛軍兵力雖強，但所到之處燒殺搶掠，脅眾以威，民心已失。此外，寧賊掌控叛軍部下全憑封官進爵的空頭許諾，其部下兵卒多是養尊處優的寧府府兵和只會欺凌百姓的賊匪，未曾見過堂堂之陣、正正之旗，更沒遭遇過能決一死戰的大敵。現在前有安慶堵其去路，進不能進，後有南昌老巢覆滅，退又不能退。士氣一定不振，離心離德，只要以精兵良將進擊，將不戰而潰。「所謂先人有奪人之心也。」[1]

於是決定兵出南昌，在鄱陽湖上迎擊叛軍。這時，恰好撫州知府陳槐、進賢知縣劉源清也提兵趕到。王陽明便派遣伍文定、邢珣、徐璉、戴德孺各領五百精兵，分道並進，擊其不意。遣余恩率兵四百，往來湖上誘兵深入。又遣陳槐、胡堯元、童琦、劉源清等十二人各引兵百餘人，四面張疑設伏，靜待時機，給伍文定等人打掩護。

大戰在七月二十三日夜間打響。王陽明接到諜報，說叛軍已由長江返回鄱陽湖，船帆遮蔽江面，前後連綿數十里。朱宸濠的中軍在南昌西北六十里一處名叫「樵舍驛」的地方紮了水寨。

王陽明以伍文定為先鋒，率兵乘夜正面急進，余恩為後隊，緊隨其後。邢珣繞出敵後，以擊其背。戴德孺、徐璉則攻其兩翼。

二十四日清早，北風大起。朱宸濠披着戰袍，站在巍峨的樓船之上，瞭望遼闊的鄱陽湖面，上千艘戰船旌旗飄揚。道士李自然說，當年明太祖平定江南的最關鍵一戰就是在這鄱陽湖消滅陳友諒，而今在這鄱陽湖上與王陽明決一死戰，將會是歷史重演。

朱宸濠聽罷大喜，揮師盡出樵舍驛，在南昌正東三十里的黃家渡與義軍相接。叛軍盛氣挑戰，率先發動攻擊，伍文定與余

1　《左傳·文公七年》。

恩佯裝敗退。對方不知是誘敵之計，擂響戰鼓，順風追擊。湖面寬闊，叛軍之船爭相前沖，顧頭不顧尾，前後脫節，後路空虛。邢珣抓住有利時機，率軍從側面展開突擊，插入敵陣中心，叛軍陣勢大亂。伍文定和余恩回軍反擊，再加上徐璉、戴德孺從兩翼同時側攻，四面伏兵齊起，喊殺震天。叛軍被打得措手不及，落荒而逃。

官軍乘勝追擊十餘里，擒獲斬殺叛軍兩千多人，落水而死的叛軍更是上萬。朱宸濠不得已將叛軍主力從位於南昌東北、鄱陽湖濱的嬰子口撤出，退守八字腦。八字腦在鄱陽湖東岸，歸饒州府管轄，東面距離府治三十里。至此，叛軍已由鄱陽湖西岸退至東岸，整個湖面幾乎都在義軍控制之下。

當晚，朱宸濠乘坐旗船，停泊於黃石磯，問手下水兵：「此地何名？」水兵答說：「黃石磯。」因南方人謂黃為王，黃石磯與「王失機」諧音。朱宸濠正在氣頭上，覺得此地名不吉利，便拔劍斬殺了此水兵。叛軍見兵敗，許多紛紛散匿逃亡。朱宸濠連忙派人趕往九江、南康調兵增援。

這一天，建昌知府曾璵（1480～1558年）等率兵趕到。王陽明接到叛軍從九江、南康兩城調援兵的消息，心想賊兵已撤，二府空虛。九江、南康不收復，則道路梗阻，湖廣援兵不能到達。於是令撫州知府陳槐率兵四百，與饒州知府林珹合兵一處攻九江，曾璵率兵四百，與廣信知府周朝佐合兵一處攻南康。

二十五日，朱宸濠不甘心遭遇大敗，在八字腦發佈賞功令：「當先者千金，被傷者百金。」這一天北風更甚，朱宸濠叫囂：「天助我也！」下令乘風出擊。

伍文定的先頭船隊因風勢不利陷入苦戰，接連數十名士卒戰死，不少士卒被迫後退，陣腳有動搖之勢。眼看就要招架不住，敗下陣來，王陽明急令中軍官持提督長劍，趕至軍前。當場斬下退卻者的頭，並頒佈提督軍令，再有退卻，立斬知府伍文定人頭，以儆效尤。同行的諸幕僚一聽此令，皆驚懼不已，在旁勸

説對伍知府不要太為苛刻。王陽明道:「賞罰分明,乃兵家常事。狹路相逢勇者勝,兩軍對峙最講氣勢。主將退一步,士卒便會退十步。氣一泄,便一潰千里,不可挽回了。」

見到王陽明的令狀,伍文定也大吃一驚,於是手持武器,身先士卒,立於船頭激勵士卒,冒着叛軍炮火,指揮兵船逆風前進。叛軍炮銃打來,他的鬍鬚着火,依然屹立不動,奮督各兵,殊死並進。見此情形,義軍上下,同仇敵愾,決一死戰。一炮正好打到朱宸濠的座船,船身被擊破,閔廿四也在炮擊中當場喪命。朱宸濠大為震驚,趕緊換船敗走。這一仗,共擒獲斬殺叛軍兩千餘人,溺水死者,不計其數。

朱宸濠收集殘軍,退守樵舍驛。他坐在旗船之中,問羣臣有何退敵良策。季敩乘機獻策説,此役我軍溺水死者,比戰死還多。皆是因為風大船小,立足不穩。敵軍四面來攻,我軍也不能照應。若能將舟船相連,穩如城池,船中還可跑馬,首尾也可照應。朱宸濠認為季敩説得有理,便下令連舟為方陣。季敩心中竊喜,暗自派出親信將此消息告訴王陽明。

朱宸濠心想「重獎之下,必有勇夫」,便將攜帶的全部金銀拿了出來,犒賞士卒。叛軍將士見錢眼開,嘴上都發誓跟隨王爺血戰到底,其實內心早就打算拿了錢趁機溜號跑人。

王陽明得知朱宸濠連舟,心中暗喜:這寧賊難道沒有聽説過火燒赤壁的故事?當晚便吩咐伍文定等人暗自籌備火攻器具。邢珣擊其左,徐璉、戴德孺出其右,余恩等各官分兵四伏,等到火攻開始,就一齊發動攻擊。

二十六日,朱宸濠召見羣臣,叱責楊璋、潘鵬等投降他的三司各官沒有出死力,只是坐觀成敗,並揚言要抓出幾個人來問斬。楊璋等人紛紛為自己開脫辯護。正在爭論未決之際,四面傳來義軍的喊殺聲。原來伍文定率兵駕着裝滿乾柴硫磺的幾十艘輕快小舟,箭一般飛快駛近叛軍方陣。趁着風勢,四處放火。叛軍船隻接連起火,大火燒到了朱宸濠的副舟。一時濃煙靄靄,紫焰

蔽日，烏雲遮天。叛軍被火海包圍，亂成一團，個個心驚膽寒，魄散魂消，撇鼓丟鑼，投戈棄甲。樓船快艇，一霎間變成火焰，旗幡劍戟，頃刻間化作灰塵。

潛伏於鄱陽湖蘆葦叢的義軍，見火光四起，一齊沖出，殺往敵船。朱宸濠及王春、吳十三等叛軍首領皆被義軍擒獲。婁妃與眾妃嬪跳入鄱陽湖溺水自盡。

此一役，義軍共斬殺叛軍三千餘人，落水而死者三萬餘人。元兇首惡，無一得脫。叛軍的衣服、武器、財物和漂浮的屍體遍佈方圓十餘里湖面。

王陽明在眾將簇擁之下，登上旗船，眺望波光萬頃的湖面和獵獵招展的戰旗，意氣風發，心潮澎湃，寫下一首七律《鄱陽戰捷》：

> 甲馬秋驚鼓角風，旌旗曉拂陣雲紅。
> 勤王敢在汾淮後，戀闕真隨江漢東。
> 羣醜漫勞同吠犬，九重端合是飛龍。
> 涓埃未遂酬滄海，病懶先須伴赤松。

二十七日，義軍收復九江、南康。

撫州知府陳槐與饒州知府林城合兵攻打九江，朱宸濠任命的偽太守徐九寧見陳槐部人馬稀少，便率兵出城迎戰。陳槐提一把大刀沖上陣前，大吼一聲，把徐九寧座騎驚得亂跳。陳槐趁其立足未穩，手起刀落，徐九寧首級滾落馬下。

九江知縣何九鳳在叛軍當初攻城時，原本已經逃走。後來又潛回城中，祕密組織舊部和忠義之士，張貼推翻叛軍的傳單，偶爾在叛軍背後放些暗箭，讓叛軍防不勝防，苦不堪言。這時，聽說義軍打回來了，何九鳳率敢死之士出其不意，奪取岳師門，打開城門，迎接義軍入城，城中叛軍聽聞城門已破，哪還有心思戀戰，四處逃散，皆被義軍掃平。

建昌知府曾璵與廣信知府周朝佐率兵攻南康，剛逼近城

門，城中百姓一擁而上，殺掉偽太守陳賢。義軍幾乎兵不血刃，將南康城拿下，叛軍餘孽或降或逃。

王陽明大喜，當即下令全軍返回南昌。南昌城內數萬軍民傾城圍觀，歡天喜地。叛軍頭目都被拘禁於囚車裏，唯獨朱宸濠可乘馬入城，見行伍整肅，排列在街道兩旁，他回頭對旁邊的王陽明笑道：「此我家事，何勞先生如此費心？」

進到城內，見他十年苦心經營的南昌城，半個月工夫改天換地，朱宸濠已有悔意，問王陽明：「王先生，我欲盡削護衛所有，可否降為庶民？」

王陽明凜然答道：「有國法在。」

朱宸濠於是俯首不言。良久，慨然長歎一聲，對王陽明鄭重其事地說：「昔日紂用婦人言而亡天下，我以不用婦人言而亡其國，今悔恨何及！」他懇請王陽明派人收殮婁妃。婁妃乃名儒婁諒之女，此前一直苦諫，朱宸濠不聽。鄱陽湖水戰後婁妃投水而亡。

王陽明十八歲時與新婚妻子諸夫人結伴由南昌返回家鄉餘姚，途經上饒，專程拜訪過婁諒。婁諒當時就勉勵他說：「聖人必可學而至。」這句話無異在少年陽明心中點亮了一盞求聖的明燈。他一直將這句話銘記在心，並孜孜以求。

他派出中軍官與寧王府中一名差人前往婁妃投水處搜尋，果然找到一具女屍，衣着華貴，以布帛裹身，用絲線密密縫固，看來早就做好了不被亂兵所辱，投水自盡的打算。寧府差人一眼就認出這正是婁妃。王陽明令人將她裝殮好，仍以王妃之禮葬於湖口縣城外。

王陽明率大軍凱旋至南昌後，向朝廷奏捷，並懇求朝廷對跟隨自己奮戰的各將官論功行賞。他沒有忘記在奏疏裏將平叛的功勞歸於對自己有知遇之恩的兵部尚書王瓊，濃墨重彩地寫了幾筆他如何運籌帷幄、如何指揮若定的事跡。他本想把致仕閣老費宏不懼寧王迫害，參贊軍務，組織義軍的功勞也上報朝廷，但被

費宏婉言謝絕。

八月三日，福建按察司整飭兵備兼管分巡漳南道僉事周期雍（1479～1551年）率領上杭等地軍兵五千餘名和海滄的三千餘名水兵冒着酷暑，趕在江西之外其他省份的援軍前面到達南昌城外。

他為何行動如此神速？原來在寧王叛亂前一年的冬天，周期雍曾因公事到贛州拜訪過王陽明。王陽明見他性情耿直有正氣，便私下告知他，寧王謀反之舉日顯，雖贛州方面有所準備，但因江西地界寧王耳目眾多，有些事不便大張旗鼓。而福建地域，寧王鞭長莫及，正可暗中佈置。周期雍回到上杭，便暗中招募驍勇之士，整備兵器，勤加訓練，以防江西有變。

已致仕回到福建莆田閑住的原刑部員外郎林俊（1452～1527年）得知寧王叛亂，立刻命人仿造葡萄牙人的「佛郎機銃」記錄火藥配方，命兩名僕人避開叛軍，沿小路日夜兼程，也於八月三日這一天，將上百支佛郎機銃送至南昌軍營。林員外比王陽明年長二十歲，為何如此拼盡全力前來助戰？這中間也有一段故事。當年王陽明父親王華考中狀元，留任京師，將年邁的父親竹軒公接至北京盡孝，年僅十一歲的王陽明也隨祖父一道進京。這時，王家與林家在北京恰好是鄰居，往來親密。王陽明算是林俊的世姪，林俊心想，世姪有難，焉有不助之理？

得知寧王叛亂爆發，冀元亨立刻從老家常德出發，一路潛行，趕往江西。恰好也在八月三日這一天，回到了恩師王陽明的身邊。

周期雍、林員外的僕人以及冀元亨看到南昌城內秩序并然，仗已打完，都後悔來晚了幾天，錯過一次效力的機會。

兩天后，席書率領二萬士兵也風塵僕僕地從福建趕來。王陽明龍場悟道後，時任貴州提學副使的席書對他執弟子禮。寧王叛亂時，席書任福建左布政使。他接到王陽明發出的調兵勤王牌文後，緊急召募士兵到江西參與討伐，可惜也來晚了。

當時雖已生擒朱宸濠，叛軍餘部也已基本肅清，但王陽明心中感激他們的勇略多謀、兼程赴難，同樣對他們進行了嘉獎，並感慨道：「林員外在莆田，周期雍在上杭，冀元亨在常德，距南昌各三千餘里，皆同日而至，這真不是一件偶然的事啊！」

說起不是偶然的事，他又想到他與孫燧的命運交集也仿佛是上天冥冥注定。弘治五年（1492 年），王陽明與孫燧一同參加浙江鄉試，一同考中舉人。孫燧第二年便考中進士，出任刑部主事。而王陽明在六年後才登第，第二年方才受封孫燧當年擔任過的刑部主事。後來在江西同為巡撫都御史，又同遭寧王之亂。種種事態，總讓他覺得並非偶然，冥冥之中，似有神助。

王陽明為孫燧舉行了公祭，還下令對孫燧、許逵等烈屬進行優恤。

有部將從朱宸濠身上衣縫中起獲了他交賄大小臣僚的書信，有弟子很興奮，覺得有了這些物證，朝中那些道貌岸然、實則認賊作父的奸臣可被一網打盡。王陽明卻讓手下將這些書信一把火燒掉。他跟部將和弟子們解釋說，寧王叛亂禍及江西百姓，如果這些書信不燒，那滿朝文武都不得安寧。大獄一興，人人自危，國本動搖，其危險比江西叛亂更大。部將和弟子們這才明白他的良苦用心，心中暗自佩服。

當寧王叛亂的消息傳至京城，舉朝惴惴不安。許多朝中大臣憂心忡忡，以為光靠王陽明組織的一些義兵，無法與蓄謀已久的寧王相抗衡。只有兵部尚書王瓊鎮靜如常，他在朝堂之上自信地說：「諸公勿憂！我用王陽明鎮守贛州，正為今日。反賊早晚之間，就可被擒！」

正德皇帝接到王陽明發來的急報，心中卻竊喜，他早就盼望有這麼一個御駕親征的好機會！江彬等人更是在旁慫恿。皇上便下旨：

> 令總督軍務威武大將軍總兵官、後軍都督府太師、鎮國公朱壽，親統各鎮邊兵征剿。以張忠提督軍務，朱泰掛威武副將軍印，朱輝掛平賊將軍印，俱統總兵官，鎮守巡按等官聽其節制。平虜伯朱彬、左都督朱周隨駕南征。

朱壽是正德皇帝自稱，「總督軍務威武大將軍總兵官、後軍都督府太師、鎮國公」

是他給自己封的官職。朱泰本名許泰，朱輝本名劉輝，朱彬即江彬，朱周即神周。神周原為陝西都指揮，由江彬推薦，也為皇上義子，賜國姓。

這時的閣臣，首輔為楊廷和，其次為梁儲（1451～1527年）、蔣冕（1463～1532年）、毛紀（1463～1545年）。皇上命楊、毛留守，梁、蔣隨扈。楊廷和力諫無須親征，皇上正在興頭上，哪裏肯聽。其餘大臣知道多說無益，反正此去不比出塞，無乘輿失陷的危險，便只好由他去了。

於是禮部奉詔，籌備親征大典。在這之前，皇上在禁中內校場親自檢閱「外四家」邊軍。出師前，服皮弁，乘革輅，祭告天地、太廟、太社，祃祭六襄之祝，大饗軍士。然後頒詔發兵，大隊人馬旌旗鮮豔，鎧甲分明，如一條彩繡的長龍，浩浩盪盪出正陽門南下。

就在這一天，大軍行至良鄉，王陽明飛奏的《江西捷音疏》和《擒獲宸濠捷音疏》到了北京。江彬等人一看：寧王朱宸濠已被生擒，所部叛軍已全軍覆滅。這本是一件天大的喜訊，但如此一來，御駕親征便師出無名。江彬與張忠、許泰、劉輝等人密議後，決定將此捷報祕而不發。親征大軍仍然逶迤南下，到了保定府駐蹕。

保定巡撫伍符，與巡按、糧道諸官在大堂擺酒菜宴請皇上，分別敬酒。皇上聽人說伍巡撫是好酒量，便與他猜枚行酒令。誰猜中了，被猜的人便得罰酒。一次，伍符猜中了，皇上不高興，把手心握着的闒子丟在地上，讓伍符去撿，並罰他飲了好幾瓢酒。看到伍符被喝得傻傻的樣子，皇上仰天大笑。

御舟沿京杭大運河南下，過德州時，恰逢皇上生日，岸上官員望舟遙拜。過了德州，運河兩岸皆是村莊，皇上整日在御舟上有些無聊。偶然看到前方有一大船，上面坐的像是官員及其家眷，便想着要是突然登上他們的船，看他們作何表情，也好看看熱鬧。

王陽明新傳：十六世紀初葉中國的政治與哲學

船上坐的是新任湖廣參議林文纘（1466～1560 年），他離京赴任時還不知道皇上要沿運河御駕親征，要不然也不敢擋了御舟的去路。看到皇上宛如從天而降，林參議嚇得伏在船上接駕。家眷躲避不及，也皆俯身下拜。皇上看到他們驚慌的樣子，哈哈大笑。這時，也怪林文纘倒霉，他剛娶了一房姨太太，不知皇上登舟，聽見船上有動靜，便從客艙裏出來。皇上一見她身材妖冶，面如桃花，當場令人將她搶了去，這才心滿意足地走了。徒留下林參議在船上恭送聖駕，哭笑不得。

到了山東臨清，皇上忽然想起「劉美人」來。這劉美人是上次皇上出關巡遊時在太原晉王府裏收羅的一位唱戲的女樂，攜回京城即封為「美人」，寵冠一時，江彬、錢功等人都尊稱她為「劉娘娘」。而按定制，不是后妃是不能稱「娘娘」的。

親征之前，皇上以為此去必有一場惡戰，帶着劉美人怕不太方便，便把她安置在大運河的北口通州，說是看情形再來接她。臨別時，劉美人拔了一根玉簪給皇上，約為派人接她時的信物。可是不巧的是，這時皇上卻找不到那根玉簪，想必是一路馳馬，把那根玉簪給弄丟了。

等到皇上派出的人返回通州，劉美人問來人可有信物，來人卻根本不知有什麼信物，當然也拿不出玉簪。劉美人就不相信是皇上要接她，便不肯走，還杏眼圓睜，發了一通脾氣，瞋怪皇上不把她放在眼裏，把與她約定的信物不當回事。

皇上聽了使者回奏，知道劉美人還惦記着玉簪的事。為了不讓她生氣，便連夜坐一隻小船，趕到通州張家灣，親自迎接。走的時候，左右皆不知，大軍剛發，御駕便失蹤了，左右無不驚駭。隨駕的閣臣梁儲、蔣冕經過仔細查問，才知其事，連忙派人去追，直到通州才趕上。這時皇上與劉美人已經準備蘭舟輕發，直下江南了。

錢功原本也在隨扈之列。寧王謀反的消息傳來，皇上也有點懷疑錢功與寧王勾結。錢功害怕了，便主動揭發，收捕了寧王

派來京城臥底並向他和各位朝中大臣行賄的校尉盧孔章，而歸罪於臧賢。將臧賢貶官並遣去戍邊，隨後他派校尉在途中將其殺死以滅口。又派錦衣衛將盧孔章毒死在監獄之中，企圖保全自己。但他最後還是中了江彬之計。江彬在南征途中向皇上建議，將錢功派回北京管理新修皇店等工役諸事。皇店原指玄武門外西側一排長短連房，俗稱「廊下家」。後來皇上看到皇店來錢快，還不受戶部約束，起造豹房時，便拆了京城西北角西直門與德勝門之間的「積慶坊」「羣玉坊」兩坊民居，開設酒肆、茶館及各種商舖，亦名「皇店」。這皇店本來用不着錢功這位國姓爺去親自打理，江彬的用意是調虎離山。

等到錢功一走，江彬便將他通逆的事報告了皇上。皇上說：「這狡猾的奴才，我早就懷疑他了。」於是派人追捕錢功，將他拘禁在山東臨清，又派人馳入京城將他的妻兒家屬盡皆下獄。當然，錢功在北京的家也被抄了，抄得玉帶二千五百束、黃金十餘萬兩、白銀三千箱、胡椒數千石。贓資之巨，駭人聽聞。

王陽明聽到皇上將御駕親征的消息，立刻上疏諫阻，並表示將親自率軍，押解朱宸濠前赴闕下。為了能有效阻止皇上親征，他還在奏疏中編了一個理由，說寧王當初謀反時就料到皇上必將親征，於是在沿途埋伏許多荊軻一樣的刺客，就等着在路上行刺呢。

皇上遊興正濃，哪裏肯聽。御駕一行，在山東一路流連，走了兩個月才過濟寧。由濟寧順河而下，在清江浦駐蹕。此處乃黃河、運河交會之處，為南來北往有名的大碼頭，人口稠密，市井繁華。皇上心花怒放，四處行走，還臨倖監倉太監張楊私第。此處漸近江南，風光人物與北方自有不同。皇上在北方喜歡行圍打獵。現在到了南方水鄉，則入鄉隨俗，興趣為之一變，連日釣魚取樂。釣得的魚，分賜地方各官，地方各官各獻金帛珍玩致謝。這一路，遇到風景好的湖泊，如寶應泛光湖等，常常駐蹕垂釣。這樣一直到十二月一日，南征大軍才到揚州。

揚州乃自古風月地，杜牧有詩：「十年一覺揚州夢，贏得青樓薄倖名。」皇上對揚州早有耳聞，心嚮往之。大軍還未到揚州，便派太監吳經打前站，先抵揚州，挑選民間深宅大院，闢為接駕的「都督府」。吳經又矯旨徵集處女幼孀。消息一出，市井譁然，搶親風行。過去搶親是男方主動，這次卻多是女家出面，「掠寡男配偶，一夕殆盡」。也有女家攜幼女連夜從城中出逃的。人數太多，守城官竟不能禁止。

揚州知府蔣瑤（1469～1557 年）去找吳經理論：我揚州百姓豈能無辜遭此浩劫？吳經答說此乃皇上聖意。蔣瑤不為所動，道：「小官抗上意，理應當死。但百姓乃朝廷之百姓，倘激起民變，將來聖上追究下來，恐怕得有人出來承擔責任。」吳經一聽此言，大怒：「揚州百姓敢民變的話，南征大軍正好有事可做了。」二人不歡而散，蔣瑤回到知府衙門獨自歎息。

此後，吳經也有所顧忌，不再光天化日之下明目張膽搜人搶人。而是祕密派人偵察，看准了誰家有待字閨中的女兒或年輕貌美的寡婦，半夜裏派人跑到他家門前大喊一聲「皇上駕到！」四下點起火把，把門口團團圍住。吳經帶着校尉，破門而入，直接搶人。有藏起來的，便拆屋搜查，搜到了方才罷休。於是，偌大一個揚州城一到晚上如地獄閻王殿，哭喊之聲此起彼伏，讓人心驚肉跳。吳經把搶來的婦女寄養在尼姑庵中，不少人悲憤難平，絕食或懸梁自盡。也有家中有資財的，花錢方可贖回。

在淮揚的日子，皇上樂不思蜀，仍然我行我素，整日漁獵。一次還想着去海邊打獵，不過正趕上道路被水淹了，只好作罷。一日，皇上跑到揚州府郊的儀真縣新閘捕魚，看到大江浩盪，便命江彬祭江。第二天，一行人在瓜洲遇雨，便來到此處大戶黃昌本家避雨。太監張雄及守備馬炅選了百餘名絕色歌妓送了過來，任皇上挑選，打發雨中寂寥。皇上興致勃勃，選了一半，讓送到舟中，聽其彈唱。連夜渡江到了鎮江。

當晚夜宿望江樓。第二日由瓜洲渡江，遊金山寺。再從金

山寺抵達楊一清府，在楊府中的茂祉堂中和大臣飲酒賦詩。

第二天再幸楊府，專程來到楊一清待隱園的藏書樓「邃庵」看書。來到樓下，將三間書屋看了個遍，看了大約兩個多時辰。還命他取些善本來給他御覽。

皇上翻到一冊《文獻通考》，隨口說了句：「《文獻通考》是本好書。」

楊一清答說：「有事實，有議論，誠如皇上所言，是本好書。」

「有多少冊？」

「六十冊。」

皇上一聽這麼多，有點吃驚，又問：「還有沒有比這更大的書？」

楊一清想了想，說：「《冊府元龜》較多，有一百多冊。」

楊一清心裏明白，比《冊府元龜》更大的書還有，比如宋太宗時為了羈縻十國降臣，開館修書，編撰的《太平御覽》《文苑英華》皆一千卷，《太平廣記》五百卷。但貿然說出這麼多冊的書來，怕把皇上嚇着，再說這些書或輯錄散亂，或是小說家言，不堪入明君之眼。而宋真宗欽定義例的《冊府元龜》，紋歷代君臣事跡，只取六經子史，不錄小說，去取格外嚴謹，而且貫串數千年事，條理井然，有裨益於聖學。

皇上聽後很好奇，興致勃勃地命他去取了來看。

當晚皇上在楊府住下。第二日，設宴作樂，皇上索紙筆製詩十首賜與楊一清，並命他和詩。楊一清當場和詩十首，呈上以後，皇上竟饒有興趣地御筆點竄，讓江彬、張忠等人刮目相看。楊一清在酒宴中藉機勸皇上取消江浙等地的巡遊，皇上於是決定直趨南京。

南京乃「十里秦淮河，六朝金粉地」，笙歌畫舫，槳聲燈影，其風華自與北京不同。皇上玩得不亦樂乎，入則與劉美人共枕，出則與南京城裏被譽為「曲壇祭酒」的徐霖同行。徐霖被薦

為正德皇帝作曲，皇上賜他一品服，並多次到他家去。

二月間，南京行轅鬧出一場虛驚，此中又大有深意。當時御駕駐錫南京南面的牛首山。一天晚上，皇上突然失蹤，左右皆不知其所在。禁衛軍深夜驚起，引起極大騷動。梁儲怕走漏消息，激發寧王餘黨垂死掙扎，危及皇上安危，與一眾都督、御史商議後，嚴密封鎖消息。同時派人打探皇上下落。正當伴駕之臣日夜輪守，偵緝密訪，仍無頭緒之際，一個月後，皇上又神奇地出現在牛首山上。梁儲一見，喜極而泣，當場哭暈在他跟前。皇上這一個月究竟去了何地？正史、野史均無可考，但此事很可能是江彬的陰謀。《明通鑒》有載：

> 丁巳朔，上在南京。幸牛首山，宿焉。諸軍夜驚，左右皆失上所在，久之乃定。傳言江彬欲為逆云。[1]

《年譜》也有如下語句：

> 江彬欲不利於先生，先生私計彬有他，即計執彬武宗前，數其圖危宗社罪，以死相抵，亦稍償天下之忿。徐得永解。其後刑部判彬有曰：「虎旅夜驚，已幸寢謀於牛首……」[2]

「虎旅夜驚」後來成為江彬一大罪狀，說明當時牛首山夜驚事件有不可告人的祕密。此外，江彬還在南京向守城官索取各城門鑰匙，其意何居，不問可知。幸而被南京兵部尚書喬宇抑制，才未得逞。

王陽明見自己苦諫無果，親征大軍已至南京，只希望皇上一行留在江南，大軍不再來江西騷擾，於是奏報押送朱宸濠去皇上駐地獻俘。江彬、張忠等人一聽此事就慌了，這樣的話，皇上

1　［清］夏燮：《明通鑒》卷四十九，第 1308 頁。

2　《年譜》八十一。

親征豈不是徒有虛名？他們這些隨駕南征的提督、將軍、總兵官們豈不是邀功無望？他們給王陽明下了道軍令，說要將寧王朱宸濠和其餘黨放回鄱陽湖，由皇上親率大軍去把他們擒獲，再奏凱班師，論功行賞。還接二連三地派人來向王陽明索要朱宸濠。王陽明為了不讓鬧劇上演，親自押着朱宸濠去南京獻俘，好讓親征大軍沒有藉口再西進江西。抵達廣信時，張忠、許泰的人追了過來，要他押着朱宸濠回去江西。他哪裏肯聽，掏出王命令旗令牌，把來人喝退，連夜由廣信過玉山、草萍驛到杭州，去見打前站的大太監張永。

十月，王陽明到杭州見到張永後，說了一番推心置腹的話：「江西之民，久遭寧王之毒害。而今又經歷大亂，繼以旱災，還要供京軍邊軍的軍餉，困苦已極，必逃聚山谷為亂。過去幫助叛軍，尚為脅從，而今為窮迫所激，奸黨羣起，天下將成土崩瓦解之勢。到了那個時候，再興兵定亂，談何容易？」

張永深以為然，也很坦誠地說：「我這次跟着皇上出來，就是因為羣小在君側。我暗自調護左右，默輔聖躬，並非為邀功而來。但皇上的脾氣，順着他而行，猶可挽回萬分之一。若逆其意，反而激發羣小之怨，無救於天下大計。」

王陽明見他說得誠懇，便將朱宸濠交給他，自己託病住在西湖邊上的淨慈寺。他作了一首雜言組詩《宿淨寺四首》，其三是：

> 百戰歸來一病身，可看時事更愁人。
> 道人莫問行藏計，已買桃花洞裏春。[1]

「行藏」二字來自孔子對弟子顏淵所講的「用之則行，舍之則藏，唯我與爾有是夫」的行藏之教。桃花洞一句表達了他想歸隱田園的願望。

1　［明］王守仁：《王陽明全集》第三冊，中國畫報出版社，2016 年，第 214 頁。

此時，江彬打探到王陽明押着朱宸濠到了杭州，便以威武大將軍的傳牌，派遣一個錦衣衛千戶來見他，向他索取朱宸濠。王陽明以天子而行臣道為亂命，先不肯理會這個威武大將軍的傳牌。後來經幕僚苦勸，方准接待。幕僚問他送那千戶多少程儀，他說：「只准送五兩銀子。」錦衣千戶哪裏將五兩銀子放在眼裏，當場發怒摔在地上。第二天要走了，他來王陽明這裏辭行，順便想發一通脾氣。王陽明明知他嫌少，卻裝糊塗，拉着他的手一個勁地讚不絕口：「我在正德初年，下過錦衣衛的詔獄，不曾見過像足下這般輕財重義的！昨天送您的那一點點薄儀，出自我的私囊，聊表心意而已。聽說你堅辭不受，讓我惶恐慚愧。我別無長處，就是善作文字，將來一定要寫篇文章為你表揚，讓大家知道錦衣衛裏還有你這樣的人！」這番話把錦衣千戶說得無話可說。陽明心學重實踐，而實踐也重方法。教人為善是平常掛在嘴邊的話，但真正到了實踐中，怎麼教卻不是易事。連錦衣千戶這樣的人，都能被王陽明引導着有了羞恥之心和向善之意，說明他善於在生活實踐中教人為善。這與他常說的「人皆為聖賢」「聖賢可學而至」的道理相通。

王陽明在杭州待了很短的時間，便啟程赴鎮江，準備去淮揚皇帝行在覲見，仍欲奮力一爭，使帝駕回鑾。十月裏即已抵達鎮江，宿泊在曾給他留下美好回憶的金山寺。王陽明十歲那年，父親王華高中狀元在北京做官。他隨祖父竹軒公從浙江餘姚北上隨遷，乘船路過鎮江。祖父被鎮江的好友挽留，同遊金山寺。在妙高臺上酒酣之際，有人提議以「金山寺」為題作詩。在眾人一番推辭之中，王陽明卻童真未泯地站了出來，率先賦詩一首：「金山一點大如拳，打破維揚水底天。醉倚妙高臺上月，玉簫吹徹洞龍眠。」此詩即景興詩，律對工整，而且展示了江天一覽的氣勢和醉臥高臺之上的景象。眾人嘖嘖稱奇，於是指着妙高臺旁邊的「弊月山房」讓他再作一首。王陽明再次脫口而出：「山近月遠覺月小，便道此山大如月。若有人眼大如天，還見山高月更

圓。」王陽明十歲時賦的詩如有天授，看似平常如聊家常，娓娓道來，實則大有深意。山月遠近，道出宇宙哲理，想像奇崛，氣概不凡。

這次故地重遊，王陽明作了《泊金山寺》詩二首。其中第二首寫道：

> 醉入江風酒易醒，片帆西去雨冥冥。
>
> 天迴江漢留孤柱，地缺東南着此亭。
>
> 沙渚亂更新世態，峰巒不改舊時青。
>
> 舟人指點龍王廟，欲話前朝不忍聽。

此詩寫出了他的矛盾心理，既憋屈又倔強。這一時期他還寫了不少反映處境艱難、寄情山水的詩抒懷。

在鎮江，王陽明的行程被中止。至於原因，《年譜》謂「大學士楊一清固止之，會奉聖旨兼巡撫江西，遂從湖口還」。楊一清曾任吏部尚書，是王陽明的老上司。正德十一年（1516年）楊一清於大學士任上致仕，返鎮江閑住。這次王陽明去楊一清家拜訪過，作《楊邃庵待隱園次韻》詩五首。[1] 就時事形勢，楊一清應該給過他一些指點，很可能勸他回江西，而不是貿然去淮揚皇帝行在。當然，可能還有其他外部阻力。《明通鑒》謂「為中官等所沮」，[2] 即是被太監們阻止。

十一月王陽明返回江西時，江西已鬧得一塌糊塗。許泰、張忠等人以搜捕寧王餘黨為名，得到皇上許可，率兩萬北軍搶在王陽明之前來到南昌，軍馬屯聚，四處搜羅，肆無忌憚，靡費不堪，地方官府百姓叫苦不迭。張忠指使北軍接二連三挑起事端，或圍住巡撫衙門肆坐漫罵，或故意與衙門公差衝突挑釁。巡撫衙門上下怨聲載道，王陽明卻告誡身邊的弟子和手下委曲求全，務

王陽明新傳：十六世紀初葉中國的政治與哲學

1　［明］王守仁：《王文成公全書》卷二十。

2　［清］夏燮：《明通鑒》卷十二，第499頁。

必克制，待北軍以禮，還時不時地派軍需官送些牛羊肉犒賞北軍將士。在路上如遇到北軍出喪，便下馬慰問，賜給棺槨。他還約束南昌的官員軍民，不與北軍計較。同時祕密疏散南昌的居民，以防萬一北軍鬧事，可以少受損失。由於王陽明處處謙讓，久而久之，不少北軍將士態度發生轉變，打心底裏對這位戰功赫赫的巡撫老爺十分佩服。

只是許泰、張忠等北軍頭領，對王陽明的逼凌，卻無所不用其極。某日，許泰、張忠、劉輝三人藉演武之名，邀請王陽明來到教場閱射，三番五次地提出比試射箭。他們心想，射箭是北方人的拿手好戲，而王陽明出生在南方，又是文弱書生，雖然提督軍務，掛帥掌軍，但射箭肯定不行。他們是故意想讓王陽明在北軍面前威風掃地。

王陽明先是堅辭不肯比試。許泰等人反而以為他是膽怯，心中竊喜。許泰故意說：「老先生統領大軍，想必箭術高超，不然何以服眾？」

王陽明說：「王某一介書生，哪敢與諸公較量？諸公請先射，王某隨後學射一二。」

聽他這麼講，許泰以為他果真不會射箭，道：「我們先射一回，與老先生看，回頭老先生也務必射一回賜教。」

許泰、張忠、劉輝三人每人三箭，共射了九箭，結果除了許泰的一箭射到了箭靶的上方，張忠的一箭射到箭靶的邊緣上，其餘七箭全都射空。三人面紅耳赤，但嘴上仍逞強，對王陽明說：「咱們自從跟隨聖駕，久不曾操弓射箭，手指都生疏了。一定要請老先生射一回賜教。」他們心裏想，自己雖然射藝不精，但王陽明肯定更差。這樣的話，他們也就能挽回一些顏面。

王陽明叫中軍官取來弓箭，對許泰等人說：「下官初學，休得見笑。」王陽明走上箭場，氣定神閑，左手如托泰山，右手如抱嬰兒。搭弓引箭，嗖的一聲，正中紅心。在場的兩軍將士盡皆拍手喝彩，歡呼助威。許泰等人見狀，氣沮色變，心知無趣，卻

說：「或是偶然幸中。」王陽明接連又射兩箭，也全射中紅心。將士們發出歡快的喝彩聲。北軍將士紛紛讚道：「咱們北邊倒沒有恁般好箭！」許泰等人說：「老先生久在軍中，果然習熟。已見所長，不必射了。」無趣退場。

許泰等人只知道王陽明是進士出身的文弱書生，卻不知他年輕時沉溺於「五溺」，任俠騎射、飛鷹走馬，樣樣精通。

王陽明在貴州龍場時曾自述「目光僅盈尺」，為何這時却能三發三中？或許不單單是靠臂力來拉弓，而是用心來拉弓。用臂力去拉弓，弓是弓，我是我。用心去拉弓，便沒有了我，進入無我之境，此時弓我一體，不再是我來拉弓，而是由弓自己來拉弓。這種境界才是心學境界。

當天夜裏，劉輝派出心腹到北軍中去打探兵卒們對此事的看法，兵卒們都說：「王都堂做人又好，武藝又精，咱們服事這一位老爺，也好建功立業。」

第二天，劉輝對許泰、張忠說：「北軍俱歸附王陽明了，為之奈何？」許泰、張忠你看着我，我看着你，沒有主意。這次他們率北軍來到南昌，本想將寧王宮殿裏的奇珍異玩據為己有，趁機撈一票。但現在啥便宜都沒佔到，灰溜溜地離開南昌，又不心甘。不久便是冬至。王陽明悄悄吩咐下去，讓全城百姓在巷道裏哭祭，然後去上墳。一霎時城裏哭聲震天，離家日久的北軍士卒都思念起家鄉來，也跟着大哭。許泰、張忠等眼看軍心動搖，怕日久生亂，軍中嘩變，不得已下令班師，離開南昌。走之前，張忠還指使手下搶了城中幾個大戶，殺害了數百名居民，說是朱宸濠的殘黨餘孽，上報朝廷，為自己表功。

江彬和張忠等人將王陽明視為眼中釘。先是因為妒其生擒寧王之功，後來又想奪他的平叛功勞。見他不肯將朱宸濠放回鄱陽湖，偏將其交與張永，江彬等人真想置王陽明於死地而後快。可王陽明偏偏又是平叛功臣，天下人有目共睹，不想些陰招難以將其打倒。江彬便跟張忠、許泰私下裏說，就說王陽明最初依附

寧王，後來看他勢敗，方才擒之以邀功。又暗自派人四處搜羅王陽明的「罪證」。這時得知寧王叛亂前，王陽明曾派他的高足冀元亨去南昌講過學，張忠、許泰等人大喜，指使東廠捕快祕密逮捕冀元亨，對其嚴刑拷打，逼他承認當初去南昌是奉王陽明之令前去與寧王私下結盟的。

冀元亨寧死不屈，不肯誣陷老師。張忠、許泰等人惱羞成怒，將他及其妻女打入大牢。在獄中，冀元亨處之泰然，每日為囚徒們講授心學，整座監牢裏書聲朗朗。眾囚徒竟然與他結下深厚友誼。

監察御史程啟充以直諫敢言著稱，性子偏激，做事喜歡一根筋，正好外放江西任職。他從一位被廢黜的知縣章立梅那裏得到寧王私通蕭敬、張銳、陸完等人的信件，寧王在信上說欲除去孫燧，而湯沐、梁宸、王陽明可以取代孫燧的位置。因此程啟充判定蕭敬、張銳、陸完等人有勾結寧王之罪，而王陽明與寧王關係密切，似有同黨通謀嫌疑。他還說，王陽明擒獲寧王后，竟然將寧王與朝中大臣的通信付之一炬，又有毀滅證據之嫌。江彬看到程啟充的奏摺，如獲至寶，攛掇張忠等人一起去皇上跟前告王陽明的御狀，說他是寧王的同夥，心懷不軌，見風使舵。讓他們沒想到的是，皇上卻不置可否，顧左右而言他。原來，張永有一次正好無意間聽到他們密謀陷害王陽明，回到家裏左思右想不是滋味，跟家人說：「王都堂乃為國盡忠的大忠臣，而今這些小人卻在背後使絆子害他。他日朝廷有事，何以教臣子盡忠？」他怕江彬這些人的話傳到皇上耳朵裏，有了先入之見，對王陽明大不利，於是連夜去見了皇上，將張忠、江彬等人想陷害王陽明的事說了。所以第二天當江彬等人在皇上面前說盡王陽明的壞話，皇上也不覺得新鮮，只當是耳旁風，充耳不聞。

稍後，皇上說收到王陽明申請退職回鄉省親的奏摺，問張永的意見。張永奏明王陽明忠心耿耿，懇請皇上切勿准許。他還拿出給事中汪應軫、主事陸澄為王陽明辯解、求情的奏摺，說：

「程啟充是以小人之心度君子之腹。再說王守仁一聽說朱宸濠叛變，就火速興兵，戡定大難。如果是通謀的同黨，早就跟著他造反了，又怎會自相殘殺？」皇上聽了覺得有理。

張忠等人見皇上沒把程啟充參王陽明的本子當回事，便在皇上面前說：「只須遣召之，他如參與了謀反，必定心虛不敢來。」皇上於是頒下聖旨，命王陽明速來南京觀見。

正德十五年（1520 年）正月，王陽明接到聖旨即日押解叛軍逆黨從南昌啟程，到蕪湖後又接到聖旨讓他待在原地待命。正左右為難之際，張永派來的順天府檢校錢秉直到了，說這是張忠等人的奸計，讓他趕緊赴南京面聖。

這時正德皇帝正駐蹕在南京龍江驛。靖難之變中，造反奪姪子帝位的燕王朱棣，在穿上龍袍登基成為永樂皇帝之前就下榻於此。龍江驛因而成為風水極佳的「天子潛邸」。王陽明請求觀見皇上並獻俘。張忠大失其意，便從中作梗，百般刁難，阻撓他與皇上見面。王陽明在驛站門口等了幾日毫無結果，二月底三月初，一氣之下換上綸巾野服，隻身飄然登上九華山，攜當地諸生同遊，在山上盤桓近一月。[1]

張永聽說此事，便找了個機會在皇上跟前說：「王陽明確是忠臣，接旨即來南京觀見。聽說大家都在爭奪平叛之功，他交了辭呈，想棄官去九華山當道士呢。」

皇上對王陽明便不再懷疑，任命他接孫燧的缺，擔任江西巡撫。擢升吉安知府伍文定為江西按察使，贛州知府邢珣為江西布政司右參政。王陽明接旨後沿長江西上，並在九江閱兵，其間順道赴廬山東林、天池、講經臺等處遊覽。

正德十五年（1520 年）六月，王陽明離開省城南昌。先是

1　[明]鄒守益《九華山陽明書院記》：「至正德庚辰，以獻俘江上，復攜邑之諸生江學曾、施宗道、柯喬以遊，盡搜山川之祕，凡越月而後去。」《東廓鄒先生文集》卷四，《四庫存目叢書》集66，第6頁。

去了趟吉安，後又到泰和，問候了比他大七歲、致仕前曾任南京吏部尚書的明代「氣學」代表人物之一羅欽順，送給他自己編輯的《大學》古本，並與他展開論學。

羅欽順認為，學當為內求，而王陽明將程朱的格物之説視為外求，並質疑他去除朱熹定下的《大學》分章，刪減他勘補的經傳，提倡復古大學古本的行為。

王陽明回答説，學豈能分內外，學的重點，在於求之於心。他還説《大學》古本是孔門相傳舊本，朱熹懷疑有所脱誤，而改正補緝。而在王陽明看來，其本並無脱誤，因而應該恢復其本來面目。他雖然像敬神明一樣尊崇朱熹，不忍背馳，但為了明學問之道，自己必須糾正他的錯誤。「道，乃天下之公道；學，是天下之公學。不能以孔子、朱熹是非為是非。天下之公，就應該公開討論。」

兩人都是學問大家，其辯論影響甚大。雙方弟子門生眾多，皆圍坐聽講，門庭若市。

隨後，王陽明抵達贛州，召集舊時民兵，連日展開大閱兵，並實地野戰拉練。還利用「提督軍務」的便宜，調福建市舶司副提舉舒芬至軍前聽用，公移上寫道：「訪得福建市舶提舉司副提舉舒芬志行高古，學問深醇，直道不能趨時，長才足以濟用，合就延引，以匡不及。」[1] 此類事在王陽明絕非偶然，此前他就曾調用同樣因言獲罪而貶謫廣東三河驛丞的王思至軍前聽用。在贛州，他聽人説萬安上下多武士，便派人招攬了三百多名「多膂力」的武士。

他身邊有些弟子對老師的這一舉動十分擔心，怕這會刺激皇上身邊那些想讓他馬失前蹄的奸佞小人。省城諸司因此屢發文

1　《王陽明全集》卷十七，上海：上海古籍出版社，1992 年，第 599 頁。「閩東」本《陽明先生文錄》署此公移於「八月二十三日」，當為正德十五年（1520 年）八月二十三日，王陽明在贛州之時。

帖，請王陽明回省城，以避嫌疑。王陽明卻不以為然，還作了一首童謠《啾啾吟》抒其心志：

> 知者不惑仁不憂，君胡感感眉雙愁？
> 信步行來皆坦道，憑天判下非人謀。
> 用之則行捨即休，此身浩盪浮虛舟。
> 丈夫落落掀天地，豈顧束縛如窮囚！
> 千金之珠彈鳥雀，掘土何煩用鐲鏤？
> 君不見東家老翁防虎患，虎夜入室銜其頭？
> 西家兒童不識虎，執竿驅虎如驅牛。
> 癡人懲噎遂廢食，愚者畏溺先自投。
> 人生達命自灑落，憂讒避毀徒啾啾！

此童謠朗朗上口，詼諧有趣，一時在民間廣為傳唱。這詩中講東家老翁時刻防備虎患，卻被老虎咬掉了頭顱，西家兒童不認得老虎，拿着竹竿竟然像趕牛一樣將老虎趕走了。其實是在講「無心」的妙用，也是窺得良知的妙用。王陽明之所以處事不輕舉妄動，其實是因為內心有深思熟慮。寧王雖被擒，但江彬、許泰等人非同寧王，乃皇帝近倖，南征之時，終日伴君，若一旦謀亂，其禍甚於寧王之亂。王陽明不得不未雨綢繆，以預非常之變。說白了，萬一發生君上被弒，他可迅速起兵靖亂。

八月，王陽明在贛州時還作了一首奇怪的《紀夢》詩。王陽明的人生經歷中很多重要時刻都跟夢境有關，如十五歲時他夢謁馬伏波廟，並於夢裏題詩；五十六歲時偶然在廣西實地拜謁伏波廟，情景宛如當年夢中，三個月後與世長辭。龍場悟道時，也有類似夢境般的神祕體驗。王陽明在這首《紀夢》詩的詩序中敍述了此夢來歷：

> 正德庚辰八月廿八夕，臥小閣，忽夢晉忠臣郭景純氏以詩示予，且極言王導之奸，謂世之人徒知王敦之逆，而

不知王導實陰主之。其言甚長，不能盡錄。覺而書其所示詩於壁，復為詩以紀其略。嗟乎！今距景純若干年矣，非有實惡深冤鬱結而未暴，寧有數千載之下尚懷憤不平若是者耶！[1]

　　由此詩序可知，王陽明在夢中偶遇東晉文學家、方術士郭璞（276～324 年），被告知東晉王敦（266～324 年）、王導（276～339 年）一段故事。《晉書》等正史記載，王敦與其從弟王導都是東晉開國皇帝晉元帝重臣，王敦於晉元帝末年、晉明帝初年兩度興兵作亂，明帝太寧二年（324 年），王敦「憤惋而死」，其黨羽亦被剿滅。王導則歷元帝、明帝、成帝三朝皆為朝廷重臣。元帝末年王敦初作亂之時，王導率族人請罪於元帝，元帝稱王導「以大義滅親」。王敦興亂得志之後，王導亦得以加官。王敦欲廢元帝，因王導所爭而止。明帝即位後不久，王敦再度舉兵興亂，此時他已重病在身，王導率子弟先行舉哀，人皆以為王敦已死。王敦與其黨羽覆敗後，王導再得加官。《晉書》之「史臣曰」稱述王導為帝王之「股肱」，比之於管仲之相齊、諸葛亮之興蜀。[2] 郭璞曾為王導參軍，王導遇事時常請郭璞卜筮。王敦興兵之初，請郭璞卜筮，以不稱己意而殺之。[3] 讓人稱奇的是，王陽明借夢境郭璞之口，道出王導之「深奸老猾」。他在《紀夢》詩中寫道：

> 切齒尤深怨王導，深奸老猾長欺人。
> 當年王敦覦神器，導實陰主相緣夤。
> 不然三問三不答，胡忍使敦殺伯仁？

1　《紀夢并序》，《王陽明全集》卷二十，上海：上海古籍出版社，1992 年，第777～778 頁。

2　《晉書》，卷六十五，中華書局，1974 年，第 1761 頁。

3　《晉書》，卷七十二，第 1909 頁。

寄書欲拔太真舌，不相為謀敢爾云！

敦病已篤事已去，臨哭嫁禍復責敦。

事成同享帝王貴，事敗乃為顧命臣。

幾微隱約亦可見，世史掩覆多失真。

　　這些觀點與正史不同。王陽明是否真做了這個夢，已無從
考證。但讓人感興趣的是他為何要大書特書「王導之奸」？《年
譜》說，王陽明是東晉王羲之（303～361年）的後代，[1]而王導是
王羲之的堂伯父。新近在上虞發現的王陽明家譜記載，王陽明非
王羲之後裔，而是王導的第四十世孫。[2]也就是說，王陽明這首
《紀夢》詩是在說先祖之奸。這個是否有什麼深意，不得而知。
王陽明與王導相隔千載，族譜的記載也不一定準確，姑且將王導
看作一個歷史人物。結合當時的時勢，我們可以發現王陽明為歷
史翻案，其實另有深意。

　　俗話說「日有所思，夜有所夢」，王陽明或許在日間與人談
論過王敦、王導之事。更為重要的是，他談論王敦、王導之事也
好，夢到郭璞託夢給他也好，其實在現實生活中有所對應。當時
正德皇帝率北軍南巡，江彬、許泰、張忠等羣奸環繞在側，朝廷

王陽明新傳：十六世紀初葉中國的政治與哲學

1　《年譜》開篇寫的是王陽明的家世：陽明先生諱守仁，字伯安，姓王氏。其先
　　出晋光祿大夫覽之裔，本琅邪人，至曾孫右將軍羲之，徙居山陰；又二十三世
　　迪功郎壽，自達溪徙餘姚；今遂為餘姚人。

2　《浙江日報》2007年3月16日5版《上虞發現王陽明家譜》一文稱：王陽明
　　祖籍是上虞。筆者在《達溪王氏宗譜》的複印本上看到：「澤元公為上虞達溪
　　王氏始祖」，「暨陽教授，遷居姚江，陽明其十一世孫也。千四公十世生華，華
　　生守仁，道學經濟，超絕古今。子正億，孫承勛，曾孫先通，玄孫業浩，世襲
　　伯爵，歷歷可考。」紹興縣修志委員會輯《浙江紹興志資料》（民國二十六
　　年成文出版社鉛印本）第一輯第七冊「民族·氏族」一節有載：「（王）言為王
　　導裔，姚江王氏譜，（王）導是王覽孫，羲之父名曠，亦覽孫，與導為同祖兄
　　弟。此云羲之後，亦似誤。」《紹興縣志資料·氏族》中紹興《光相橋王氏譜》
　　附記載：「考姚江王氏宗譜，偵子道一，名彥洪，南渡居餘杭仙宅界。子補子，
　　家上虞達溪。補之曾孫應良（名季），達溪遷餘姚祕圖，為餘姚之祖。」從以
　　上記述可知，王陽明祖上一支是由上虞達溪之虹橋遷居餘姚，而不是從山陰遷
　　徙餘姚。

大臣難辨忠奸，王陽明本人也備受猜疑、排擠。在這種情況下，藉這首《紀夢》詩諷今也好，抒懷也罷，都變得合乎情理。

許泰率北軍回到南京，跟江彬等人都爭着要冒獻俘的大功。張永在皇上面前極力反對：皇上不曾出京，朱宸濠已被擒。皇上剛抵淮揚，王陽明便過玉山，到杭州來獻俘。昭昭在人耳目，豈可再來一次獻俘？豈不自欺欺人？

皇上於是變通辦法，以威武大將軍的鈞帖，命王陽明重上捷奏。王陽明接到威武大將軍鈞帖，哭笑不得，只好重寫奏疏，不得已承認了皇上自封的軍職，然後將平叛之功歸於威武大將軍，說克堅城、俘元兇，「是皆欽差總督德威，指示方略之所致」。同時，他又違心地將江彬、許泰等人的名字列入奏內，為他們論功行賞。王陽明明知江彬、許泰等人乃佞臣小人，還為他們請功。隱忍不發，也是大忠大仁。

對於弟子和幕僚們對此事的疑惑，王陽明後來多次表明，平寧王之亂，不難於倡義兵、剿叛軍，而難於處理好江彬、許泰、張忠等人之變。江、許等人挾天子南征，誰能奈何？況且寧王之亂剛平，朝中仍有內應，人懷觀望之心。此時，若不委曲求全，保乘輿還宮，一旦世間再生大亂，有誰還肯挺身而出？

正德皇帝收到王陽明重上的捷奏，看到疏中對他的溢美之辭，滿意歡喜，才計議北旋。閏八月的某一天，江彬等一手策劃舉辦了所謂的盛大獻俘儀式。南京城東大教場上樹起大旗，諸軍環列。先是神機營演放了一通火器，然後將朱宸濠的腳鐐手銬卸下，縱之場中。皇上一聲令下，擊鼓鳴金而擒之。這就算是親征擒獲元兇了。於是下詔班師。

王陽明趁機上了一道奏疏，為江西南昌、新建等縣百姓免除租稅，賑救因叛亂、旱澇等災害帶來的損失。並將朱宸濠之前強佔的民田和搜刮掠奪而來的財物變賣為銀錢，代百姓上繳租稅，百姓無不拍手稱讚。又改善貿易，安頓民生，民心稍定。

王陽明念念不忘弟子冀元亨被張忠等人誣陷下獄之事，上

了一道奏摺《諮六部伸理冀元亨》。在摺子中講明了自己當初派他去南昌探查寧王虛實的來龍去脈，說冀元亨是有功之人，現在卻蒙冤入獄，希望能為其申冤。最後他表明，冀元亨都是因他而禍起，自己即使一死，也難以消減對他下獄一事的痛心。摺子報送京師後，遲遲沒有聖諭。王陽明一氣之下，再次上奏，請求回鄉省親。

　　王陽明於正德十五年（1520年）六月至閏八月在贛州期間發生了一件大事，即「致良知」宗旨的開悟。這是繼「龍場悟道」之後王陽明心學發展歷程中的又一個里程碑。原太常博士陳九川從老家臨川專程前來拜師。此前他因接連上疏諫阻皇上南征，被下獄，罰跪午門五晝夜，差點被廷杖而死，後削職為民。陳九川向王陽明問學的問答收入《傳習錄》：[1]

　　　問：「近來功夫雖若稍知頭腦，然難尋個穩當快樂處。」

　　　先生曰：「爾卻去心上尋個天理，此正所謂理障。此間有個訣竅。」

　　　曰：「請問如何？」

　　　曰：「只是致知。」

　　　曰：「如何致知？」

　　　曰：「爾那一點良知，是爾自家底準則。爾意念着處，他是便知是，

<hr>

1　［明］《傳習錄》卷下，門人陳九川錄·六。

非便知非，更瞞他一些不得。爾只不要欺他，實實落落依着他做去，善便存，惡便去，他這裏何等穩當快樂！此便是『格物』的真訣，『致知』的實功。若不靠着這些真機，如何去格物？我亦近年體貼出來如此分明，初猶疑只依他恐有不足，精細看，無些小欠闕。」

在贛州的日子，陳九川與王於中、鄒守益等弟子侍於側。在一次講學時，王陽明說：「人人胸中各有個聖人，只自信不及，都自埋倒了。」他扭頭看着王於中說：「你胸中原是聖人。」王於中說，不敢當。王陽明說：「良知在人，隨你如何，不能泯滅。雖盜賊也自知不當為盜，喚他作賊，他還忸怩。」

又說：「這些子看得透徹，隨他千言萬語，是非誠偽，到前便明。合得的便是，合不得的便非。如佛家說心印相似，真是個試金石、指南針。」

對於這次贛州「遊學」的感受，陳九川於告別時曾賦詩《虔州奉別陽明先生二首》，詩中有「一點良知萬聖根」「良知何事繫多聞」等句，「良知」成為詩中吟詠的核心議題。[1] 而王陽明《傳習錄》中對其開悟「致良知」宗旨的記載，也最先見於陳九川贛州期間所錄語錄中。王陽明讀了弟子奉別詩後，也慶幸此行與弟子們講解自己初悟的「致良知」宗旨：「若未來講此學，不知說『好惡從之』從個什麼？」[2]「好惡從之」從什麼呢？即他初悟的「良知」學。

正德十五年（1520 年）閏八月，王陽明聽說正德皇帝在本月十日啟程北還，喜不自勝。一邊準備「放舟東下，與諸君一議地方事」，另一邊不欲聲張，未正式發文，而是寫私信給時任江西按察副使的弟子顧應祥，藉永豐、新淦、白沙一帶被流賊劫掠

1　[明]陳九川：《明水陳先生文集》，卷十四，第 151 頁。

2　[明]陳九川：《傳習錄》下，《全集》卷三，第 95 頁。

之事，託他轉告該道守巡官急出督捕，安靖地方，乘機「整頓兵馬」「預備他變」。[1]

九月，王陽明回到南昌。陳九川、夏良勝、萬潮、歐陽德、魏良弼、李遂、舒芬及裴衍每日侍奉在講席之側，專心聽講。而巡按御史唐龍（1477～1546 年）、督學僉事邵銳（1480～1534 年），固守舊學朱子學，對王陽明的學說常存疑慮。唐龍三番五次地勸他撤掉講席，謹慎擇交。王陽明答道：「我真見得良知人人所同，只是學者未得啟悟，才甘願隨俗習非。而今我將心中悟得的這一至理與人倡明，卻又引來一身疑謗。如果下定決心不跟人講，於心何忍？求真才，就像淘沙而得金，不是不知道淘汰的沙子十有八九，然而卻不能捨棄沙子直接求到真金。」

他用淘沙洗金的例子來表明他的心意：但凡求聖賢之道者，需來者不拒，方能找出真正的有才之人。當唐龍、邵銳公然質疑他的心學時，人多畏避，看見同門戴着方巾，穿着長衫而來聽講的，都指為異物。唯獨王臣、魏良政、良器、鍾文奎、吳子金等人歸然不變，潛心研學。久而久之，跟着王陽明起居的弟子越來越多。

泰州人王銀，身穿古服，手執木簡，以自作的兩首詩作為贄禮，來見王陽明。王陽明覺得此人甚為特異，於是降階而迎。

王銀進到屋內，坦然在上座一屁股坐了下來。

王陽明問：「你戴的是什麼帽子？」

王銀答：「有虞氏的帽子。」

「穿的是什麼衣服？」

「老萊子的衣服。」

「你在學老萊子嗎？」

「是的。」

1　王陽明：《與顧惟賢》，《全集》卷二十七，第 999 頁。

王陽明笑道：「你只學穿他的衣服，沒有學他在大庭廣眾之下假裝跌倒，掩面啼哭嗎？」

聽到此話，王銀一驚，方知自己裝腔作勢，已被他看穿。便徐徐站起身，侍立在王陽明身旁。

王銀七歲受書鄉塾，因家貧輟學。他父親是煮鹽的灶丁，寒冬臘月都要給官府服勞役。王銀哭道：「作為兒子，令父親勞累至此，這還是人嗎？」便出門代父親服役，晚上回到家中，夜深人靜之際讀書定省。他只讀了《孝經》《論語》《大學》，信口談說，卻常能切中要旨。讀書不多的王銀，卻極具悟性，愛思考，喜辯論。成年後閱歷日廣，聚眾講學，從學者多為農工商賈、販夫走卒。有客人聽到王銀談論，詫異地說：「你的這些話，怎麼跟王陽明王中丞如出一轍呢？」王銀這才知道江西有個王陽明，於是啟程赴南昌，找王陽明進行駁難。

王銀又與王陽明展開數番舌戰。最後，極有悟性但畢竟是野路子和綠林手段的王銀，為同樣極有悟性、同樣有野路子和綠林手段但又是科班出身且身居高位的王陽明所折服。他聽到王陽明講授的致知格物論後，方才領悟：「我們的學說，飾情抗節，矯揉造作於外物。先生之學，精深極微，得之於心。」

隨後，王銀換下古服，執弟子禮。王陽明為其改名，將其原名「銀」字改為「艮」，並賜字「汝止」。「艮」乃八卦之一，象曰：「艮，止也。時止則止，時行則行。動靜不失其時。其道光明。」王陽明將其名去「金」為「艮」，極有深意。

在南昌時，王陽明還與舒芬（1484～1527 年）就音樂進行過問答。舒芬是南昌府進賢縣人，正德十二年（1517 年）狀元，曾任翰林院修撰，因諫阻皇上打獵巡遊、尋歡作樂、荒廢朝政，被貶謫為福建市舶副提舉。此前不久，被王陽明調至軍前聽用。舒芬在南昌城是童叟皆知的名人，因為南昌一座城門跟他有關。

舒芬考中狀元，衣錦還鄉回到省城南昌，愛才如命的江西巡撫孫燧親自到章江門迎接，並贈給他一匹棗紅馬。讓他穿着紅

袍，戴着紅花，敲鑼打鼓地在南昌城騎馬逛街。晚上，孫燧在滕王閣設宴款待，自然少不了吟詩作對，推杯換盞。

席間，孫燧問舒芬：「狀元公何日返故里省親？」

舒芬答道：「南昌城池堅固，建有七座城門。我不知從哪個門出去才是回故鄉之路？」

一參政答說：「撫州門直通進賢縣。」

「撫州門，那不是撫州人的門嗎？」舒芬故作驚訝道。

孫燧馬上明白了他的意思，笑而不語。當晚就叫人把南城門「撫州門」改為「進賢門」。

第二天一早，舒芬騎着棗紅馬，回故鄉省親。孫燧親自送他出城。當他騎馬穿過撫州門，回頭看到城樓上寫着「進賢門」三個大字，赫然醒目，忙翻身下馬，向孫燧一拜，表示感激之情。

其實孫燧將撫州門改名進賢門，一則是表達他對狀元、對人才的尊重，二則也是覺得「進賢」二字甚好，作為省城大門之名，有「求賢若渴」之意。

此事一時傳為佳話。

舒芬氣度不凡，體貌修長，以昌明聖學為己任，通曉諸經，擅長《周禮》，對音律尤為精通。他自恃博學，意氣風發而不肯屈於人下。

一日，他來見王陽明，故意問起律呂之事。

王陽明不答，且問他何為元聲？

舒芬回答說：「元聲制度翔實細微得很，我還來不及設置一間安靜的密室，來調試出元聲呢。」

「元聲豈能從管灰黍石等樂器音響中獲得？」王陽明說，「心得養則氣自和，元氣自然從中出來。《書》云『詩言志』，志即是樂之本；『歌永言』，歌即是制律之本。詠言和聲，俱本於歌。歌本於心，因而心才是最中和的地方。」

舒芬這還是第一次聽王陽明用心學來闡釋音律，甚為新

奇。此後，在聆聽了他有關律呂、禮樂的教誨後，舒芬欣然向王陽明執弟子禮。

正德十六年（1521年），王陽明於江西南昌正式向世人提揭他此前在贛州所悟的「致良知」說。他跟弟子們說，自從經歷了寧王之亂和張忠、許泰之變，益發相信，良知真正足以忘卻患難，超越生死。

一次，他在寫給弟子楊仕鳴的信中說，能夠體會到良知的真意，就會明白《中庸》中所講的君子之道，即：「建諸天地而不悖，質諸鬼神而無疑，考諸三王而不謬，百世以俟聖人而不惑！」

他在給弟子鄒守益的信中說：「近來信得致良知三字，真聖門正法眼藏。往年尚疑未盡，今自多事以來，只此良知無不具足。譬之操舟得舵，平瀾淺瀨，無不如意。雖遇顛風逆浪，舵柄在手，可免沒溺之患矣。」[1]

一日，見王陽明喟然長歎，侍坐一旁的陳九川問其原因，王陽明說：「此理簡易明白若此，乃一經沉埋數百年。」

陳九川答道：「宋儒所謂窮理本可謂極其簡易，但卻從知解上求索，因而頭緒紛繁，難以登堂入室，聞見日益，障道日深。而今先生拈出良知二字，此古今人人真面目，這還有什麼可以值得懷疑的呢？」

王陽明說：「你說得對！這就好比有人冒別姓墳墓為祖墓，怎麼辨別呢？只能開棺，將子孫的血滴到死者的骨頭上，如果有血緣關係，就會滲入骨中，真偽當場便可驗明。我此良知二字，實乃千古聖學代代相傳的那一點骨血！」

王陽明又說：「我於此良知之說，從百死千難中得來，不得已與人一口說盡。只恐學者得之容易，當作一種光景玩弄，不實

---

1 ［明］王守仁：《王文成公全書》卷三十三《年譜二》。

落用功，有負此知。」

歐陽德問：「聽說先生在南京時，門人眾多。先生卻只讓他們以存天理、去人慾為本，並未說明天理為何物。即便有人詢問也不作答，令自求之。可有此事？」

王陽明答說：「確有此事，那時弟子中流行靜坐求道，十分教條。我讓他們自求天理，皆因為天理應當親身體會，不可言傳，以此倡導一種講求務實的學風。」

「其實先生也在孜孜以求此天理？」

「我常說，每個人心中皆有一個天理在。不必外求，彰明內心即可。但又不能落於禪宗的流弊，而要講究從事上磨練。」

「學生明白，這就是先生經常教導的知行合一。」

王陽明說：「近來想有所發揮，只覺有一言發不出，津津然如含在口裏，卻又吐不出來。」過了一會又說：「我覺得此學更無有他，只是這些子，除了這些子，沒有其他的了。」

有弟子問：「這些子是什麼？」

王陽明答道：「連這些子，也無放處。今經叛亂、兵變後，始有良知之說。」

對王陽明執弟子禮的席書此時已由福建左布政使，提任湖廣巡撫都御史。他寫了為陸象山之學辯護的《鳴冤錄》贈予王陽明。陸九淵，字象山，是江西撫州府金溪縣人，本是孔孟正傳的學者，卻因朱子學成為官學而受到壓制，牌位沒有進入文廟配享，子孫也未沾褒崇之澤。王陽明對此事也深以為憾，去年正月，他給金溪縣令發去牌文《褒崇陸氏子孫》，要求仿各處聖賢子孫之慣例，免除陸氏嫡派子孫之勞役，有俊秀子弟，保舉至府學深造。

在貴州時，席書曾就朱陸異同向王陽明發問，當時王陽明位卑言輕，朱子學如日中天，他並未正面作答，只是講了自己的感悟。此外，他也認為聖人之道必須通過自己親身體會、比較，感同身受才能領悟。

王陽明讀了席書的《鳴冤錄》後很有共鳴，當即回信說：「陸象山之學簡易直截，是孟子之後唯一提出『心即理』的學者。其學問思辨、致知格物之學，雖仍拘泥於傳統的套路，但陸學的精髓斷非他人所能比及。」

　　同年，撫州知府李茂元刊行了《陸象山文集》，請王陽明為之作序。他在序文中公開宣揚「聖人之學，心學也」，強調心學為正統學問。並指出，孟子說：「仁，人心也。學問之道無他，求其放心而已矣。」又說：「仁義禮智，非由外鑠我也，我固有之，弗思耳矣。」[1]象山之學與孟子之學一脈相承，而世人卻將象山之學誣衊為禪學，不辨其是非異同，如同矮人之觀場，莫知悲笑之所自。他最後指出，其學說歸結為一句話：「其學之必求諸心。」

　　宋明以來，朱子學已是官學正統，象山學一直處於蟄伏抑制之狀。王陽明於龍場悟道後，雖在心中堅定了以心學為宗旨的決心，但在當時朱子學天下獨尊的時代，也不敢公然力排眾議，頌揚象山學。正德十五年（1520年）他創立「良知」說後，尤其是正德十六年（1521年）他首倡「致良知」說後，他一反常態地高調表彰陸學，而批判起朱子學來。

　　皇上車駕北還之後，南昌周邊重又恢復平靜。這一時期，王陽明的講友湛甘泉、霍韜（1487～1540年）和方叔賢都辭官歸隱，開始講會。王陽明幾次辭官都不成，對他們羨慕不已，感慨道：「既然讓我跟他們這幾位英賢生在同時共地，為何又讓我在此虛度光陰，失去與他們一塊講學的機會呢？」

　　此時，南昌知府吳嘉聰（1476～1541年）計劃編撰《府志》，王陽明的高徒蔡宗兗（1474～1547年）此時正好在南康府任教授，主持白鹿洞書院事務。白鹿洞書院位於風景秀麗的廬山五老

1　《孟子・告子章句上》。

峰南麓，南宋年間因朱熹在此講學而聞名遐邇。王陽明便將編寫《南昌府志》的機構設在白鹿洞書院，召集夏良勝（1480～1538年）、舒芬、萬潮、陳九川、袁慶麟（約1455～1519年）等弟子共同編撰。又寫信給鄒守益，邀他來白鹿洞舉辦講會。

白鹿洞書院坐北朝南，為五進五出的大四合院建築，屋頂是人字形硬山頂。禮聖殿、朱子祠、御書閣、明倫堂錯落有致。書院大門是一座雙層飛簷單門，門上高懸李夢陽手書的「白鹿洞書院」橫額。書院始建於南唐升元年間，當時叫「廬山國學」，南宋理學家朱熹出任知南康軍時，這裏已是斷壁殘垣，雜草叢生，便在舊址重建書院，聚眾講學，還邀請陸九淵來這裏辯學。朱熹親自撰寫了書院學規《白鹿洞書院揭示》，裏面有這麼一段話：「熹竊觀古昔聖賢所以教人為學之意，莫非使之講明義理，以修其身，然後推以及人，非徒欲其務記覽，為詞章，以釣聲名，取利祿而已也。今人之為學者，則既反是矣。」

王陽明對此深有感觸：「當今世人都重詞章之學，誰寫得一手好文章，又能吟詩作對，便吃得香。而明理修身這些古聖先賢遵循的學問之道，反而廢棄了！」

朱熹知南康軍三十八年後，他兒子朱在（1169～1229年）也來九江擔任知南康軍，又將書院重修了一番，邀請朱熹大弟子李燔（1163～1232年）擔任書院堂長，同窗黃榦（1152～1221年）、胡泳（1138～1175年）等十餘人來廬山交遊，各地學者雲集，「講學之盛，它郡無比」。王陽明對白鹿洞書院的文化傳承、自然風貌非常推崇，為自己能找到這麼好一個講學之所暗自高興。自此後，他在書院開壇佈道，諸生環侍，頗有當年孔子杏壇講學之風。

正德皇帝此時正在清江浦，仍舊住在太監張楊家。某日，他坐一隻小船在積水池釣魚，因船翻落水。此時已是深秋，皇帝受了驚嚇，又着了涼，從此一病不起。為何翻船？是意外還是陰謀？皇上如何致疾，又如何醫治？皆無從稽考。

御舟由清江浦一路北上，直抵通州，此時正值十月。在這裏，照安化王朱寘鐇之例，賜朱宸濠自盡，燔屍揚灰，不讓其見帝都。御駕還抵京城，文武百官迎於正陽橋。軍容大展，將俘獲的寧王家屬及從逆者，押至輦道兩旁。陸完、錢玏等與寧王同謀之人也都赤身裸體被反綁在道旁。這些人後背都插着寫上姓名的白色小旗幟。所俘叛軍首級也一個個插上小白旗懸於竹竿之上，綿延好幾里路長一眼望不到邊。皇上穿着戎服，乘馬立正陽門下，閱視良久，方才入內。接下來，便是禮部遵旨擬定獻俘禮。為此，正德皇帝又來了個自奏自批。

奏的是：「賴鎮國公朱壽指授方略，擒宸濠逆党申宗遠等十五人，乞明正其罪。」

批的是：「着論功行賞畢，即將申宗遠等獻俘於闕下，會鞫以聞。」

還鄭重其事地下詔褒賜鎮國公威武大將軍朱壽。又詔令給江彬每年加祿米百石，蔭一子錦衣千戶。

此時皇上已病得不輕，不理朝政，這一切都是江彬在背後運作。江彬又矯旨改京師團練營為威武團練營，由皇上直轄，不由兵部和五軍都督府節制，他親自統率軍馬，令許泰、神周、李琮等提督教場操練。

最後禮部遵旨所定的獻俘禮儀程是：皇帝常服御奉天門，鐘聲止。請皇帝上輦，作樂。輦至午門樓，御駕升座，樂止，鳴鞭訖。文武百官朝賀，獻俘，退。

兩天以後，因為親征凱旋，大祀南郊。正在行初獻禮時，皇上忽然嘔血，初獻禮只好舉行到一半便草草收場。皇上從此臥病不起，苟延到第二年也就是正德十六年（1521年）二月十四日駕崩於豹房，終年三十一歲。

皇上駕崩時，正是半夜。平時江彬每日守在皇上臥榻之側，這晚恰好不在左右。這時各宮門已落鎖。隨侍太監赴長安門投遞報喪帖子，啟用「急變」方式直達太后仁壽宮。所謂「急變」

乃大明朝宮禁應付非常事變的一種信息傳遞制度。宮門落鎖後，帖子自長安門縫隙中投入後，無論何人經手，須立即送達御前，遲則用軍法斬。張太后祕不發喪，召江彬和他兒子進宮視疾，當即拘捕。張太后隨後下詔宣佈江彬的罪狀，抓捕其同黨李琮、神周等人，下獄，論死。錦衣衛從江彬家中抄得黃金七十櫃、白銀二千二百櫃，其他珍寶不可數計。另外，還從他家中抄出隱匿、扣留下來的一百多本奏摺。太后厚犒江彬所轄邊卒，遣歸四鎮，撤銷威武團營。

正德皇帝膝下無子，又無兄弟，誰來繼承大統，頗費腦筋。張太后與楊廷和商議，援引《皇明祖訓》中「兄終弟及」的原則，從正德皇帝堂兄弟中挑選一位。

憲宗皇帝共生十四子，其中長子為萬貴妃所生，未及命名就夭折了，次子悼恭太子也早夭。三子即孝宗皇帝。孝宗皇帝的幾個兄弟中，五弟無子，十弟早夭。四弟興獻王朱佑杬（1476～1519 年）去世不久，有一子名朱厚熜（1507～1567 年），此時年僅十四歲，性格倔強。六弟益王朱祐檳育有四子，家教甚嚴，個個崇尚儉約，愛讀書史，愛民重士。七弟衡王朱佑楎這一支人丁興旺，膝下有七子，長子朱厚燆十九歲，天資聰慧，有賢名。此外，十三弟榮王朱祐樞也生了六個兒子，其中也不乏俊傑之士。

張太后有意挑選十九歲的朱厚燆繼位，說年齡、德行、長相都好。楊廷和卻打起了小算盤：如果挑選朱厚燆，衡王朱佑楎還健在，他豈不成了攝政王？此外，朱厚燆已成年，自有主見，新皇帝的眼裏豈有張太后和他內閣首輔楊廷和？再說，朱厚燆有七兄弟，如果他做了皇帝，將來他的那些兄弟們一個個都得成為親王，一旦飛揚跋扈起來，也不好對付。相比較來看，興獻王朱佑杬已薨，朱厚熜又是他的獨子，年紀尚小，涉世不深，如果他來當皇帝，必以太后和內閣為倚重。

張太后於是發正德皇帝遺詔，召就藩湖廣安陸州的興獻王

世子朱厚熜繼承皇帝位。此遺詔是大學士楊廷和所擬，但卻說是「皇帝寢疾彌留」之際所留。

正德十六年（1521 年）三月十五日，張太后派定國公徐光祚（？～1526 年）、壽寧侯張鶴齡、駙馬都尉崔元、大學士梁儲、禮部尚書毛澄（1461～1523 年）、太監谷大用等前往安陸迎接朱厚熜，到北京即皇帝位。

新君進京前，楊廷和總攬朝政。他以正德皇帝遺詔之名，命太監張永、武定侯郭勛（1475～1542 年）、兵部尚書王憲（1464～1537 年）挑選各營兵馬，分佈在皇城的四門、京城的九門及南北要害地帶，東廠、錦衣衛安排部下四處巡邏防備。下令廢除皇店，皇店管店官校及軍門辦事官旗校尉等各還衛所，各邊鎮守太監留京者也被遣回。哈密、土魯番、佛郎機等各國進貢使臣都被禮送回國。豹房的番僧及少林僧、教坊的樂隊、南京的快馬船等，凡不是依常例設置的，都被裁撤、解散。又發佈正德皇帝遺詔，釋放南京被關押的獲罪官員；送回各地進獻的女子；停止京城裏不急需的工程建設；將宣府行宮中的金銀寶貝收回內庫。正德年間的弊政幾乎被淘汰淨盡。所裁減的錦衣各衛所、內監局的旗校工役人數達十四萬八千七百，節省漕運糧食達一百五十三萬二千餘石，那些宦官、義子及奉中旨做了官的大半以上被清退。一時朝野上下，人心大快，交相稱讚楊廷和為賢相。那些丟了官的人卻恨之入骨。楊廷和上朝時有人身帶利刃在轎旁窺視，有一次險些被刺。

卻說谷大用先期至，朱厚熜不許其私謁。三月二十六日，徐光祚等抵達安陸，朱厚熜方才接見。四月一日，朱厚熜拜別其父陵墓。次日，辭別母妃啟程。四月二十二日，朱厚熜抵達北京城外的良鄉就不肯走了。為了以何身份入京，起了爭執。外藩入承大統，照例先由群臣勸進，經過一番謙讓，始可「俯允臣民之請，以慰天下之望」。禮部尚書毛澄根據楊廷和的授意，定議以皇太子身份，由東安門入居文華殿，擇日登基。興王府長史袁宗

皋（1452～1522 年）告訴朱厚熜，遺詔上明明寫着「嗣皇帝位」，不是嗣「皇子」位。

袁宗皋是湖廣石首人，弘治三年（1490 年）進士，本在朝中為官。一次偶然的機會認識了興王朱祐杬，交往日密，時而結伴同遊西山，詩酒相酬。弘治七年（1494 年），興王要去湖廣安陸府就藩，專程去袁家向他辭行。袁宗皋卻主動提出要隨他去安陸任王府長史。有故人同行，又是進士出身，興王自然高興，當場應允。當時與袁宗皋同朝為官的同僚都認為他好好的京官不做，卻跑去湖廣荊莽之地的山溝溝裏去當王府幕僚官，真是明珠暗投。袁宗皋卻跟人説：「我見興王骨骼精奇，眉上雙骨隆起，大口，隆準，必為人主。」袁宗皋在興王府苦苦熬了二十餘年，終於熬到了出頭之日，成為從龍之臣，護送新君入京。

當朱厚熜對以皇太子之禮還是以皇帝之禮入城拿不定主意時，袁宗皋當即表示：「禮制不可違，但法統更不可更改。主公如以皇太子之禮入城，名不正則言不順。今日此事受制於人，今後必將事事受制於人。」

朱厚熜點頭稱是，叫來毛澄等一眾大臣到馬車跟前，當場訓斥一番，並下令行轅在郊外停下歇息，不肯入城。

梁儲等大臣快馬急報內閣，請楊廷和拿主意。楊廷和心想，新君還未登基，脾氣就這麼大，而且明顯有違禮制，便堅持要求朱厚熜按照禮部的方案入城。雙方僵持不下。

壽寧侯張鶴齡看這樣下去也不是辦法，便私下派人向他姐姐張太后報信。張太后不顧楊廷和反對，令張永傳懿旨，讓羣臣上箋勸進，朱厚熜在郊外受箋。當天中午，從大明門入，隨即在奉天殿即位。詔書曰：「奉皇兄遺命入奉宗祧」。以第二年為嘉靖元年。

嘉靖皇帝即位後第一件事，便是下旨誅殺錢功、江彬。神周、李琮及江彬的幾個兒子江勛、江傑、江鶩、江熙俱被斬首，繪處決圖，榜示天下。江彬幼子江然及妻、女俱發功臣家為奴。

當時正值京師久旱，行刑之日突降大雨。

朝廷大臣對許泰、張忠交相彈劾，稱其「交結朋黨，擾亂朝政，依律當斬」。江西按察使伍文定也上奏揭發許泰、張忠嫉妒王陽明功勞，對其百般排擠，並逮捕窘辱他伍文定本人，及在南昌誣陷刑虐士民的罪狀。嘉靖皇帝遂將許泰、張忠下獄，論死。楊廷和、蔣冕、毛紀等連連上疏言道：「不誅此曹，則國法不正，公道不明，九廟之靈不安，百姓之心不服，禍亂之機未息，太平之治未臻。」

出乎大家意料的是，嘉靖皇帝最後卻特赦許泰、張忠不死，發許泰戍廣東海南，張忠充軍孝陵衛。言官張欽、王鈞等上書，認為許泰等罪也當誅，不宜輕貸。皇上降旨：籍沒家財，發原定衛所，永遠充軍。

楊廷和再次奏言：「許泰等人之罪當初法司會審即是死罪，繼而多官復審亦如此，已而臣等擬旨又如此，羣臣論奏又如此，是天下之人皆曰可殺，而陛下卻獨獨寬宥他，此臣等所不理解。陛下為何不將這幾個人繩之於法，以泄天地、祖宗之憤，以快中外臣民之心，以垂亂臣賊子之戒呢？」並以辭去官職相脅。皇上宣慰挽留，卻不改聖旨一字。

嘉靖皇帝即位後見朝中大臣盡是楊廷和門生故舊，有提攜新人、豐滿羽翼之意。六月十六日，下旨召王陽明進京，聖旨說：「爾昔能剿平亂賊，安靜地方，朝廷新政之初，特茲召用。敕至，爾可馳驛來京，毋或稽遲。」

王陽明接到聖旨，大喜，心想：新君果然新氣象，竟然還惦記着他這位處江湖之遠的人。自己常將「事上磨練」掛在嘴邊，此前許泰、張忠等人的窩囊氣都忍了下來，還只能眼睜睜地看着自己最忠心的弟子冀元亨被誣陷入獄，雖一再幫其申冤也無人理會。現在朝廷要起用他，他終於有用武之地了，這也是他致良知的結果。他一直主張知行合一，光有知不行，不是真知，一切理論還要放到實踐中去檢驗一番才知道行不行。

六月二十日，王陽明與鄒守益、伍文定等南昌的門生故舊話別後，滿懷壯志地踏上了進京的路途。可當他剛走到杭州，又接到另一封聖旨，以「朝廷新政，武宗國喪，資費浩繁，不宜行宴賞之事」為由阻止他進京。原來是首輔大學士楊廷和從中作梗。

楊廷和藉言官參劾王瓊牽涉王陽明。言官列出王瓊幾條罪狀：一是結交錢功、江彬；二是中傷名將彭澤，以讓自己取代陸完擔任吏部尚書；三是誣陷雲南巡撫范鏞、甘肅巡撫李昆、副使陳九疇下獄。王瓊經都察院、刑部、大理寺三堂會審，觸犯結交皇上近侍的律令被判處死刑，後被嘉靖皇帝改為充軍綏德。有御史密奏，王陽明在歷次向朝廷報送的奏捷書中，多有稱頌王瓊語句，是王瓊的黨羽。又說王瓊授予王陽明八面王命旗牌，便宜行事，似有違規徇私之嫌，或許包藏禍心。刑部又將抄家時收繳的王瓊與王陽明往來的十五封書信呈了上來，都是剿南贛匪禍和平寧王之亂期間的信件。刑部特意將王陽明在這些信中對王瓊的溢美、感激之詞甚至一些客套話都摘了出來，並檢舉身為兵部尚書的王瓊與封疆大吏私相授受，拉幫結派，有違祖制。緊接着，言官們阻止召王陽明進京的奏摺如雪片般遞了上來，說了一大堆理由，諸如嚴查王陽明與王瓊結黨之事、國喪期間不宜行宴賞等等。王陽明此時上疏懇乞便道回鄉省葬。朝廷准令歸省，升王陽明南京兵部尚書，參贊機務。

新君即位後，言官競相為冀元亨申冤。王陽明弟子方獻夫在老家廣東南海西樵山讀了十年書，此時已起任吏部員外郎。他親自去詔獄將冀元亨接了出來，沒想到冀元亨在獄中受過炮烙之刑，全身已無完肉，出獄五日而卒。

王陽明常將徐愛比作他的顏回，那冀元亨便是子路。得知冀元亨去世的消息後，王陽明悲痛不已，在家遙祭，又對湖廣省布政使和按察使發出《仰湖廣布按二司優恤冀元亨家屬》一文，希望地方官府對冀元亨家屬進行優撫。

八月，王陽明先抵山陰縣，這裏是紹興府治，也是他的第二故鄉。十歲那年，他便跟着父親搬到這裏居住。

九月，王陽明回到老家餘姚，赴祖母墓前拜祭。他幼年喪母，全由祖母親手撫養長大，祖孫倆感情甚篤。他為未能送老人家最後一程而悲慟不已。

餘姚人錢德洪，屢試不中，在餘姚龍泉山北麓的中天閣以授徒為業。聽説王陽明回到家鄉，率姪子、門生共七十四人迎請於中天閣，行拜師之禮。錢德洪是王陽明之後儒家心學的重要代表人物之一，他後來與同門一道修訂編撰了《陽明先生年譜》。

王陽明探訪了自己的出生地——瑞雲樓。成化八年（1472年）王陽明誕生時，祖母夢見神仙瑞雲送子，遂將此樓稱為瑞雲樓。王陽明在此樓度過了他的童年生活。王陽明指着主樓對新收的弟子錢德洪説，自己的胎衣就藏在樓上的某間房子裏。説來也奇，瑞雲樓是王華考中狀元前租自城中大戶莫氏，待王華任職京師，即擇地龍山裏構築新居。此樓又由莫氏租給了錢家。弘治九年（1496年），錢德洪也是在此樓出生。

王陽明此刻想到了自己的母親和祖母，因自己長年在外，軍務繁忙，不能祭掃母墳、奉養祖母，倍感痛苦。回到了生命的起點，他心中萌生出對生命的無限感傷和哲思。弟子陸澄恰好來信跟他討論養生的問題，他深有感觸地回信説：「我往年也曾迷上養生之道，後來才知道養德、養生只是一回事。陸九淵所説的『真我』，果能戒除恐懼而專心於是，則神住、氣住、精住，而仙家所謂長生久視之説，也在其中了。」他還舉例説，白玉蟾、丘長春這些道家祖師，享壽皆不過五六十，他們所説的長生之説，是別有所指，不過是清心寡慾，一意聖賢而已。他勸誡體弱多病、嚮往神仙養生學説的陸澄，不宜輕信異道，弊精勞神，廢靡歲月。

錢德洪盛邀王陽明赴中天閣講學，王陽明欣然允諾。中天閣本是東晉龍泉寺的一個閣樓，寺廟已不存，徒留此樓矗立在半

山腰上。閣名取自唐朝詩人方千的「中天氣爽星河近，下界時豐雷雨均」。自此後，中天閣成為王陽明在餘姚的講學處。七十四名弟子中除錢德洪外，不乏夏淳、范引生、柴鳳等餘姚乃至浙東地區的飽學之士。

十二月，王陽明返紹興。朝廷下旨，因王陽明平定叛亂有功，封為新建伯，特進光祿大夫、柱國，每年可享祿米千石，追封王家三代及其妻室，並賜誥券令其傳給子孫後代。

過了幾日，恰逢王華大壽，親朋好友齊聚一堂慶祝。王陽明舉杯為父親祝壽，王華嚴肅地說：「寧王叛亂，都以為你要死而未死，都以為事難平而終平。此後兩年，各種讒言構陷，危機四伏，家人沒有一刻不為你擔驚受怕。而今天開日月，顯忠遂良，穹官高爵，父子復相見於一堂，這難道不是天大的幸事嗎？」

親友聽罷，都起鬨鼓掌。

王華話鋒一轉：「話又說過來，盛者衰之始，福者禍之基。雖是幸事，也要心存畏懼！」

王陽明聽後，跪倒在地：「大人之教，兒日夜不敢忘。」

眾人不禁感歎：虎父無犬子，家教如此，方出爵爺。

王陽明在老家的日子過得十分逍遙，除每月一日、八日、十五、二十三日開講之日外，常與宗族親友宴遊，隨處指點良知。古越之地名勝古蹟甚多，今日遊一地，明日遊一地，用他自己的詩說，是「種果移花新事業，茂林修竹舊風流」，有點林下宰相的風致。

第二年改元嘉靖。一月十日，王陽明上奏疏請辭新建伯這一爵位。錢德洪等弟子對他的這一舉措很不理解，紛紛說這是先生千辛萬苦掙來的，實至名歸，為何要辭？王陽明卻說：「家父壽宴時告誡我『盛者衰之始，福者禍之基』，我深以為然。再說了，平定宸濠之亂，是眾將士用鮮血和生命換來的。我此前給朝廷上過紀功表，為有功將士請功。可是到頭來，只有伍文定升了職，其他人有的明升暗降，有的還被罷免。現在讓我獨享封爵，

於心何忍？」

王陽明還有一番心裏話，話到嘴邊，卻沒有挑明。他前幾日收到老友湛甘泉的來信，說滿朝大臣有不少嫉妒王陽明文人帶兵平定叛亂的功績，內閣首輔楊廷和更是背後推手和始作俑者。一次退朝途中，湛甘泉甚至當面質問楊廷和：「此次於中途將王陽明派往南京一事，是不是貴公所為？」楊廷和不敢與他對視，打了個哈哈，奪路而逃。湛甘泉在信中說，楊廷和把持的內閣還將王陽明的紀功書中內容加以刪改，以阻攔王陽明及其部下升遷。

王陽明對這些媚嫉者心生鄙夷，這些人真是禍世匪淺。他此次以文人封爵，必將激起他們新一輪的嫉恨。他雖不懼流言蜚語，但卻討厭為是非所困以及無休無止地捲入不必要的爭論中去。不就是個爵位虛名嗎？與我心中求聖之道相比，不啻天淵！他在辭爵的奏疏中藉機表達了對浴血奮戰的將士未能得到表彰的不滿，他說將士們「或犯難走役，而填於溝壑；或以忠抱冤，而構死獄中」。最後他感慨道：「可見之功卻遭裁削，何以激勵效忠赴義之士？」他用激烈的言辭講明了自己辭爵的理由：獎勵沒有惠及有功的部屬，他自己沒理由獨享功勞，在這種賞罰不均的情況下，他辭爵也是為了避禍，避免朝中媚嫉者的造謠中傷。他的辭爵摺子送上去後，沒有消息。

二月十二日，父親王華病情突然加重，生命垂危。此時朝廷恰好派行人來到王家，要向王陽明正式下發封爵詔書。王華雖是重病纏身，卻躺在牀上吩咐王陽明等子弟以禮相迎，不可因他病重而廢了禮數。聽說已經準備好，才瞑目而逝。王陽明不讓家人哭泣，而是換上新的禮服禮帽，腰中繫上寬腰帶，從容迎接朝廷使者的到來。等送走了使者，才令家人準備葬禮。

封爵的詔書上面落款的時間是上一年十二月十九日，說明聖旨早就下了，只是有人阻撓了新君論功行賞。老父病逝，同僚中傷，讓王陽明感到疲憊交加，一病不起。而每天都有各地遠道

而來的朋友探視。他無奈之下在牆上掛出一幅拒客的揭帖。

　　七月十九日，吏部發來諮文答覆說，辭爵之請未得批准。王陽明於是再次上疏請求辭爵。在這次上疏中，王陽明再次慷慨激昂地表達了為患難與共的將士請功的願望。在國難當頭之際，他尚未任江西巡撫一職，振臂一呼，興舉義兵，諸位大臣將士紛紛響應，挺身而出，以粉身碎骨的忠勇之氣隨他一道平定了叛亂。現今只有他一人獨享恩典，其他大臣將士「賞未施而罰已至及，功不錄而罪有加，不能創奸警惡」，這簡直是「以阻忠義之氣，快讒嫉之心」。他的這封奏疏報上去了，像石沉大海一般，毫無回音。

　　這時，巡按江西監察御史程啟憲與戶部給事中毛玉，在楊廷和的授意下，上本彈劾王陽明，列出抨擊王陽明的六點理由：

　　　一是寧王朱宸濠寫給朝中某大臣的私信中有一句「王守仁亦好」的話；

　　　二是王陽明曾派遣冀元亨去南昌見朱宸濠；

　　　三是寧王叛亂時，王陽明也正是想去南昌給他賀壽；

　　　四是王陽明起兵，是由於致仕都御史王懋中、知府伍文定的慫恿；

　　　五是王陽明破城之時，縱兵焚掠，而殺人太多；

　　　六是寧王本無能力，一個知縣的力量即可擒獲他，王陽明的功勞不算大。

　　王陽明的弟子陸澄當時正任刑部主事，聞訊後憤慨地寫下《辨忠讒以定國是疏》，針對這六點非議，一一擺事實講道理，末尾質問道：「今建不世之功，而遭不明之謗，天理人心安在？」

　　王陽明聽說此事後，給陸澄去信，阻止他為其上疏辯護，說應以謙虛為宗旨，自我反省，謹防賣弄辯解之詞。他說：「是非之心，人皆有之。這人皆有的是非之心，就是良知。我們致良知，就是要追求和堅守內心的是非之心。《伯夷頌》裏講『舉

世非之，力行而不惑者，則千百年乃一人而已』，也就是追求他們認為的內心的『是』，而不顧外界的『非』。我們豈能以一時毀譽而動其心呢？」他告訴陸澄，針對世人的批判要表示深刻的反省，同時也要認為那些批判自己學說的人也是有志於學問的人。他豁達地認為，他們在遵循良知以後很快便會理解自己的學說。

王陽明的另一個弟子黃綰此時結束了在家鄉雁盪山等地的靜養讀書，出任南京都察院經歷。聽說有人攻擊自己的老師，大怒，憤然上書朝廷，與程啟憲、毛玉等人激辯。一時鬧得沸沸揚揚。

當楊廷和與湛甘泉、黃綰等王陽明的講友、弟子們鬧得不可開交之際，嘉靖皇帝卻在忙着他自己感興趣的事情，無暇他顧。

朱厚熜即皇位後，面臨着一件煩心事：他繼的誰的皇位？如果繼的是伯父孝宗皇帝的皇位，那他就算是過繼給他的皇太子，他的脈系就要改歸到孝宗皇帝這一支，與武宗朱厚照並列為兄弟。認一位從未見過面的伯父為父，這非他所願。而且他的親生父親，也就是孝宗皇帝的弟弟興獻王只他一個兒子，他過繼給了孝宗皇帝，興獻王這一支豈不是斷了血脈？

當初張太后派出的使團迎他進京時，在北京城外的良鄉，為了以皇子身份還是以皇帝身份入城，他曾與楊廷和的人發生激烈爭執。雙方互不妥協，最後他聽從了袁宗皋的計謀，勒馬不前，不肯進城，讓張太后和滿朝文武在紫禁城裏等得乾着急。最後是他贏了，他以皇帝身份從大明門直入，在奉天殿即位。當時面對內閣和禮部等大臣的輪番激辯和勸說，年僅十五歲的朱厚熜也有所動搖。但老謀深算的袁宗皋堅定地支持他要咬緊牙關，不可鬆口。袁宗皋讓他堅持的理由，就是楊廷和

起草的正德皇帝遺詔有讓他「嗣皇帝位」這麼句話，而不是讓他嗣皇子。這也許是楊廷和的一個疏忽，但這句話給了很大的解釋空間，既然是嗣皇帝位，嗣誰的皇帝位，便有很大的周旋餘地。可以說是「兄終弟及」，嗣正德皇帝這位頑主的皇帝位。如果從脈系來說，他朱厚熜其實是跨過孝宗、興獻王這一代，直接繼的皇祖父憲宗皇帝的皇位。

但他畢竟只是一個藩王的兒子。如果他繼的是皇祖父的皇位，他的父親只有親王的頭銜，都不配入繼太廟，這顯得有點不太名正言順。所以從禮法上來說，他必須給已去世的父親興獻王更改一個名號。

可是以楊廷和為首的內閣一夥人，引經據典，擺出一大堆理由堅定地認為新皇帝繼承孝宗皇帝的皇嗣，是以孝宗皇帝繼子的身份繼位。孝宗皇帝是新皇帝的皇考，而不是皇伯考。嘉靖皇帝對此一籌莫展，他跟這些學富五車、滿腹經綸的文臣們是有理講不清，何況道理也許還不在自己這一邊。

袁宗皋卻在他耳邊吹風說：道理永遠是站在強者的這一邊！這個理他不是不知道，但他不想給羣臣留下一個強詞奪理的印象。他剛剛即位，如果沒有內閣和六部文臣們的支持配合，這個龐大的帝國簡直一天也無法正常運轉。袁宗皋聽皇上講了他的苦衷，支了一招：諭令禮部，集議羣臣對興獻王的尊號。他相信，天下羣臣應該不是鐵板一塊。對已逝去的藩王追贈一個更堂而皇之的尊號，何況這位藩王還是當今皇上的親生父親，這在禮法上也說得過去。此前也有先例可循。

皇上頓時明白，袁宗皋此番用意是想在羣臣中培植楊廷和的反對派，並用其來瓦解和摧毀楊黨陣營。不過他還是表達了他的擔憂：「萬一沒有人站出來反對楊閣老呢？」袁宗皋冷笑一聲：「那他楊閣老的死期便到了。」

禮部集議的事沒有引起羣臣太多反響。大多數人覺得此事楊閣老已有定論，無須太多辯論。也有幾個人另有想法，但卻礙

於楊閣老的面子，不敢有異議。在眾大臣的眼裏，此事是有前車之鑒的。此前有一位官員也想挺身而出支持新君，可是還沒等他冒出火花，就被撲滅了。這位官員叫王瓚（1462～1524年），浙江溫州永嘉人，弘治年間榜眼，當時任禮部左侍郎。王瓚曾經在工部任職，任職期間，曾受命到安陸監工修建興王府，與興獻王朱佑杬頗有交情，王瓚憑藉和興獻王的交情，決定支持嘉靖皇帝。他也知道自己勢單力薄，無法抗衡楊閣老，於是暗中聯絡官員，準備替皇帝出頭。但是事情不慎被泄露，傳到了楊廷和耳中，他勃然大怒，暗中派人調查王瓚，想揪出他的小辮子。一旦查出眉目，就唆使御史彈劾他。

調查的結果讓楊廷和大吃一驚：王瓚此人胸懷坦蕩，剛正不阿，可以説是一塵不染！他唯一被查到的錯誤就是正德朝一封奏章中寫了幾個錯別字。可是光憑寫錯別字的事也無法給他定罪呀，楊廷和又生出一個毒計：栽贓！

楊廷和派人找到王瓚的至交好友汪慎，要他送給王瓚一隻玉石筆筒、一件玉石筆架和一雙玉石鎮紙，都是原產陝西滋水的藍田寶玉。汪慎跟王瓚説，這些只是些尋常文房之物，他家裏擺不下，扔掉可惜，轉送好友以物盡其用。王瓚不懂玉，推辭不掉就勉強收下了。幾天後，首輔楊廷和家中價值不菲的玉石筆筒、筆架和鎮紙丟失的消息在京城官員中廣為流傳。這時有人跳出來説，在王瓚的衙署裏好像看到楊閣老丟失的寶物。楊廷和的親信、禮部尚書毛澄假裝若無其事地到王瓚衙署裏商量公事，結果卻「意外」地發現了楊廷和「丟失」的筆筒、筆架和鎮紙，於是嚴加盤問。王瓚如實稟報，並請來好友汪慎對質。已經被楊廷和威逼利誘的汪慎矢口否認。被摯友出賣，王瓚倍感心寒，痛悔不已。這時候，楊廷和卻滿面春風地出現了，表示願意將寶物送給王瓚，並且不再追究此事。但最後卻暗示王瓚身為禮部侍郎，理當成為克己復禮的典範，做出這種事情，不適合繼續留在京城。王瓚萬般無奈之下，只好順水推舟上疏乞休。楊閣老大筆一揮，

將他調任南京禮部任職。

京城中唯一想替皇帝出頭的人被陷害打擊，誰還敢替皇帝說話？此事過後，只要提起興獻王尊號的事，大家都噤若寒蟬。

皇城根胡同一間破舊的民房裏，有一位王瓚的同鄉名叫張璁（1475～1539年），坐在油燈下反覆研讀皇上發給禮部的諭旨。此人是新科進士，也是浙江永嘉縣人，跟王瓚是隔壁村。王瓚在永嘉乃至溫州都是響噹噹的人物，人稱「榜眼王」。張璁此前幾次赴京趕考，自然少不了要登門拜訪這位鄉賢。王瓚並未對他這個屢試不第的小老鄉施以白眼，而多有提攜鼓勵，並常有資助。王瓚無端被陷害，並沒有嚇倒這位新科進士。他心中為前輩鄉賢打抱不平，另外也敏感地意識到，這是新君對羣臣的一次探風。不然的話，已成定論的事為何還要禮部集議呢？難道滿朝文武就沒人揣摩到皇上的用意，為何大都默不作聲？就算有幾個上摺子的，也盡是些老生常談。

張璁這時想起一件事，前幾天他被吏部分到禮部觀政，禮部尚書毛澄按例跟新進該部的進士見面寒暄一把。臨走時，毛澄從書架上挑出一本《楊廷和奏議》給到張璁等新進士，嚴肅地說：「咱們禮部是最知書達理的地方，今後你們少不了要寫奏摺議事，多學學楊閣老的錦繡文章吧。」張璁頓時明白了：羣臣不願摻和到集議興獻王尊號這事裏來，不是看不出皇上的用意，而是不願得罪楊閣老。畢竟新君只是個十五歲的少年，從湖廣安陸來到京城做皇上也沒有多少天。楊閣老可是四朝老臣，從成化十四年（1478年）他十九歲中進士、授翰林開始算起，他在朝為官四十餘載。從正德二年（1507年）他入閣算起，他執掌中樞也有十五個年頭。更何況在朱厚熜未至京師時，作為首輔的他總攬朝政三十七日，革除武宗朝弊政，裁汰冗員腐吏，一時威望如日中天。他簡直就是個有實無名的「攝政王」！

張璁住的這間屋是他前年來京趕考時租的，本是房東用來堆放柴火的雜物間。此前張璁七次進京趕考都名落孫山，四十七

歲第八次赴京參加會試才終於上榜。他家在浙江溫州永嘉一帶本來還算殷實人家，可是考了這麼多年，家裏也被他考窮了。這次進京的盤纏都是老妻跟親朋好友東借西湊得來的。

楊廷和四十七歲這一年已入閣為相，他張璁四十七歲才觀政禮部。照這樣按部就班下去，他張璁幹到致仕，頂多也就是個五品郎中。當然了，這比他在溫州老家教私塾強。可是，張璁志不在此。他從小就是一個有着遠大理想與抱負的人。小時候在書院讀書，一天上課時間到了，他還和一個同學在院子裏玩耍。老師將他倆訓斥一番，責令他們以墊桌腳的木頭為題，合作一首詩。若作得好，可免責罰，並指令另一位同學先作。這同學想了半晌，開口吟道：「小小木頭器未成，無聲無臭又無名。」張璁馬上接道：「縱然不是擎天柱，願在人間抱不平。」前兩句句意平平，經張璁後面兩句連綴上去後，竟成佳句。老師不僅沒有罰他倆，還甚是讚賞。

張璁不想平庸地過一輩子，他果斷地意識到，集議興獻王尊號的事正是一個讓他嶄露頭角的機會，他要出奇制勝！自己年將天命，再不搏一次，必將平庸至死。雖說很可能他這冒頭蒼蠅一出頭便會被楊閣老的內閣勢力一巴掌拍死，但他寧願冒險一試。他想，大不了又回去老家當他的教書先生唄。

下定了決心，張璁開始搜腸刮肚，翻箱倒櫃，從典籍和史料中尋找支持自己論點的依據。他的奏摺不僅要以情動人，還要以理服人。經過一個通宵的努力，一篇力排眾議，主張新皇帝「繼統不繼嗣」的奏摺一氣呵成。他雖然預料到這篇奏摺遞上去也許會不同凡響，但怎麼也想不到會掀起驚濤駭浪，不僅成為他仕途的一個巨大轉折點，而且改變了整個王朝的運轉軌跡。

張璁在這篇奏摺中針對「為人後者為人子」的說法，指出如果興獻王健在並且即位的話，難道興獻王也要做孝宗的兒子麼？楊廷和等人舉例的漢代定陶王、宋代濮王，都是預先立為太子，養在宮中，實際上已經是過繼給漢成帝和宋仁宗，而新皇帝不一

樣，沒有當過太子，自然沒有過繼一說。因而繼承的大統，實際上是太祖之統，是來自祖父憲宗的。他在奏摺中說：「現在要迎養聖母來京，稱皇叔母的話，就要講君臣之義了，難道聖母要做皇帝的臣子？而且《禮記》有云：『長子不得為人後。』」因而他主張皇上仍以生父為皇考，在北京別立興獻王廟。

皇上見到此奏摺，掩蓋不住內心的喜悅，對袁宗皋等身邊近侍說：「此論出，我父子能保全了！」當即批轉內閣向各部院和各行省轉發此奏摺。

楊廷和接到司禮監轉來的摺子，氣得肺都炸了，對禮部尚書毛澄發話說張璁只是一個新科進士，不配參與集議，但朝中上下不少大臣卻不這麼想。當時賦閑在鎮江老家的楊一清，在邸報中見到張璁的奏疏，興奮不已地對前來向他辭行的弟子、赴京就任吏部尚書的喬宇說：「張生的這番議論，使聖人之義復起，真是膽識過人！」

王陽明看到張璁的奏摺，也心喜其說，認為其立論以人為本，充分考慮了人倫與國本，實屬不拘泥俗論、講究變通的高見。他跟錢德洪等弟子說起此事，有弟子說張璁標新立異，或許是想走終南捷徑。王陽明卻認為這些論點或許是出自張璁內心的真知灼見，並非阿諛奉承。他對一眾弟子說：「我朝飽讀聖賢書的士大夫們，將忠孝節義整天掛在嘴邊，口口聲聲說要以孝治國，現在卻打着冠冕堂皇的旗號，集體去逼迫少年皇帝不認親生父母，和心懷純真至孝的少年天子相比，高下立判！為生父立廟與為國繼統並不矛盾，兩全其美為何不好？」

出乎楊廷和意料，張璁這一奏摺在朝廷內外引發廣泛討論，不只是禮部集議那麼簡單，而是成為波及各個領域的「大禮議」。不少官員對內閣一手把控的官僚系統心懷不滿，便藉機指桑罵槐，或是藉議禮呼籲制度變革。

此時，王陽明的弟子們，有些已居朝廷高位，有些主政一方。他們不滿楊廷和對老師的打擊，也想參與到大禮議中來，對

楊廷和反戈一擊。一向行事低調的王陽明，在這次轟轟烈烈的大禮議事件中，卻一反常態，或默許或明使弟子們參與進去。

王陽明當年貶到貴州龍場驛時，以師禮事之的貴州提學副使席書，這時已任湖廣巡撫，看到朝廷討論「大禮」尚未有定論，草擬了一道奏疏，以宋英宗入繼大統為例，建議尊皇父興獻王為皇考興獻帝。奏疏擬好草稿後，他專程派人送去給老師王陽明，並交待說必求回信。

在這之前，王陽明的好友霍韜私下寫了一篇《大禮議》，援引古禮，主張皇上應尊生父興獻王為皇考，不同意羣臣同議以興獻王為皇叔考之名稱，義正詞嚴，力排眾議。霍韜跟王陽明的弟子方獻夫是廣東南海同鄉，為人極有個性，他本是正德九年會元，吏部提名他候補後，就返回南海老家結婚，然後在西樵山刻苦讀書，對經史等學問融會貫通，卻不入官場，不問世事。嘉靖皇帝即位後，起用他為兵部職方司主事。「大禮議」的爭論開始後，誰都沒有想到一向默默無聞的霍韜會挺身而出，充當「繼統」派的馬前卒。

霍韜先是與毛澄書信往來，短兵相接，互相質問。後來，他意識到毛澄一時無法改變成見，就遞上奏章說：「按大臣們議定，認為陛下應當稱孝宗為父，興獻王為叔，另外選崇仁王的一個兒子做興獻王的後裔。這種觀點，根據古禮是不適合的，根據聖賢之道來比照是說不通的，根據如今的事實來考慮是名實不相符的。」

他在奏章中還說：「我提出以興獻王為帝，就是要破除前代故事給人的拘束。帝王之間的繼承，只是繼承王位而已，本來就不必斤斤計較父子的稱呼。只有繼承王位，才能使孝宗的譜系不絕，就連武宗的譜系也不絕。這樣陛下對興獻王還可以改正父子之稱號，不斷絕興獻王天生的大恩，也能改正對天子的母親應有的禮儀。假如再對慈壽張太后、武宗皇后能用正確的方式對待，盡心中的誠意來侍奉，那麼尊敬尊貴的人，親愛親近的人，這兩

條就都沒有違誤了。」

王陽明接到霍韜寄來的《大禮議》，打心裏讚許其觀點但沒有回覆。這次席書將奏疏草稿專程派人送來他看，他準備擬一封回信，表明他對大禮議的態度。

弟子錢德洪把席書的奏疏草稿看了一遍，知道他的意見是，過去宋英宗作為濮王的第十三個兒子過繼給宋仁宗當了太子，現今皇上是以興獻王長子的身份入宮來繼承王位。宋英宗的過繼在宋仁宗當政期間，而皇上即位是在武宗逝世之後。既然已經把武宗的親生父親、當今皇上的伯父孝宗皇帝供奉為宗廟中的神主，那麼禮臣再三堅持對皇上親生父親稱「皇考興獻王」，這並沒有錯。但是禮應以人情為根基，陛下作為尊貴的天子，親生父母假如沒有尊稱又怎麼行呢？所以尊崇親生父母為帝、后，告慰雙親，這是人之常情，也符合禮制。另外在宮廷中為興獻帝立廟，逢年過節祭祀過太廟以後，仍舊用天子之禮在宮廷中祭祀興獻帝，這或許是處理這個問題的一種很好的辦法。

錢德洪覺得霍韜與席書的觀點大同小異，對老師上次接到霍先生的信不置可否，這次卻要給席書回信一事不理解，王陽明解釋說：「霍韜寄來《大禮議》時，紛爭剛起，我又遭父喪不久，不便公然參與朝廷內外的討論，只能坐觀其變。而今席書來信，此說信從者漸多，我正好為之辯析，也算是委曲調停。」

王陽明另一名大弟子——吏部員外郎方獻夫此時也上疏呼應席書的觀點，支持「繼統不繼嗣」之論，主張尊嘉靖皇帝生父興獻王為皇考，還引孟子「孝子之至莫大於尊親」之說為證。

楊廷和看到席書和方獻夫兩人的奏摺後，心頭生出無名火，但又不便發作，悄悄將這兩份奏摺壓住不報。奏摺報上去半個多月了，像石沉大海一般毫無動靜。席書明白肯定是被內閣壓住了，便又給王陽明去了封信，說內閣無故扣壓他的摺子，他要與內閣據理力爭。王陽明趕緊給他回了封信，勸他心平氣和一點，與其跟內閣正面衝突，不如另闢蹊徑，曲徑通幽。他在信中

最後建議席書將寫好的這封奏摺交給桂萼（？～1531年）。

席書看了回信，對身邊人説：「讀先生的信，這才明白什麼叫醍醐灌頂。先生真是智慧過人，自己去鬧，不如叫別人去幫自己鬧，效果自然更勝一籌！」

桂萼也是跟張璁一樣在大禮議中一炮走紅的新貴，江西饒州府安仁縣人，正德六年（1511年）進士。歷任丹徒、武康、成安等縣知縣，嘉靖二年（1523年）才剛剛升了個南京刑部福建司主事的閑官。耐不住寂寞的桂萼一次偶然機會，從他擔任翰林院修撰的兄長桂華那裏得知張璁挑起大禮議，興奮不已，暗自支持張璁的主張。

但張璁人單勢孤，難以動眾。不久楊廷和指使吏部上奏摺將張璁明升暗降，外放任南京刑部主事。皇上看到吏部的奏摺，當場就惱了，要司禮監擬中旨調張璁來詹事府任日講官。貼身太監趕緊把袁宗皋請來。袁宗皋剛剛入閣不久，深知內閣沉苛已久，嘉靖皇帝登基不久，根基不牢，一時半會難以撼動內閣，便勸皇上不如先與內閣妥協，以待來日。皇上於是很不情願地在吏部摺子上批紅了一個「准」字。

張璁到了南京，仕途鬱鬱不得志的桂萼便主動找上門，兩人一拍即合，引為知己，經常在一起討論如何擊敗楊廷和為首的內閣勢力。

嘉靖二年（1523年）十一月，醞釀了將近兩年，張璁和桂萼又上疏舊事重提。少年天子正為此事發愁，此前他堅持以皇太后之禮迎接生母蔣妃入京，遭到楊廷和反對後痛哭流涕，表示願意辭位，奉母返回安陸，楊廷和無奈之下只得讓步。但他操控的內閣一直不贊成尊生父興獻王為帝，要他以孝宗為皇考，興獻王改稱「皇叔考興獻大王」，母妃蔣氏為「皇叔母興國大妃」，祭祀時對其親生父親自稱「姪皇帝」。禮部尚書毛澄和文武羣臣六十餘人將此議上奏皇帝，引經據典，高談闊論，目的只有一個：嘉靖皇帝不能認親生父母。並放出話説：「朝臣中有異議者即奸邪，當斬！」

此時朝中盡是楊廷和的親信，袁宗皋在去年入閣僅四個月突染怪病去世。皇上身邊連個說話的人都沒有，心中鬱悶不已。當他看到張璁、桂萼兩人奏摺時，心中暗喜，急招兩人入京。桂萼、張璁初到京師，楊廷和一派勢力尚盛，二人頗為孤立。刑部尚書趙鑒與給事中張翀等密謀撲殺桂萼和張璁。皇上通過東廠和錦衣衛偵知此事，立即任命桂萼、張璁為翰林學士，並令武定侯郭勛派人保護。

嘉靖三年（1524年）正月，皇上召集羣臣重議生父尊號之事，桂萼此時抓準時機再次上書，並將席書先前寄他的奏摺附在後面。皇上一看席書的奏摺落款日期，便什麼都明白了，頓時火冒三丈，大聲質問楊廷和這是怎麼回事。楊廷和一時語塞，連忙跪地磕頭，表示自己毫不知情，願擔失察之責，請求致仕。他此前在武宗朝和新朝都多次用過這一招，希望以退為進，他心想，這個朝廷離了他肯定運不轉。

前不久，興獻王妃到了京城，皇上親自確定儀式，由中門入城，訪問祖廟。在大宴間隙，皇上假裝漫不經心地跟楊廷和等人樂呵呵地說，想尊稱興獻王、母妃為皇考、皇太后。楊廷和卻板着臉答道：「漢宣帝繼漢昭帝皇位後，加史皇孫、王夫人諡號為悼考、悼后；光武帝往上承繼漢元帝的統緒，鉅鹿、南頓君以上立廟於章陵，都沒有追加尊號。現在如果追加興獻王、王妃的尊號為皇帝、皇后，與孝廟、慈壽並列，就是忘記了先皇帝而看重親生父母，採用私人間的情感而放棄國家的大義。我們這些作臣子的對歷史沒法交待喲。」他說罷就跪在地上，自請罷免官職。大臣跟着他跪倒諫諍的黑壓壓一片，竟有一百多人。搞得皇上一時下不了臺，心裏對楊廷和恨得牙根癢，但表面上還得好言安撫。嘉靖皇帝辯不過百官，也曾想直接下聖旨為親生父親正名分，結果聖旨到了內閣，楊廷和先後四次動用內閣首輔「封駁」的權力，把皇上的親筆聖旨密封退回，並堅持己見，親自上了近三十篇奏章勸諫。皇上憤憤不平，但又無可奈何。

硬的行不通，皇上就來軟的，請楊廷和來偏殿喝茶，大肆稱讚他的「豐功偉績」，並暗示他只要給親生父母一個名分，其他事情都可以商量。縱橫官場數十年，獨掌朝政大權的楊廷和卻裝聾賣傻，顧左右而言他，反正皇帝吩咐的事情就是不辦。朝中也有幾個言官看不慣楊廷和的作派，認為他太過放肆，失掉做臣子的本分。諫官史道、曹嘉交相參劾楊廷和，皇上卻違心地將此二人貶謫，以撫慰楊廷和。他打心底還是想拉攏楊廷和，袁宗皋去世後，他在朝廷上孤掌難鳴啊。不久後，朝廷評定輔立新君的功績，皇上破例封楊廷和與蔣冕、毛紀為伯爵，年祿一千石。楊廷和堅決辭謝，皇上只好改為蔭封其家世襲錦衣衛指揮使，他又推辭不受。皇上以為他嫌封賞太輕，便改為蔭封四品京官世襲，楊廷和又推辭。適逢楊廷和復職滿了四年，就破例加封他為太傅，他又四次辭罷。皇上還特地頒發他誥敕予以表彰，並在禮部為他賜酒宴一次，九卿都作陪。

皇上癡迷僧道，常在宮中設齋壇祈禱。楊廷和引用梁武帝、宋徽宗的事例來諫勸，皇上雖心中不悅，但也優旨採納。皇上自認為把表面文章都做夠了，但這楊閣老就是油鹽不進，在對他親生父母封號這件事上仍是我行我素，毫不讓步。他孤立無援，壓抑鬱悶，但也只能忍着。

楊廷和以為皇上年少軟弱，其實他錯了，他低估了皇上的能力，也錯判了皇上與親生父親的感情。皇上自幼聰明絕頂，五歲之時，他父親讀王勃的《上百里昌言疏》時，情不自禁慢慢唱道：「明君不能畜無用之臣……」他立即接上：「慈父不能愛無用之子。」興王爺驚詫不已。跟皇宮後院人情淡薄不一樣，從小在安陸僻遠之地長大的朱厚熜，打小就跟興王形影不離，父子情深。興王長子早夭，膝下只有他這一個兒子，自然是疼愛備至。

皇上對楊廷和和內閣一再讓步，他是在等待一個機會，給楊廷和致命一擊。終於他等到了桂萼的奏摺，和附在後面那份他從未見到的席書的奏摺。

此時的嘉靖皇帝已非當年的正德皇帝，也不是當初剛從外藩趕來京城繼位的懵懂少年。雖然說官話時還夾雜着明顯的安陸口音，但他已慢慢熟習北京官場的套路，也摸清了朝廷大臣們的脾性。更重要的是，他知道他是皇上，是一言九鼎、翻手為雲覆手為雨的皇上！他早已厭惡楊廷和等內閣文臣們的跋扈難制，他現在抓住了內閣扣壓大臣奏摺隱瞞不報這一把柄，這就點住了楊廷和的死穴。楊廷和他心裏應該明白，如果此事徹查下去的話，欺君罔上、結黨營私等罪按律當斬。

出乎楊廷和和滿朝文武意料之外，這一次皇上來了個順水推舟，同意楊廷和致仕歸里，並嚴詞責備他欺罔君上，不符為臣之道。不過仍然賜他加蓋玉璽的書券，照常例供給他車馬、錢糧、護衛人員，重申以前蔭封一子錦衣衛指揮使的授命。朝中大臣紛紛上書請求挽留楊廷和，皇上都不予理睬。

楊廷和離開後，皇上終於可以隨心所欲地在朝堂之上討論稱孝宗為「皇伯考」了。此時，頗感羣龍無首的禮部尚書汪俊醞釀集體諫諍，率羣臣兩百五十人一同進言，反對皇上以興獻王為皇考。皇上心中極為不悅，但卻沒有公然發作。反而心生一計，想出一個「引蛇出洞」的妙計。他表面上和顏悅色地跟眾大臣說，此事事關國之大禮，既是集議，大臣們自然可以暢所欲言。他下令讓更多的官員參與議論，集思廣益。並讓通政院將大臣們不同意見的奏摺印在邸報上，營造一種皇上垂詢國是、君臣一團和氣的氣氛。

許多大臣誤判了風向，以為皇上對楊廷和的去職心生悔意，紛紛上書言事，眾說紛紜，而尤以挺楊派居多。看到各種反對他的奏摺像雪片般飛來，皇上惱羞成怒，強抑內心怒火，放任大臣們盡情發聲，甚至指手畫腳。七月十二日，皇上突然詔諭禮部，十四日將為親生父母上冊文，祭告天地、宗廟、社稷，羣臣譁然。正逢早朝剛結束，吏部左侍郎何孟春登高一呼：「憲宗時，百官在文華門前哭請，爭孝莊錢皇后下葬禮節，憲宗聽從了，這

是本朝的舊事。」

楊廷和之子、翰林院修撰楊慎（1488～1559 年）也站出來説：「西周時，周天子是天下大宗，而姬姓諸侯對周天子來説是小宗。如此類推，孝宗是大宗，皇上親生父親興獻王是小宗。有大就不能入小，當今皇上繼大統，即入大宗，自然要稱孝宗為皇考，天經地義，理所當然。至於親生父母，和皇位相比，自然為小，關係也就要自然疏遠。國家養士一百五十年，堅守節操大義而死，就在今日！」

隨後翰林院編修王元正、給事中張翀等在金水橋南攔阻挽留剛剛退朝的羣臣。有兩百餘名大臣跟在楊慎、何孟春身後，來到左順門外跪倒在地，嚎啕大哭，大呼太祖高皇帝、孝宗皇帝，請求皇上改變旨意。

皇上此時正在文華殿焚香默誦《道德經》，得知翰林編修楊慎帶頭鬧事，十分厭惡。他知道這個楊慎是個狀元，而且他更知道楊慎是楊廷和的長子，他把桌子拍得嘭嘭響，怒道：「兒子帶頭鬧事，幫老子招魂，意欲何為？朕給親生老子追贈一個尊號，你們要死要活地堵着！你自己老子剛剛去職，你就知道來堵宮門，幫你老子申冤了，還帶壞了一幫大臣！」

嘉靖皇帝令錦衣衛逮捕為首者楊慎等八人，下詔獄。將五品以下官員一百三十四人下獄拷訊，四品以上官員八十六人停職待罪。

七月十六日，皇上在大臣們一片反對聲中，強行為母親上尊號「章聖慈仁皇太后」。七月二十日，下旨罷免毛紀等人職務，四品以上官員停俸，五品以下官員當廷杖責，因廷杖而死的共十六人。左順門廷杖後，反對議禮的官員紛紛緘口。楊慎於七月十五被捕，十七日被廷杖一次，死而復甦。隔十日，再廷杖一次，幾乎死去。然後充軍雲南永昌衛，永不敍用。不久後，錦衣衛百戶王邦奇上疏參劾楊廷和及其次子、兵部主事楊惇，女婿、翰林院修撰金承勛，同鄉、翰林院侍讀葉桂章與原兵部尚書彭澤

的弟弟彭沖相互勾結、請託。王邦奇原是錦衣百戶，在正德十六年（1521 年）已升任千戶，但在楊廷和革除正德朝弊政期間，他卻被降為百戶。嘉靖初年，他請求朝廷恢復其千戶，被當時兵部尚書彭澤阻撓，因此他對楊廷和、彭澤兩人十分不滿。上述諸人全被抓進詔獄中，經審訊沒有實據後，才被釋放。此事過後，楊廷和門生故舊元氣大傷，紛紛改換門庭，不敢再以楊門相稱。

皇上讀了席書的奏摺後，大喜。他在朝中備受反對派的詬病，此刻見到有地方大員席書支持他的觀點，連忙下旨召見，特旨授席書為禮部尚書。自此，皇上將席書倚為親信，眷顧甚隆，其風頭甚至蓋過內閣大臣。

九月，嘉靖皇帝下詔，改稱孝宗為皇伯考，昭聖皇太后為皇伯母，追尊興獻王為皇考恭穆獻皇帝，生母為聖母章聖皇太后。為時三年的「大禮議」以皇上大獲全勝告終。

王陽明所任南京兵部尚書是個閑職，又因父親王華去世丁憂在家，講學成了他的主業，這段時光也是他一生中最為愜意的時候。

嘉靖四年（1525 年）正月，王陽明夫人諸氏去世。嘉靖五年（1526 年）十二月，王陽明五十五歲，親生兒子由繼室張氏所生。王陽明晚年得子，自然喜出望外，給兒子起名「正聰」，希望兒子得到天賦的睿智——良知。王家是狀元門第，王陽明又封了伯爵，紹興城內有頭臉的都前來道賀，一時賓客盈門，好不熱鬧。王家在餘姚老家也是望族，聽聞王陽明晚年得子，同鄉先達也紛紛趕來紹興祝賀。有兩個九十多歲的老人專程從餘姚鄉下趕來，獻詩祝福。王陽明喜形於色，當場寫詩作答，其中有句「攜抱且堪娛老況，長成或可望書香」，希望兒子能子承父業。他還希望接着再生呢——「還望吾家第幾郎？」

浙江大學束景南教授經過考證，得出「陽明娶繼室張氏同時，又納妾多名，生子

多人，非獨正聰一子」的結論。[1] 束景南教授的主要依據是王陽明弟子王艮寫給另一弟子薛侃的一封書信《與薛中離書》。[2] 信中寫道：

> 故向嘗請先師立夫人以為眾婦之主。師曰：「德性未定，未可輕立。」請至再三，先師不以為然者，其微意有所在也。正恐諸母生子壓於主母而不安，則其子之不安可知矣。我輩不究先師淵微之意、遠慮之道，輕立吳夫人以為諸母之主，其性剛無容，使正億之母處於危險之地，無由自安。母固如此，億弟又何以安哉？遂使億弟陷於五婦人之手……後陳、吳二夫人送歸，各得其所矣。其後吳夫人只可還歸原職，蓋三從之道，姑叔門人不與焉。我輩正當任錯改之，使吾億弟後無魔障可也。

也有學者認為，王陽明並沒有納妾，而這些婦人，只是王陽明眾兄弟的妻妾而已。其實在明代，以王陽明的身份和地位，再加之他多年膝下無子，納妾是再正常不過的事情。王陽明在正室諸氏去世後納了妾，除了上述王艮寫給薛侃的那封信外，還可以從王陽明寫給族親王邦相的另外兩封信得知：[3]

與王邦相書（書一）（嘉靖三年）

南來事，向因在服制中，恐致遲誤伊家歲月，已令宗海回報，令伊改圖矣，不謂其事尚在也。只今道里遠隔，事勢亦甚不便。況者妻病臥在牀，日甚一日，危不可測，有何心情而能為此？只好一意回報，不可更遲誤伊家也。況其生年、日、時遠不可知，無由推算相應與否。近日又在杭城問得庚子一人，日、時頗可，今若又為此舉，則事

王
陽
明
新
傳
：
十
六
世
紀
初
葉
中
國
的
政
治
與
哲
學

1　束景南《王陽明年譜長編》，上海：上海古籍出版社，2017 年 11 月第 1 版，第 1800 頁。

2　［明］王艮：《王心齋全集》，江蘇教育出版社，2001 年。

3　［明］王守仁《王陽明全集補編》，上海：上海古籍出版社。

端愈多……

從這封信中可以得知，嘉靖三年（1524 年），王陽明正室諸夫人已經病重。王邦相早就為王陽明尋得一門親事，但當時王陽明是在服孝期間。後來王邦相再提此事，正趕上諸夫人病重，又怕八字不合，只好婉言謝絕。同時王陽明告訴王邦相，自己在杭州尋得另一女子，八字頗合，所以更傾向於這個女子。

> 與王邦相（書三）（嘉靖四年）
>
> 南京陳處親事，得在今冬送至杭城，就在邦相家住下，擇日取過江來，甚好。若今冬緩不及事，在明春正月半邊到杭，亦可……嫁妝之類，皆不必辦，到杭後自有處也。宗處人還，可多多上覆他。陽明字，致王邦相指揮宗挈。十二月十八日。

這封信寫於嘉靖四年（1525 年）末，距諸夫人去世已經將近一年。王陽明在信中寫明了納妾的具體安排。這個陳氏不知是不是王陽明先前曾婉拒的「南京陳處親事」？在王艮《與薛中離書》中清楚表示王陽明確有一位陳姓侍妾，很有可能就是這位。《與王邦相書一》中提到的那位與他八字頗合的杭州女子很可能是正聰之母張氏。因為從上引王陽明寫給王邦相的兩封信來推算，兩位侍妾基本上是前後腳進的王家。這與正聰出生時間也很合拍。可以這樣推測：王陽明原本想納張氏為妾，但又不好推掉王邦相那邊的好意，於是把陳氏也接進了家門。當初，張氏與陳氏都是侍妾，張氏被王陽明弟子們稱為繼室，只是母憑子貴。

王陽明為何在正室諸夫人去世後才考慮納妾呢？有學者認為王陽明「懼內」，甚至猜測，王陽明因生理性障礙導致不育，覺得愧對夫人，因此才會「懼內」。[1] 首先目前沒有史料表明王陽

1　方志遠：《陽明史事三題》，《江西師範大學學報》2003 年第 4 期。

明在諸夫人去世前沒有納妾。此外，這些學者舉出王陽明「懼內」的證據，主要來自沈德符《萬曆野獲編》中的一句話：「如吾浙王文成之立功仗節，九死不回，而獨嚴事夫人，唯諾恐後。」懼內也許是「夫和婦隨」的另一種說法而已，徐愛曾講：「先生明睿天授，然和樂坦易，不事邊幅」，可見王陽明性格隨和，跟夫人關係相處得好也是情理之中。在擔任南贛巡撫期間，王陽明曾頒佈《十家牌法告喻各府父老子弟》，其中有：「自今各家務要父慈子孝，兄愛弟敬，夫和婦隨，長惠幼順。」可見王陽明向來提倡「夫和婦隨」，並且身體力行。

那麼生理性障礙導致不育又從何說起呢？《年譜》中提到王陽明新婚之夜到鐵柱宮與道士談養生的事成為持此說的學者們的一個證據。美國哈佛大學的杜維明教授也有如此猜測，可見此說流佈甚廣。《年譜》主要由王陽明弟子錢德洪編寫，再經王陽明私淑弟子羅洪先（1504～1564年）潤色修訂。羅洪先是嘉靖八年（1529年）狀元、江右王門代表人物，自少年時就仰慕王陽明，畢生鑽研和弘揚陽明心學，但他並未見過王陽明本人。錢、羅二人為修訂《年譜》有過很多書信往來，在一封信裏羅洪先寫道「前欲書者，乃合巹（結婚）日事……」[1] 由此可見，鐵柱宮故事是羅洪先添加到《年譜》中的。《年譜》中有些內容不靠譜，近來已被許多學者指出。比如仙人送子、五歲不言、梟鳥懲繼母、巧遇相士、浮海遇仙、猛虎不食、拜風求雨，直至晚年的開門閉門等，都近乎傳奇故事。弟子們這樣寫，恐怕最主要的原因是為了「神化」老師，另外也是為了《年譜》傳播得更廣。至於王陽明弟子黃綰的《陽明先生行狀》和李贄的《陽明先生年譜》中都有類似記載，可能是以訛傳訛。其實鐵柱宮這一故事也不合常理，王陽明在岳父的官署拜堂成親，然後在婚宴上陪席敬酒，作

王陽明新傳：十六世紀初葉中國的政治與哲學

1　[明]王守仁：《王陽明集》，中華書局。

為婚禮的主角哪有時間出門閒逛？再說王陽明畢竟是知書達理的官家子弟，別說新婚之夜徹夜不歸，就是一時出門閒逛也是嚴重失禮。

另外說王陽明生理性障礙導致不育的證據是他不納妾而過繼堂弟的兒子王正憲。這一則是王陽明受其父王華之命，二則在古代未有親生兒子之前過繼兒子也屬正常，如劉備曾多年無子，在荊州期間認劉封作義子，後來在四十六歲這年又有了親生子劉禪。王陽明在寫給餘姚同鄉徐天澤（蕙皋）的《寄蕙皋書札》中曾透露曾有小孩夭折的情況。他在這封信中寫道：「承有歲暮湯餅之期，果得如是，良亦甚至願，尚未知天意如何耳。」「湯餅」是指小孩出生後的滿月酒。王陽明寫此信時正是赴任南京太僕寺少卿之前在紹興省親期間。從這封信中我們可以推斷出，王陽明的妻子或侍妾身懷有孕，預產期大約就在年底前（歲暮），徐天澤得知這一消息後向王陽明表示祝賀，希望能喝上孩子的滿月酒。王陽明在回信中說：「承蒙你的期待，如果真能如此，這也是我非常願意的，但是現在還不知天意如何（孩子能不能平安生下來）。」不幸的是，孩子最終未能保住，這在古代醫學不夠昌明的情況下也算是正常。這一年是正德八年（1513年），王陽明剛過四十歲。大約兩年後王陽明才收養繼子，也是順理成章。此信也是王陽明生理性障礙導致不育觀點的有力反證。

王陽明是否像束景南教授所說「生子多人，非獨正聰一子」呢？這個恐怕也與史實不符。如果生子多人，那怕是侍妾所生，家譜也不會不記載。事實上，王陽明家譜中除了繼子正憲和親生子正聰（即正億）外並無他人。嘉靖十一年（1532年）九月，擔心年僅六歲的王正聰在父親王陽明去世後被族人欺負，王陽明弟子將他送往南京投靠黃綰，「至錢塘，惡少有躡其後載者。跡既露，諸子疑其行⋯⋯」束景南教授認為這裏的「諸子」就是王陽明的其他兒子。這個說法恐怕不能成立。因為王陽明在正聰出生後答六月、靜齋二丈的詩序中寫得很明白：「始得子，年已

五十有五矣。」這説明張氏生的正聰就是長子。即使王正聰（正億）還有弟弟，在他六歲赴南京時，這些比他還小的弟弟也不可能跑去追蹤他。

説回王陽明因丁憂在紹興老家，四方負笈來紹興向王陽明求學者絡繹不絕，寺廟都住不下了。紹興知府南大吉在嘉靖三年（1524 年）開闢稽山書院。紹興舊有稽山書院，在臥龍西崗，荒廢已久。他讓山陰縣令將書院修葺一新，新建尊經閣，請王陽明前來講學，令八邑才俊聽講其中。這一年十月，他還輯錄了王陽明論學書兩卷，與薛侃此前在贛州刻的三卷合成五卷本的《傳習錄》。

南大吉原是戶部郎中，現任紹興知府，只比王陽明小幾歲，與鄒守益是同年進士，在北京時就以王陽明為座師行弟子禮。他性格豪爽不拘小節，有悟性。一次，他反問王陽明：「大吉我當知府多有過失，先生怎麼不説説我？」

「你有什麼過失？」

南大吉便一一數落自己。

王陽明説：「我早就説了呀。」

南大吉一臉懵懂：「先生説了什麼？」

「我不説你怎麼知道你有這麼多的過失？」

南大吉想了想，説：「因為我有良知。」

「良知不是我經常跟你説的嗎？」

南大吉笑謝而去。過了幾天，南大吉又來懺悔，覺得自己的錯誤更多了，説：「與其犯了過錯而後悔，不如直言以告，使我不至於犯錯，豈不更好？」

王陽明淡然道：「別人説，不如自己悔來得真。」

南大吉又笑謝而去。

過了幾天，他又跑來説：「身體犯過錯倒還可克服，心犯過錯怎麼辦？」

「以前鏡未開，可以藏垢。現在鏡子擦亮了，哪怕掉了一點塵，自難住腳。這正是入聖的好時機，你要多努力！」王陽明鼓

勵他說。

　　南大吉治學以入聖為旨歸，為政鋤奸興利，政尚嚴猛，善於任事，不避嫌怨，還跟紹興望族謝家結了梁子。正德元年，內閣大學士謝遷上疏請誅奸宦劉瑾，被罷官返鄉。時任兵部主事的二弟謝迪（1467～1529年）和時任翰林院編修的二兒子謝丕（1482～1556年）一同被罷斥。謝遷是成化十一年（1475年）狀元，謝丕是弘治十四年（1501年）榜眼，父子鼎甲，傳為佳話。謝遷父子雖遭貶官回鄉，但謝氏一族是東晉謝安（320～385年）遺脈，在紹興府仍是家大業大，餘姚泗門這一支謝氏分為十八房，至嘉靖初年已有五百多口人。謝氏大祠堂堂號「寶樹堂」。這寶樹堂也有來歷，傳說晉太元年間（376～396年），孝武帝突然駕臨烏衣巷謝安府第，見堂前瑞柏枝葉茂盛，稱讚說：「寶樹也！」並親書謝安宅為「寶樹堂」。遷至餘姚的謝氏祠堂沿用此名，祠堂門口掛着前朝首輔大學士李東陽的一副對聯：「古今三太傅，吳越兩東山」。上聯中的三太傅，是指晉太傅謝安、宋太傅謝深甫和明太傅謝遷；下聯中的兩東山，則是指紹興上虞東山和餘姚臨山東山。

　　紹興城東上虞縣上浦鎮有一座東山，又名謝安山，是謝安當年隱居在此、東山再起之地。上虞東山有謝氏家廟國慶寺，謝安當年留給國慶寺的田產不下數千畝，到嘉慶初年只餘下九十七畝三分八厘九毫。其餘田畝歷經陳年累月已轉賣給了董姓。謝遷父子回鄉後，常有族人前來哭訴：「家廟寺田被佔，子孫如何祭祖，愧對泉下謝安老祖宗！」

　　謝遷不以為意，說：「世事流轉，滄海桑田，子孫若賢能，又何必在乎寺田多寡？」他帶着謝丕等六個兒子在餘姚家鄉，親自墾荒，挑土砍柴，將本來荒蕪的丘壑、山石營建成「肥遁」「嘉遁」兩座莊園，常與高人雅士宴遊觀賞為樂。

　　謝丕年少氣盛，以家廟寺田被佔為心中一大憾事。待到嘉靖初年，謝丕復職翰林院編修，參與編纂《武宗實錄》。他給上

虞縣令修書一封，讓姪孫謝敏行出面上訴官府，稱國慶寺寺田被董家強佔。上虞縣衙判董家敗訴，寺田退回。董家如何肯服，稱此寺田已經幾世流轉，自家是真金白銀買到，豈能說退就退，便上訴至紹興府衙。南大吉經過一番調查，知道了此中原委，怒道：「上虞縣令糊塗！田契白紙黑字寫着，一方願賣，一方願買，價格也公道，豈能說強佔？謝閣老雖耿介，其子孫仗着朝中有人，欺凌民戶，那也是不行！」

有師爺從旁勸道：「謝家乃紹興大家，謝閣老六個兒子個個才俊，二公子又在皇上身邊侍讀，說不定哪天謝閣老重新入閣也未可知。知府老爺不如順水推舟，送謝家一個人情，將來升官有望。」

「這個官我南某不升也罷！」南大吉於是將寺田改判董家，還將上虞縣令申斥一番。

官司打到南大吉這裏，口水官司卻打到了王陽明那裏。謝遷四子、左軍都督府都事署左軍經歷謝丕與王陽明巡撫南贛時相熟，他找到王陽明說情。

王陽明找來南大吉，說：「依大明律令秉公判案本沒有錯，但法與理並不是不容，判案也得掂量下公序良俗。心學不是懸空的，只有把它和事事物物相結合，才是它最好的歸宿。你要斷案，就從斷案這件事上學習心學。例如，當你斷案時，要有一顆無善無惡的心，不能因為對方的無禮而惱怒，不能因為對方言語婉轉而高興，不能因為厭惡對方的請託而存心整治他，不能因為同情對方的哀求而屈意寬容他，不能因為自己的事務煩冗而隨意草率結案。如果拋開事物去修行，反而處處落空，得不到心學的真諦。這就是我常跟你們說到的『凡事要在事上磨練』。你不去磨，按圖索驥、照本宣科，怎麼行？」

「先生不是常教導我們要致良知，要守規矩嗎？」

王陽明答道：「良知之妙，真是個周流六虛，變通不居。要規矩，也要權變。外方內圓，懂得適當的變通，才能夠成大事。孟子說：『執中無權猶執一也。』孟子是在說，楊子奉行『為我』，

拔根汗毛對天下有利，他也不幹。墨子提倡『兼愛』，哪怕從頭到腳都受傷，只要對天下有利，也願意。子莫持中間態度，持中間態度就接近正確了。但是，持中間態度而沒有變通，也還是執着在一點上。執着於一點之所以不好，是因為它損害了道，抓住了一點而丟棄了其他一切的緣故。孟子主張中道便是天理，便是權變。隨時而變，又如何可以執着？必須因時制宜。」

「弟子明白了，您是讓我在謝家寺田一案有所權變？」

「田地買賣，本有田契，只要不是強買強賣，隨行就市即可。不過，家廟寺田因為涉及子孫祭祀，與尋常田地買賣又不太一樣。官府斷案，也需靈活變通，最好能找到一個讓雙方都滿意的折中辦法。」

南大吉恍然大悟，回到府衙，找來原告被告雙方協商，曉之以理，最後雙方各退一步，董家同意由謝家出錢贖回寺田。雙方皆大歡喜而去。

過了幾年，謝丕升為左春坊左贊善，成為皇上身邊紅人。他想起寺田一事，心中甚為不快，便指使族人巧取豪奪了謝安當年故地，還乘機侵吞了王羲之的蘭亭，一時間鬧得沸沸揚揚。上虞、山陰等縣坐視不管，最後有人告到南大吉這裏。南大吉勃然大怒，將當事人拘來問話，經過一番審理，責令謝家族人將所侵佔之地悉歸原主。南大吉於是與謝家結怨。

從紹興府穿城而過的浙東運河原是始建於春秋時期的山陰故水道，明代時已是黃金水道，兩岸碼頭密佈、商家林立。一呂姓大戶，兒女親家在都察院當御史，在碼頭經營絲綢生意，又在河邊開有酒樓、戲臺，把運河佔了一小半，往來漕運船隊到了這裏，只能排隊通行，常常塞了半個府城，官府也是奈何不得。南大吉聽說此事，親自帶兵去把呂家的碼頭和酒樓給查封了，責令其疏通運河，恢復航道。呂家親家御史郭弘化（1481～1556年）給南大吉來了封信說情，南大吉接信後更加氣憤：「監察御史不為國諫言，卻徇私情，簡直是為虎作倀！」對呂家的處罰依舊。

南大吉又主持修浚了郡河，開通上灶溪，築河堤以備旱澇。在會稽山麓禹穴處重修禹廟，興建大禹陵碑，題寫雄渾有力的「大禹陵」三字。

嘉靖五年（1526年）正值大考之年，南大吉接到吏部和都察院通知，攢造實績文冊，畫土地人民圖本，如期進京朝覲候考。他還沒到京城，御史郭弘化糾劾他的奏疏就已經上奏。謝丕也挾私報復，糾集一幫科道官員多方誹謗。南大吉竟被吏部考評為「不謹」。勒令罷官致仕，回陝西老家閑住。南大吉從北京致信王陽明，隻字不提京察罷官之事，而是請教如何自新，以今後不能當面聞道為恨，不得為聖人為憂，無一語提及得失榮辱之事。王陽明此時已得知他被罷官，見他信中絲毫不提此事，他讓弟子們傳閱他的信，並在回信中說，只有有道之士，才能見「昭明靈覺，圓融洞澈」的良知本體，太虛之中無一物能為之障礙。又向他詳細講解了何謂良知的本性：「良知之本體，本自聰明睿知，本自寬裕溫柔，本自發強剛毅，本自齊莊中正、文理密察，本自溥博淵泉而時出之，本無富貴之可慕，本無貧賤之可憂，本無得喪之可欣戚，本無愛憎之可取捨。」

王陽明在回信的最後說：「關中自古多豪傑，氣質忠信沉毅，器宇明達英偉。四方之士，我見得多了，但沒有見到像關中這樣人才濟濟的！」他勉勵南大吉接過北宋大儒張載的火炬，在老家關中振發興起聖賢之學。

紹興士民聽聞知府南大吉被罷官回鄉，垂涕若失父母。

南大吉回到陝西渭南，不改當年之志，建造湭西書院，傳授陽明心學，以教四方來學之士。南大吉自得其樂，他寫了一首氣魄宏大的抒懷詩：[1]

1　［明］南大吉《示弟子及諸門人十五首》，《南大吉集》，西安：西北大學出版社，2015年，第11頁。

昔我在英齡，駕車詞賦場。

朝夕工步驟，追蹤班與楊。

中歲遇達人，授我大道方。

歸來三秦地，墜緒何茫茫。

前訪周公跡，後竊橫渠芳。

願言偕數子，教學此相將。

一日，福建道監察御史聶豹（1487～1563 年），來拜訪王陽明。聶豹是江西永豐縣人，王陽明巡撫南贛時，一次率大軍路過永豐，還是舉人的聶豹從遠處遙望過王陽明。這次他由華亭縣知縣改任福建道監察御史，進京前夕，特意來山陰向王陽明問學。王陽明甚喜，攜眾弟子陪他遊會稽山。

一行人拾階而上，一路上談論心學之道。聶豹說：「先生是平叛的大功臣，朝中卻有人對先生的心學不甚認同，指為邪說。嘉靖元年進士科考試，禮部出的策問題中就涉及心學，出題人暗中希望考生指責先生呢。」

王陽明淡然一笑：「而今我只信良知才是真理，更無掩藏回護。使天下盡說我是『狂者』，行不掩言，我也只依良知而行。一人信之不為少，天下信之不為多。」

「怎麼修心才好呢？」

王陽明答說：「天下無心外之物，萬事萬物都是人內心的投影。你看到什麼，說明你內心有什麼。」

路上偶遇一位頭髮斑白的老人，皮膚黝黑，五短身體，名叫林靖，自稱是金華的一個鄉村野老，愛雲遊四方，吟些詩句。恰好來遊會稽山水，聽到王陽明與眾人論學，甚覺有趣，便一路跟着聽講。聽着聽着便入了迷，非要強拜王陽明為師。他問的問題也頗為奇怪，如幫他弟弟販賣糧食賠了老本，連累了許多人，他認為是自己不老實之過。王陽明開導他說：「你認識到自己不老實，這就是致良知的結果。不然，那些所謂老實人，其實卻是

不老實。」

王陽明問他年紀，林靖答説六十八。王陽明對他執意要拜自己為師甚為感動，稱他為大勇者，頭髮雖白，赤子之心依然。

林靖問道：「先生要我們學做聖賢，但孔子以降也有兩千年了，為何再也看不到有孔子這樣的聖人出現？我們現在言必稱孔孟老莊，是不是今人不如古人聰明？」

王陽明答道：「孔子以後兩千年，芸芸眾生，自然有人比孔子聰明。」

林靖接着發問：「既然有人比孔子聰明，那為何沒有見有孔子這般聖人出現？」

「孔子能成為孔子，是因為夏商周以來，文化傳承累積已久，蓄勢待發，我中華文明正需要一位聖人脱穎而出，孔子出現正好生逢其時，一拍即合。而且孔子本人既聰明又用功，能夠擔當此大任。」

「是不是後人不如孔子那般勤奮讀書？」錢德洪問道。

「不是，恰恰是因為後人書讀得太多了！老子、孔子、孟子、莊子那個時代，書都寫在竹簡上，能讀的書非常少，反而可以直接從事上磨練，在社會和生活中觀察和體驗。你們都知道，他們都不是坐在家裏關起門來死讀書的。老子騎牛出函谷關，孔子周遊列國。孟子一會兒見梁惠王，一會兒又見齊宣王，老在外面跑。莊子也是終日為生計而奔波，當過漆園小吏，他的『子非魚』『庖丁解牛』等故事生動有趣，也全都來自生活。」

「那我們後人書讀得多，難道不好？」王畿問。

「書讀得多，本沒有錯。但書讀得太多，泥古不化，沒有深入的生活體驗，也不從事上磨練，哪能有什麼新的見解？古人直接深入經驗，反而能看到人的生命中最深刻的一面。」

同行的一位學友指着巖中一棵開花的樹問：「先生説天下無心外之物，如此花樹在深山中自開自落，於我心又有什麼相干？」

王陽明笑道：「你未看此花時，此花與你心同歸於寂。你來

看此花時，此花顏色一時明白起來，便知此花不在你的心外。」

這一段對話即哲學史上著名的「巖中花樹」，在中學政治課本裏常被當成主觀唯心主義的典型案例來批判。其實王陽明所說花顏色明白起來，是在說在人看花時，花的顏色並不是純客觀的存在，還包含了看花人的主觀情感。就像「山丹丹花開紅豔豔」一句歌詞，「紅」是對花顏色的客觀描述，但「紅豔豔」便有看花人的感情色彩在裏面。有學者用量子力學裏的「量子的波粒二象性」理論對王陽明「巖上花樹」的觀點進行解釋。這一理論認為，觀測者不可避免對量子形成干擾，跟王陽明所說看花的體驗似有契合之處。拋開量子力學的觀點不說，王陽明在這段對話裏其實在揭示「心物一元」的哲學道理：「物」的客觀存在實際上是虛無飄渺甚至「隨心所欲」的，「意之所指即為物（事）」。所謂「物」其實就是心的主宰對象，心的表現形式，這樣的「物」根本不能離心而獨立。當然心的存在也不能離開物，「意之所指必有物（事）」。這跟辯證法認為對立統一是事物的根本規律的觀點有異曲同工之妙。

這一年九月，王陽明在與著名學者、詩人顧璘（東橋）（1476～1545 年）的論辯中再次闡釋了知行合一的辯證關係。顧璘，長洲（今江蘇省吳縣）人，號東橋居士，弘治八年（1495 年）進士，曾任台州知府、山西按察使，此時正賦閑在家，給王陽明寫了封信探討知行合一學說，信中頗有質疑之意。顧東橋說：所謂知行並進，不應區分先後，即《中庸》「尊德性而道問學」的工夫，是互相存養，互相促進，內外本末，一以貫之之道。然而工夫的順序不能沒有先後之分，例如知道食物才吃，知道湯才喝，知道衣服才穿，知道路才去走，沒有不先見到事物就先做事的。顧東橋在信中提了許多類似這樣的問題。

王陽明寫了封回信，針對他的問題一一回覆，這封信即哲學史上著名的《答顧東橋書》（收入《傳習錄》中卷時題名《答人論學書》，當時顧東橋仍健在，怕此信有損其聲譽，故隱去其

名）。[1] 例如，對於上述知行誰先誰後的質疑，王陽明的答覆是這樣：既然說「互相存養、互相促進、內外本末、一以貫之」，又說工夫分先後順序，豈不是自相矛盾嗎？人必須有想吃東西的心，然後才能認識食物，想吃東西的心是意，也就是行的開始。食物味道的好壞，必須入口吃過後才能知道，哪有未入口就知道食物味道好壞的道理呢？知路才行，知湯才飲，知衣才服，依此類推，皆無可疑。

由此可見，顧東橋跟王陽明對「知」和「行」的理解不同，因而導致他們對「知行合一」的理解出現分歧。顧東橋將「知」理解為認知事物，如看見食物，「行」則是吃食物。而王陽明認為，「知」首先是意，或者說是意念，如想吃東西的意念，意之發處即是行；當吃過食物後，才能知道食物的味道，這是第二個層次的「知」；知行「交養互發，內外本末，一以貫之」，這就是知行合一的道理。顧東橋代表一般人對「知」的理解：對事物的認知。而王陽明所講的「知」不僅包括對事物的認知，還有依知而行的意念。用他在這封信中的原話來說：

> 知之真切篤實處，即是行；行之明覺精察處，即是知。知行工夫，本不可離。只為後世學者分作兩截用功，失卻知、行本體，故有合一並進之說。真知即所以為行，不行不足謂之知……此雖吃緊救弊而發，然知、行之體本來如是。非以己意抑揚其間，姑為是說，以苟一時之效者也。

後人批評「銷行於知」是王門後學之流弊，在此處王陽明已有所擔心，並格外強調。

王陽明在信中還寫道：

1　[明]王守仁：《傳習錄中·答顧東橋書》。

「專求本心，遂遺物理」，此蓋先其本心者也。夫物理不外於吾心，外吾心而求物理，無物理矣。遺物理而求吾心，吾心又何物邪？心之體，性也，性即理也。故有孝親之心，即有孝之理；無孝親之心，即無孝之理矣。有忠君之心，即有忠之理；無忠君之心，即無忠之理矣。理豈外於吾心邪？晦庵謂「人之所以為學者，心與理而已。心雖主乎一身，而實管乎天下之理。理雖散在萬事，而實不外乎一人之心。」是其一分一合之間，而未免已啟學者心、理為二之弊。此後世所以有「專求本心，遂遺物理」之患，正由不知心即理耳。夫外心以求物理，是以有暗而不達之處⋯⋯求理於吾心，此聖門知行合一之教，吾子又何疑乎？

王陽明在這封信中對他在貴州龍場悟道時悟出的「心即理」作了系統闡述，對其「知行合一」學說進行了很好的總結和詮釋。

王陽明在信中還將治學求聖之道概括為既精細又簡易，其深義則廣大又圓通的「致良知」法門，其中包括格外致知的道理：

若鄙人所謂致知格物者，致吾心之良知於事事物物也。吾心之良知，即所謂「天理」也。致吾心良知之「天理」於事事物物，則事事物物皆得其理矣。致吾心之良知者，致知也。事事物物皆得其理者，格物也。是合心與理而為一者也。

王陽明在給顧東橋的信中洋洋灑灑、長篇大論地闡述了自己在修身、治學、求聖等方面的主張，並對《大學》《中庸》、朱子學、佛家、老莊乃至楊子、墨子等學說展開了批判。針對顧東橋的來信，以十二段「來書云」作為靶子，毫不留情面地一一駁斥。在信的最後，王陽明為了從根本上解決顧東橋疑問的源頭，提出了著名的「拔本塞源」論。「拔本塞源」一詞最早見

於《左傳・昭公九年》（原作「拔本塞原」）。宋代理學宗師程頤有言：「只為後人趨着利便有弊，故孟子拔本塞源，不肯言利。」何為「拔本塞源」？字面意思是拔掉樹根、塞住水源，從源頭上拔除私己之慾，阻塞功利之毒。他在信中說：

> 夫「拔本塞源」之論不明於天下，則天下之學聖人者將日繁日難，斯人淪於禽獸夷狄，而猶自以為聖人之學。吾之說雖或暫明於一時，終將凍解於西而冰堅於東，霧釋於前而雲滃於後，呶呶焉危困以死，而卒無救於天下之分毫也已！

> 夫聖人之心，以天地萬物為一體，其視天下之人，無外內遠近，凡有血氣，皆其昆弟赤子之親，莫不欲安全而教養之，以遂其萬物一體之念。天下之人心，其始亦非有異於聖人也，特其間於有我之私，隔於物慾之蔽，大者以小，通者以塞，人各有心，至有視其父子兄弟如仇仇者。聖人有憂之，是以推其天地萬物一體之仁以教天下，使之皆有以克其私，去其蔽，以復其心體之同然。

王陽明在這一段論述了「拔本塞源」論的核心觀點，也是釋疑解惑的根本，就是聖人所教的「萬物一體之仁」。普通人雖然和聖人一樣具有天地萬物一體之心，但受到私利、物慾等外物的蒙蔽，而失去了這種一體之心，不能同心同德，甚至親人反目。王陽明指出，「克其私，去其蔽」，恢復其本心的途徑便是「萬物一體之仁」，與天地萬物親近，視陌生人如同兄弟，這也是聖學的極致。「仁者以天地萬物為一體」是宋代的程顥最先提出來的，用「以天地萬物為一體」來解釋「仁」，發展了古典儒學對「仁」的理解。王陽明繼承了這一點，並把這一點視為「聖人之心」的基本內涵，並作為「聖人之教」的基本內容和出發點。聖人之教就是以這樣的萬物一體之仁，教導人們去克服個體私慾的蒙蔽，恢復心的本體，即心的本來狀態。那麼聖人之教的內容是

什麼？他在信中寫道：

> 其教之大端，則堯、舜、禹之相授受，所謂「道心惟
> 微，惟精惟一，允執厥中」。而其節目則舜之命契，所謂
> 「父子有親，君臣有義，夫婦有別，長幼有序，朋友有信」
> 上五者而已。

> 唐、虞、三代之世，教者惟以此為教，而學者惟以此
> 為學。當是之時，人無異見，家無異習，安此者謂之聖，
> 勉此者謂之賢，而背此者雖其啟明如朱亦謂之不肖。下至
> 閭井、田野、農、工、商、賈之賤，莫不皆有是學，而惟
> 以成其德行為務。

> 何者？無有聞見之雜，記誦之煩，辭章之靡濫，功利
> 之馳逐，而但使之孝其親，弟其長，信其朋友，以復其心
> 體之同然。是蓋性分之所固有，而非有假於外者，則人亦
> 孰不能之乎？

以「聞見之雜，記誦之煩，辭章之靡濫」等私慾為中心的
「功利之見」是聖人之學的根本阻礙，以「天地萬物為一體」作
為核心觀點的拔本塞源論，能使人精神流貫，至氣通達。「拔本
塞源」論直指「什麼是聖人之學」這一根本問題，並提出「克私
去蔽」的方法和途徑，向來被認為是陽明心學中總論式的哲學論
述。王陽明的高足錢德洪談到老師的「萬物一體」思想時指出：
「平生冒天下之非低推陷，萬死一生，遑遑然不忘講學，惟恐吾
人不聞斯道，流於功利機智，以日墮於夷狄禽獸而不覺；其一體
同物之心，譊譊終身，至於斃而後已。此孔孟以來賢聖苦心，雖
門人子弟未足以慰其情也。」[1]由此可見，王陽明所提倡的「萬物
一體之仁」（聖人之學）直接針對當時世俗及學術中「功利機智」
的流弊，這也是他「拔本塞源」論的核心思想。在這封信的結

1　《傳習錄》卷二小序

尾，王陽明高呼：「所幸天理之在人心，終有所不可泯，而良知之明，萬古一日！」又回到良知之說，既高擎聖人之學的火炬，又讓文章得以首尾呼應。

在與顧東橋等人的論學中，王陽明的思想更加澄明透徹，在講學中也隨心所欲，不照搬書本，不講尋常知識，只是讓弟子們在日常生活體驗中日見精明。他常講：「心學的精髓是要體悟到人的本心在宇宙中超然而獨立。心外無物，心是能超乎個體生死，又能與宇宙相聯結的獨立所在。」

有弟子追問：「這個超然物外的獨立所在究竟是什麼？」

「就是孟子所說的『浩然正氣』。」

「那什麼是『浩然正氣』呢？」

王陽明便跟他們比較孟子和告子辯論的「不動心」：「孟子說不動心是集義，所行都合義理，此心自然無可動處。告子只要此心不動，是把此心捉拿住，將它生生不息之根反而阻撓了。不但無益，反而有害。孟子講的集義工夫，當然是養得充滿，並無餒欠，縱橫自在，活潑潑的。這就是浩然之氣。」

歐陽德問：「什麼才是聖人？」歐陽德是王陽明在南贛時收的弟子，嘉靖二年（1523 年）中了進士，任翰林院編修。這次外放南京國子司業，順道來紹興看望老師。

王陽明答道：「人但得好善如好好色，惡惡如惡惡臭，便是聖人。」

「先生教我們致良知，也要格物，其他先生所教也是格物，這有何不同呢？」

「我教人致良知，在格物上用功，卻是有根本的學問。日長進一日，越久越覺精明。世間儒師教人在事事物物上尋討，過於瑣碎，卻是無根本的學問。當他們年輕時，雖能外面修飾，不見有過。等他們老了，則精神衰邁，終須放倒。這就好比無根之樹，移栽水邊，雖暫時鮮好，終久要憔悴。」

王陽明接著講：「我不主張強行致良知，而是今日良知見在

這裏，只隨今日所知擴充到底。明日良知又有開悟，便從明日良知擴充到底。如此才是精一工夫。與人論學，也要因人而異，隨人天分所及。如同樹有這些萌芽，只把這些水去灌溉。萌芽再長，便又加水。若用一桶水一下子去澆一個小芽，便澆壞了它。」

錢德洪問：「您說讀書只是調攝此心，但總有一些意思牽引出來，不知怎麼克服？」

王陽明答：「關鍵是立志。志立得時，千事萬物只是一事。讀書作文安能累人？人自累於得失而已。只要良知真切，雖做舉業、赴科考，不為心累。即使有些累，也容易覺察出來，克服它就罷了。」

王陽明又說：「強記之心、欲速之心、誇多鬥靡之心，有良知即知其不是，就要克去它。如此，也只是終日與聖賢印證，是個純乎天理之心。任它讀書，也只是調攝此心而已。有什麼累的呢？此學不明，不知此處耽擱了多少英雄漢！」

王畿有次前來請教：「先生說『虛靈不昧，眾理具而萬事出。心外無理，心外無事。』這『心外無理，心外無事』，我們能懂。這『虛靈不昧』的『虛靈』，又是什麼意思呢？」

王陽明娓娓道來：「所謂虛靈不昧，正是這種超越造化存在，又在確實的心性之中的狀態。良知之虛便是天之太虛，良知之無便是太虛之無形。日月風雷，山川民物，凡有貌象形色，皆在太虛無形中發用流行，未嘗做得天的障礙。聖人只是順其良知之發用，天地萬物俱在我良知的發用流行中。何嘗又有一物超乎良知之外，能做得障礙？」

王陽明說起良知來，越說越興奮：「良知是造化的精靈。這些精靈，生天生地，成鬼成帝，皆從此出，真是與物無對，以天地萬物為一體了。人若完完全全致得良知，沒有一點虧欠，自然會手舞足蹈，不知天地間更有何樂可待？」

王畿又問：「良知之虛與道家之虛、佛家之無相比，又如何呢？」

「仙家説到虛，聖人豈能虛上加得一毫實？佛家説到無，聖人豈能無上加得一毫有？聖人只是還他良知的本色，更不會添加其他的意思。」

「良知是否與老子的道有得一比？」

「老子的道獨與天地精神相往來，這麼説良知就是道。但又不是道，『道可道，非常道』。良知之虛靈是無，不是有。若是硬要着到這個道字上，就又支離了，上了邪路。」

「那我們怎麼樣才能找到這個虛靈的無呢？苦讀書做學問能找得到嗎？」

「死讀書本，只能越讀越糊塗，這叫作為學日彰、為道日損。」

「那我們怎麼做才好呢？」

王陽明道：「良知前冠了個『致』字，只有簡易的實踐，即做工夫，才能求得我心。宋儒周敦頤、張載、程顥、程頤，都是真見實踐，深探聖域，千載絕學，始有指歸。」

「弟子明白了，這就是先生常説的知行合一。」

「對，良知是虛的，工夫是實的。致良知的『致』方是要害，就是要將書本知識與實踐工夫融為一體。這才是真正的知行合一！」

一日，王陽明與眾弟子圍坐討論「致良知」之道。

歐陽德説：「《尚書》有言：『知之匪艱，行之惟艱。』與先生所説『知行合一』似有不同。」

王陽明答道：「良知自知，原是容易的。只是不能致那良知，便是『知之匪艱，行之惟艱』。我説知行合一，既不是以知來吞併行，認為知便是行；也不是以行來吞併知，認為行便是知。不僅要知，更當要行，只有把知行合一，才能稱得上是止於至善。」

「那怎麼個知行合一法？」錢德洪不解地問。

「隨物而格，也就是時時刻刻致良知。我與在座的諸位只知

格物致知，天天是如此。講一二十年也是如此。在座諸位聽我的話，實實在在地去用功，聽我講一番，自覺長進一番。否則，只作一場話說，雖聽之又有何用？」

王畿還是對上次王陽明講的虛靈不昧不甚了解，便用佛門公案來問「見性」問題：「佛伸手，問大家看得見嗎？大家回答說，可以看見。佛縮手於袖，問還可見嗎？大家答說看不見。佛說：還未有見性。這是何意？」

王陽明笑道：「手指有見有不見，但你的見性常在。」

王畿追問：「我們是否要靠這個見性去致良知？」

王陽明答：「人之心性一般只關注在看得見、聽得着的事物上，不願在看不見、聽不着的事物上着實用功。其實看不見、聽不着的，才是良知本體。戒慎恐懼是致良知的工夫。學者時時刻刻去看那些看不見的，去聽那些聽不到的，工夫才有個實落處。」

「這個良知的虛靈，弟子還是不甚其解。」

王陽明指着窗外的沉沉夜色說：「在夜氣下發的良知才是良知的本體，因為它沒有絲毫物慾摻雜其間。學者要在事物煩憂時仍如夜氣一般心性澄明，就如《易經》所說的『通乎晝夜之道而知』。可見人心與天地一體，上下與天地同流。」

「『子在川上曰：逝者如斯乎？』這是在說自家心性活潑潑的吧？」錢德洪見王陽明講到人心與天地同流，突然想起「逝者如斯」的故事來。

「必須時時用致良知的工夫，才能做到活潑潑的，才能和那些江河裏的水一樣。如果須臾間斷，便與天地之道不相似了。這是學問的極至之處，聖人也只是如此。」

一個新來的弟子問：「宋儒程顥有詩『萬物靜觀皆自得』。弟子以為靜坐時應該像禪宗六祖慧能所說那樣『不思善，不思惡』，守住一個虛靜，這才是先天易簡工夫。如果用先生所說『省察克治之功』，將好名、好色、好貨等根，逐一搜尋、掃除廓清，這屬於後天起意，是『剜肉做瘡』。對於學者修靜坐工夫

來說，可謂得不償失。」

王陽明一聽此話，有點生氣地說：「這是我為人治病的藥方，能完全去除人的病根。即使他的本領再大，過了十幾年，也還用得着。如果你不用，就收起來，不要作壞了我的方子！」

這名弟子十分慚愧地向他道歉。

過了一陣子，王陽明覺得剛才跟這名弟子說話的口氣重了一些，便心平氣和地跟他說：「大概這也不是你的錯，必定是對我的主張一知半解的學生對你講的，反倒是耽誤了你。」

錢德洪、王畿鄉試中了舉，但沒有進京參加會試，坐船回到了紹興山陰。王陽明非常高興，讓他倆侍講，凡初入門者，都讓他倆先行引導，等志定有入後，才正式聽講。每臨坐，先焚香默坐，諸弟子試舉，他一一點撥，如同孔子杏壇講學一般。

一個弟子問：「我只是在事上不能了。」

王陽明答說：「以不了了之良知。」

這名弟子一時難以理解，但也沒想好，不敢再問。

王陽明接着說：「所謂了事，也有不同。有了家事的，有了身事的，有了心事的。你現在說了事，其實是惦記着前程的事。雖說是了身上事，其實還想着居家家業的事，這其實是想了家事哩。如果只是單單只了身事，能做到『言必信，行必果』就是好男兒！至於心事，果然難得。如果知道是了心事，則身家之事一齊都了了。如果只在家事身事上着腳，世事何曾得有了時？」

有弟子問：「舉業考功名，妨礙為學嗎？」

王陽明答：「梳頭吃飯妨礙為學嗎？只要去做就是學！舉業考功名只是日常的一件事，自己若能看破得失，就把它當作是人生遊藝適情的一件小事就好了。」

「既然要舉業考功名，就得背誦宋儒們的教科書，我們既然已經在先生您這裏得到了聖賢的本意，教科書上的文意跟您的又不一樣。那我們怎麼用心學這一套去答他們那套八股的試卷呢？」弟子又問出這一尖銳的問題。

「若説作聖的真機，當然是我們的心學更為接近。然而宋儒之訓乃皇朝之所表彰，臣子那當然不敢悖反。因此，師友講論時，誰有理就聽誰的；應舉考試時，還得按規定制度來辦。要隨體賦形，物來順應，左右逢源才好。」

有弟子對他的「人人心中皆有一個聖賢在」的話不甚理解。這時，正好有一個叫楊茂的聾啞人來訪，他還識得字。王陽明跟他打筆談。

問：「你口不能言是非，你耳不能聽是非，你心中還能知是非嗎？」

答：「知是非。」

「如此説來，你口雖不如人，你耳雖不如人，你心還與常人一樣。」

楊茂點頭，拱手答謝。

王陽明接着説：「每個人都有一顆心。此心若能存天理，就是個聖賢的心，口雖不能言，耳雖不能聽，也是個不能言不能聽的聖賢。此心若不存天理，便是個禽獸的心，口雖能言，耳雖能聽，也只是個能言能聽的禽獸。」

楊茂扣胸指天，表示他此心可對青天。

王陽明説：「你如今於父母，但盡你的孝；於兄長，但盡你的敬；於鄉黨鄉里、宗族親戚，但盡你的謙和恭順。見人怠慢，不要嗔怪；見人財利，不要貪圖。只在裏面按你那是的心去做，莫按你那非的心去做。縱使外面人説你是非，都不須聽。」

楊茂俯身拜謝。

「你口能不言是非，省了多少閑是非！耳不能聽是非，省了多少閑是非！凡説是非，便生是非，生煩惱。聽是非，便添是非，添煩惱。你比別人省了多少閑是非、閑煩惱，你比別人倒快活自在了許多！」

楊茂扣胸指天畫地。

王陽明最後跟他説：「我如今教你只需終日按你的心去做，

不消口裏説。只需終日聽從你內心的聲音，不消耳裏聽。」

楊茂跪下磕頭，再拜。

王陽明轉身對眾弟子説：「人人胸中都有個聖人，只是不自信，又不肯努力，所以埋沒了這位聖人。」

弟子們唯唯應着。

王陽明看着一位弟子説：「你胸中有個聖人。」

這名弟子慌張得很，馬上站起來説：「不敢。」

王陽明見這弟子緊張，便叫他坐下，笑着説：「眾人皆有，你怎麼就沒有？天下萬事都可謙虛，唯獨這事不可謙虛。」

該弟子只好笑着接受。

王陽明以自己的一首詩來開導弟子：「個個人心有仲尼，自將聞見苦遮迷。而今指與真頭面，只是良知更莫疑。」然後又解釋説：「人皆有良知，聖人之學，就是致此良知。自然而致的是聖人，勉強而致的是賢人，不肯致的是愚人。雖是愚人，只要他肯致良知，就和聖人無異。此良知所以不管你是聖人也好，愚人也罷，都人人具備。所以説，人人皆可為堯舜。」

一次，他和眾弟子一起出遊，看見田間的禾苗長得正旺，隨口説道：「才過幾天呢，就長這麼高了！」

王畿笑着答道：「禾苗長得好，是因為它有根。學問如果能自己植根，也不怕它不長哩。」

「哪個人沒有根？良知就是天植的靈根！本來應當生生不息的，但如果着了私累，把這根切斷堵塞了，那還怎麼長得高呢？」

王陽明就這樣在浙江山陰與一眾弟子每日聚眾講學，樂此不疲。而他在江西的一幫弟子繼續在當地薪火相傳。

他有一個江西安福籍的弟子劉邦采，原本是本縣秀才，卻立下做聖人的志向，與同鄉劉曉、劉文敏等先後受業於他。嘉靖五年（1526 年），劉邦采在安福首創惜陰會，召集同門弟子和再傳弟子每月聚會五日，疑義相與析。王陽明聽説此事，大為讚許，專門給他們寄去一篇文章《惜陰説》，以示鼓勵。

第十四章

天泉問道「四句教」

　　文淵閣大學士費宏因阻止寧王朱宸濠恢復王府護衛，被錢玢等人攻訐，被迫罷官南歸江西老家。後來助王陽明平叛有功，大臣們紛紛上書，爭相請求皇上起用費宏。當時因正德皇帝正在江南一帶南巡，未及處理。嘉靖皇帝即位才十天，就降旨起用費宏和其堂弟費采，並派行人司官員趙嶼去催促費宏快快回朝。到了京城，敕封少保，仍為閣臣，並賜蟒衣、玉帶，特將費宏返故里船上燒去的東西如數賜給。費采不久升為南京禮部右侍郎。

　　在嘉靖初年「大禮議」事件中，首輔楊廷和同閣臣蔣冕、毛紀合力與皇帝爭持，費宏雖也附和楊廷和在論疏上署名，可他不同於楊廷和頑強地堅持己見，故意使皇上難堪，而是有時在皇上和楊廷和中間打個圓場。皇上看出四位閣老態度有所差別，認為費宏還算不錯。等到嘉靖三年（1524年）二月楊廷和致仕，四月蔣冕、毛紀也被逐退回鄉，內閣獨獨留下費宏一名老臣。費宏本想掛冠而去，但想着自己是

三朝老臣，受國厚恩，不忍離去。皇上也想將費宏一併辭退，又怕內閣閣老盡行去職的話，朝廷人心不穩，便對他格外恩寵。一次，皇上寫了幾首律詩，命大臣們唱和。翰林院將皇上的御製詩和大臣們的唱和詩編成了一本詩集，送呈皇上御覽。皇上親自在費宏名字前面署上官銜：「內閣掌參機務輔導首臣。」費宏由此擢升為內閣首輔。

桂萼、張璁從南京召回後，被任命為翰林學士。嘉靖三年七月，左順門哭諫爭禮事件後，席書被擢升為禮部尚書，桂萼升任詹事，仍兼翰林學士。在費宏眼裏，桂萼和張璁雖列名翰林，卻是投皇上所好的奸邪之徒，對他們四處掣肘，不讓他們參加經筵，不參與教習庶吉士，也不准他們參與正德皇帝實錄的修纂。

桂、張二人懷恨在心，常常勾結起來在皇上面前詆毀費宏，甚至數次在奏章上詆罵他，還指使錦衣衛革職旗校王邦奇上書誣陷。皇上雖不以為意，但也始終沒有責怪張璁、桂萼二人。費宏於是上疏請辭。嘉靖六年（1527年），費宏二次入閣近三年後離京返鄉。這時，他的兒子費懋賢剛考中進士不久，被選入翰林院為庶吉士，而庶吉士當時被稱為「儲相」——未來內閣相位的接班人，費懋賢也堅決要求回鄉侍養。因為憑其父費宏的和順、機敏、練達，都鬥不過張璁、桂萼，可見皇帝心中的天平已經傾斜，故而他決心遠離吉凶難測的政治漩渦。

接替費宏擔任內閣首輔的是楊一清。嘉靖皇帝還是興王府世子的時候，興獻王就曾多次跟他講，楚地有三傑：劉大夏、李東陽和楊一清。嘉靖皇帝於是記住了他們，登基後，以楊一清為老臣，恩禮加渥，派遣官員賜金幣存問，遭婉拒後，又特授楊一清一養子中書舍人。楊一清是天閹，無子，因而朝廷只能蔭其養子。嘉靖三年（1524年）十二月，韃靼科爾沁永謝布部領主亦不剌率部犯邊，皇上急詔楊一清以少傅、太子太傅，領兵部尚書、左都御史銜，總制陝西三邊軍務。以尚書身份擔任邊疆大臣的慣例，從楊一清始。楊一清至此三任三邊總制，之後平定亦不

刺進犯，並接受土魯番的求貢。後入朝擔任吏部尚書、武英殿大學士。

張璁與桂萼既已攻走費宏，想到楊一清擔任內閣首輔後，必然會提拔自己。沒想到，楊一清卻堅持召七十八歲高齡的謝遷入閣復職。張、桂二人大失所望，心懷怨恨。

謝遷還未抵達，張璁四處運作入閣之事。一次皇上接到雲南巡撫歐陽重的奏摺，說楊廷和患病，楊慎懇請回四川老家探視。皇上便向張璁詢問楊慎在雲南的近況，朝中大臣對這幫「左順門事件」遭貶的臣子有何看法？張璁趁機危言聳聽地說，不少大臣蠢蠢欲動，想為他們翻案。過了兩個月，楊廷和病癒後，楊慎又返回雲南永昌衛所。聽說尋甸土司安銓、武定土司鳳朝文作亂，便率領家僮和步兵一百多人，快速趕到木密所，與副使張峨用計擊破叛軍，平定了叛亂。歐陽重為楊慎請功，朝中不少大臣也串聯起來，準備寫聯名摺請求皇上赦免楊慎流放之罪。張璁得知此事，遞密摺上報。皇上連夜召見，張璁說，眾臣子聯名為楊慎請功是假，向皇上叫板是真。皇上問內閣是何態度？張璁答說：「內閣鐵板一塊，微臣在都察院，無事也不能擅入。楊一清一回京，即召弘治朝閣老謝遷重返內閣。而今楊廷和病癒，恐怕過些日子還要召他入閣也未可知。」皇上便有意讓張璁入閣。

張璁便與桂萼密謀，若皇上問桂萼對楊一清的看法，只管讚美，讓生性多疑的皇上更不放心。果不出張璁所料，第二天皇上在廷講過後，漫不經心地問桂萼覺得張璁這人怎樣，桂萼不語。皇上又問，楊一清這人如何？桂萼便大讚其在羣臣中說一不二，威望極高，有卓識遠見、剛大之氣，任勞任怨，不疑不怖，克成本原。皇上不動聲色，愈發堅定讓張璁入閣的決心。張璁由二甲進士觀政禮部，五年驟升兵部侍郎、掌都察院事，位列公卿，又憑中旨入閣，打破明代非庶吉士不入閣的慣例，中外為之側目。

光祿寺少卿黃綰上了一道摺子論江西軍功，並推薦王陽明

才德堪任輔弼。皇上為之心動，在奏摺上硃批，交內閣議定。楊一清覺得王陽明好服古衣冠，喜談新學，人頗以此異之，不宜入閣。這時，廣西思恩、田州叛亂，廣西巡按御史石金（1486～1568年）上奏廣西巡撫姚鏌（1465～1538年）兵敗之事，請求朝廷對姚鏌治罪。嘉靖二年（1523年），廣西田州土司、世襲指揮同知岑猛（1489～1526年）叛亂，襲擾鄰近州府。嘉靖五年（1526年），朝廷派姚鏌擊岑猛，五路進兵，大敗叛軍，岑猛之子岑邦彥被都指揮沈希儀（1491～1554年）斬殺於陣前。當年九月，岑猛逃至其岳父、歸順州知府岑璋地面，岑璋因女兒早就失愛於岑猛，正好藉機報復，設計毒殺岑猛，向朝廷邀功。前不久，岑猛部下盧蘇、王受再次擁兵造反，竟然攻下了思恩、田州兩座府城。姚鏌輕敵深入，被狼兵包圍，官軍損失士卒四百餘人，被焚糧倉米粟數以萬計。

楊一清便跟張璁商量，以內閣名義寫一揭帖舉薦王陽明去廣西征思田之亂，入閣之事自然擱置。張璁此時還未正式入閣，也有此意。不久聖旨即下：「由南京兵部尚書王陽明兼都察院左都御史，提督兩廣及江西、湖廣等處地方軍務。」

王陽明在故鄉講學的平靜生活就此告一段落。他接到聖旨後，上了道辭免重任的奏摺，以「病患久積，潮熱痰咳，日甚月深」為由，請辭新職，乞恩養病。他在奏摺中也表明了對思田叛亂的看法：此亂起於土官仇殺，比之寇賊攻劫郡縣，荼毒生靈，勢尚差緩。只要處置得宜，平叛並非難事。他還說，只要專責姚鏌，隆其委任，重其威權，略其小過，假以時日，便可成功。萬一姚鏌終無成績，可選派諳熟民情土俗的大臣，如南京工部尚書胡世寧、刑部尚書李承勛代替他的職務。

王陽明對朝廷任命他提督兩廣之事洞若觀火。這時，以粵人鄉音未改、語義不通達為由辭官不做的霍韜，再次被召進京，被任命為侍講學士、值經筵日講。霍韜推辭不掉，只好打點行裝，從老家南海啟程進京。他一路遊山玩水，順路來紹興看望老

友王陽明。

　　王陽明正好患痰疾臥病在牀，聽說霍韜來了，強打精神，出客廳相見。霍韜原來聽說朝廷任命王陽明總督兩廣兵馬，上了摺子附議，還想着帶上西樵山四峰書院一幫弟子助他平叛，這次見他病得不輕，不無擔心。王陽明有氣無力地告訴他，咳嗽厲害時都咳暈過去，老半天才能甦醒，這次朝廷任命他去兩廣平叛，是他力不能及的事。霍韜問他對思田之亂作何打算？王陽明說，思田之亂，是小打小鬧，有如身上長的疥瘡。羣僚百司各懷讒嫉黨爭之心，這才是心腹大患。思田之亂本也無大緊要，只是從前太過張皇了，後來不可輕易收拾。只要釐清亂源，疏通積怨，撫軍安民，思田地方很快就會實現長治久安。霍韜見他胸有成竹，才略為心寬。

　　皇上接到王陽明的辭疏，問姚鏌現在何處？楊一清答說還在兩廣任上，兵部奉欽命，授王守仁總制軍務，督同都御史姚鏌勘處兩廣事情。皇上斥道：「若姚鏌不去，王守仁決不肯來。」於是令姚鏌致仕，又降旨督促王陽明星夜前去，勿再遲疑推諉。

　　嘉靖六年（1527年）八月，出征前夕，王陽明與陽明書院諸弟子道別。他說，我出征之後，但願溫恭直諒之友來此講學論道，示以孝友謙和之行。德業相勸，過失相規，以教訓我子弟，使毋陷於非僻。今後你們無論是做人，還是修學，都要從良士而不從兇人。最後，他說：「我的心學，可歸納為四句宗旨：『無善無惡是心之體，有善有惡是意之動，知善知惡是良知，為善去惡是格物。』切記，切記。」這就是陽明心學中著名的「四句教」。

　　九月九日，王陽明奉旨出征思恩、田州。出征的前夜，錢德洪、王畿與諸弟子從新建伯府送別老師出來，同門弟子張元沖（1502～1563年）邀他二人到船上一敍。錢、王二人談起王陽明的「四句教」，意見不一致，爭得面紅耳赤。

　　王畿說：「先生講的『四句教』恐怕不對頭。心體既是無善無惡，意應該也是無善無惡，知應該也是無善無惡，物也是無善

無惡。若說意有善有惡，畢竟心也不是無善無惡。」

錢德洪卻不以為然：「心體是天命之性，原來無善無惡的。今習染既久，意念上見有善惡在，為善去惡，格致誠正，正是復那本體工夫。若原無善惡，工夫也不消說了。」

王畿又說：「依我之見，心體是絕對無善無惡的，而且是超越善惡的絕對無的東西。即使是想通過格致誠正達到這種無善無惡的境界，終會因拘泥於善惡之念而無法領悟絕對無的心體。因此，必須一舉領悟那心之本體。」

錢德洪卻說：「你這說得像是修禪頓悟似的，反倒會陷入虛妄。你是太不了解現實中的人心了。還是要在紛繁複擾中看真相，要積累修行才能達到那絕對無的心體。」

兩人爭論無果，決定請老師答疑解惑，於是又將船劃回新建伯府。王陽明在府中正忙着與諸親友話別，直到夜深時分，客人方才散去。他正想回房休息，聽說錢德洪、王畿二人還在大門石坊前等候，於是移步天泉橋相見。天泉橋是一座建在碧霞池上的拱形木橋，橋上已擺好一桌瓜果點心，還有一壺紹興老酒。

王陽明聽了二人的辯論，笑道：「正要你們來講破此意！明日一早，我將遠行，朋友中也沒有論證此說的。你倆的觀點正好相資為用，不可各取一端。王畿須用德洪的工夫，德洪須參透王畿的本體。兩者相取為益，我的學說更無遺念了。」

王陽明接着說：「有只是你自有，良知本體原來無有，本體只是太虛。」王陽明指着橋下的流水，又抬頭望了望浩瀚的星空，「太虛之中，日月星辰，風雨露雷，陰霾饐氣，何物不有？而又有何物作得了太虛的障礙？人心本體也是這樣。太虛無形，一過而化，哪裏用得着費纖毫氣力？」

錢德洪問：「先生，我與王畿究竟誰對誰錯？」

「你們倆都沒有對錯。我這裏教人本來就有此二種方法。一種人是利根之人，可以直接從本源上悟入。人心本體原是明瑩無滯的，原是個未發之中。利根之人一悟本體即是工夫，人己內外

一齊都透了。像王畿講的，本體即工夫，簡易直截了當。另外一種人，不免有習心在，本體受蔽，因此且教他在意念上落實為善去惡。工夫熟後，渣滓去盡時，本體也明盡了。王畿之所見，是我這裏教利根人的；德洪之所見，是我這裏教另外一種人的。二君相取為用，則中人上下皆可引入此道。如果各執一邊，眼前便有誤人之處，於道體也各有未盡。」

王陽明思考片刻，又說：「以後與朋友講學，切不可失了我的宗旨：『無善無惡是心之體，有善有惡是意之動，知善知惡是良知，為善去惡是格物。』只依我這話頭隨人指點，自沒病痛。這原是徹上徹下工夫。利根之人，世上難遇，本體工夫，一悟盡透。就連顏回、程顥都不敢承認自己是利根之人，豈可輕易奢望他人有此資質！人有習心，不教他在良知上實用為善去惡工夫，只去懸空想個本體，一切事情都不落實，便會養成一個處處鼓吹虛寂的毛病。這個毛病不是小事，不可不早說破。」

錢德洪說：「同門有師兄弟對先生講的『無善無惡是心之體』頗有疑惑之處，說是近乎禪呢。六祖慧能也說過：『不思善，不思惡，正是本來面目。』」

王陽明答道：「六祖慧能的本來面目是空，我所說的心之體是本性，是實實在在的天理。一虛一實，豈能一樣？」

王畿又問：《易傳》有言『何思何慮？』是不是要我們斷絕思慮，直達心之本體？」

「所思所慮只是一個天理，更無別思別慮，也不是無思無慮。心之本體即是天理，天理只是一個，哪還有什麼天理之外的東西可以思慮的呢？」

當晚，王陽明與錢、王二弟子暢所欲言，錢、王二人都有所省悟。第二日一早，王陽明在錢德洪、王畿的陪同下乘船走水路，沿錢塘江、富春江溯江而上，二十二日到達嚴州府桐廬縣富春山下桐江河畔的嚴灘。王陽明問前來迎接他的桐廬縣知縣沈元材，此地為何叫嚴灘？沈元材答說，相傳後漢嚴子陵隱居耕釣於

此，後人遂名其垂釣處為嚴灘或嚴陵瀨。嚴子陵是餘姚先賢，東漢著名的隱士。光武帝召他，他卻隱居在這富春江畔垂釣。范仲淹的名句「雲山蒼蒼，江水泱泱。先生之風，山高水長」寫的就是他。王陽明很有感觸，跟弟子們説，也期望能像嚴子陵一樣，找到湖海之交的地方卜居養老，眼前常見浩盪。錢德洪懂得老師的心意，便説弟子們準備在天真山上建一個書院，等先生凱旋，給弟子們授業。王陽明和弟子們此前一起爬過杭州城南的天真山。山上多奇巖古洞，左抱西湖，前臨胥海，俯瞰八卦田，王陽明到了這裏，像是找到了家似的，不住地感歎「心與山水一起明白起來了」。

王陽明頗為心動。當年他得罪了宦官劉瑾，在赴謫貴州龍場途徑杭州時，也常來天真寺小住養病。説來也奇，他每次在該寺小住幾日便身體大好起來，如同脫胎換骨一般。有人説是這裏的水好，能治病。王陽明心想，若能歸老此處，也不枉此生顛沛流離。

王畿在一旁問：「上次在天真寺，聽兩個僧人在討論實相和幻想，爭得不可開交。這真真假假，亦真亦幻的事，學生也是不甚了解呢，請先生開示。」

王陽明答道：「有心俱是實，無心俱是幻。無心俱是實，有心俱是幻。」

「先生是説，有心俱是實，無心俱是幻，是本體上説工夫；無心俱是實，有心俱是幻，是工夫上説本體？」王畿試探性地問。

「正是。」王陽明拈鬚微笑。

錢德洪卻皺着眉頭，不甚明了，問道：「弟子愚笨，請先生明示。」

王陽明説：「有心俱是實，這心指的是本心，是本來的心，有則為實，無則為幻。為保持本心，努力使其不喪失，便是王畿剛才講的『本體上説工夫』。相反，無心俱是實，這個心是指私

心、習心、被世障遮蔽的心，無則為實，有則為幻。努力去除私心，保持本心，便是『工夫上說本體』。」

見錢德洪似有所悟，他又接着說：「一句話，本體即工夫、工夫即本體。也就是說，本體之中有工夫，工夫之中有本體。既沒有無本體的工夫，也沒有無工夫的本體。本體與工夫合一，知與行合一。」

見錢、王二人仍是一臉的困惑，王陽明又說道：「再說明白點吧，本體就是良知，工夫就是致良知。良知人人具有，個個自足，是一種不假外力的道德修養和內在力量。致良知就是將良知推廣擴充到事事物物。良知是『知是知非』的『知』，『致』是在事上磨練，本身就是兼知兼行的過程。『致良知』是在事上磨練中實現良知，也就是知行合一。我們要通過實踐的修行和時間的砥礪，不斷地把自己修養成一個『敬天愛人，自利利他』的人。」

錢、王二人一聽此言，如醍醐灌頂。

王陽明到達浙江西部的常山縣，棄舟登岸，進入江西境內。從廣信府上饒縣再次登舟，沿上饒江和弋陽江西下。許多弟子沿途求見，他因尚在征途，答應歸來時再見。一個叫徐樾（？～1551 年）的弟子從廣信府貴溪縣一路追至鄱陽湖邊的饒州府餘干縣。此時已是傍晚時分，王陽明只好讓他到船上來說話。

王陽明一見他就問：「你是不是在修禪定？」

徐樾一臉驚訝：「先生真是神人，弟子此前在白鹿洞練習打坐，心情卻是難以平靜。」

「那你說說你打坐時心中的意境。」

徐樾連舉了好幾種，王陽明都說不對頭。

「良知豈有方向處所？」王陽明指着船艙裏的蠟燭對他說，「譬如這個蠟燭，光無所不在，不可獨以燭上為光。」指着船中各個角落說：「這也是光，那也是光。」又指着夜行船外的水面說：「這也是光，那也是光。」

徐樾恍然大悟，光既不在燭火上，也不在日月星辰之間，

只要心中有光，光便無處不在。

十月，王陽明一行從鄱陽湖沿贛江向南逆流而上，到達南昌府南浦港。八年前，這裏曾是平寧王之亂的主戰場，王陽明故地重來，南昌的軍民父老頂香林立，將碼頭擠得水泄不通。大家輪番為他抬轎，把他接力傳遞到了都司衙門。他坐在大堂之上，來拜見他的百姓絡繹不絕，從東邊入西邊出，有的出去後又排隊進來。從前半晌開始一直到過了晌午才結束。

之後，他到了吉安，大會士友，在簡陋的螺川驛站，站着給三百多人講課，講得很實在：堯舜是生而知之、安而行之的聖人，還兢兢業業，用困勉的工夫。我們只是困勉的資質，卻悠悠盪盪，坐享生知安行的成功，豈不誤己誤人？他強調良知是無所不能，是周流六虛、變動不居的妙道，最重要的是先要有萬物一體之仁，對人要有誠愛惻怛之心，但用它來文過飾非，便危害大了。他再三叮囑説：「工夫只是簡易真切。愈真切，愈簡易；愈簡易，愈真切。」

從吉安府沿贛江繼續溯江南行，經贛州府到達南安府。這一帶是他平定南贛叛亂的主戰場。經過新溪驛時，又有父老鄉親壺漿焚香相迎。這座驛城是他當年主持修建的，是為了抵禦湖廣等地流竄的土匪。而今見當地百姓已安居樂業，他於是下令解散駐守在山頭的弓箭手，讓他們乾脆回家務農。

一行人翻越梅嶺關，進入廣東境內。沿北江南下到達三水，又沿西江向西逆流而上。十一月十八日經過肇慶府，二十日抵達兩廣總督所在地——廣西東部的梧州府，在這裏開府辦公。與當地官員、軍民廣泛接觸，了解民情，思考解決思田之亂的對策。

思恩府哨官覃益（1486～1558 年），本是當地僮族（即壯族）俍人。王受、盧蘇圍攻思恩府城時，覃益率兵頑強抵抗，星夜突圍，並平安護送知府等官員至賓州府。王陽明叫他來梧州問話，詳細了解思田之亂的亂源。

廣西土著，岑氏為大。大明開國之初，岑氏率思恩、田州地方歸順朝廷，此地本由土官管轄。覃益説，岑氏之亂，他自身有亂的根子，流官也有逼他作亂的引子。岑猛乃土司岑瑛之孫、岑溥次子，因長相酷似父親岑溥，頗得父親偏愛。弘治九年（1496年），岑溥廢長立幼，捨棄長子岑獀。弘治十二年（1499年），岑獀弒父奪位，後又被部將黃驥等所殺。岑猛雖世襲土司之職，但被人要挾追逐，顛沛流離。直到正德三年，他重賄太監劉瑾，方才謀得田州府同知的官位。官府對他時而利用時而壓制，此前都御史陳金曾讓他會剿江西山賊，結果他的狼兵（又稱俍兵）比山賊為害更甚。事後，軍功盡歸流官，他沒得到想得的官位，又擁有重兵，於是心懷不滿，囂張生事，自雄一方。當地官府知道他家世代土司，積蓄豐厚，還時不時敲他的竹槓。岑猛父子對「改土歸流」的新政不滿，心中怨氣大，對流官不敬。嘉靖二年（1523年），官府唆使岑猛同族誣告他謀反。岑猛被逼無奈，便藉機興兵滋事，成為思田一亂。岑猛父子死了，官府以為思田之亂一了百了。可事實上，當地土著盤根錯節，岑氏一族影響力還在。岑猛的遺孀岑花，人稱瓦氏夫人，以孫子岑芝之名操縱着當地土著的大小政事。嘉靖四年（1525年），朝廷在此地推行「改土歸流」，由知府與土司共治。而官府以「改土歸流」為名對思田一帶的大小土目進行打壓、盤剝，還以有傷風化為由禁止他們過「三月三」的對歌節。盧蘇、王受原是岑猛手下部將，被逼得揭竿而起。思田之亂，已逾兩年。官家所費銀兩已不下數十萬兩，但梧州庫銀，不滿五萬兩。兵眾所食糧米也不下數十萬石，但梧州倉廩所存，已不滿一萬石。

在梧州駐紮了十餘日，王陽明率徵調過來的數萬湖廣土兵沿潯江抵達平南縣，在這裏召集藩臬二司、巡按御史、都司兵備諸將領商議平叛對策。王陽明定下安撫攻心之策。他認為，盧蘇、王受之亂只是反彈官府流官欺壓而已。他們世守思田之地，家族子弟眾多，並不想與大軍玉石俱焚。叛軍雖多，但首惡不過

岑猛父子及盧蘇、王受等黨惡數人而已，其餘萬餘之眾，皆脅從之人。今日若必欲窮兵盡剿，他們狗急跳牆，反而兩敗俱傷，禍害最大的卻是無辜百姓。若罷兵行撫，盧、王二酋倘能改惡自新，則我等又何必非要問其罪呢？若死不悔改，執而殺之，不過一獄吏之事，何至兵甲之煩呢？

隨後，王陽明率眾屬官和諸將士沿鬱江西行，抵達緊鄰思田地界的南寧府。在這裏他發佈指令《放回各處官兵牌》，命令解散思田地區全部守備兵數萬名，讓他們回鄉務農，準備來年的春耕。

廣西巡按御使石金雖然支持他的決定，但也善意地提醒他這樣做是犯忌的，肯定會遭來兵部和朝中大臣們的非議。他拿出桂萼寫來的信，信中說要王陽明殺鎮瑤族僮匪，再攻打交趾。兵部也發來諮文，說王陽明前次上奏的安撫之計不是良策，應發兵討之。王陽明卻斷然表示，只要有利於地方安穩和社稷穩定，死都應該，還怕什麼非議？在這深山老林之中，瑤、僮諸民世代盤踞，由土司幫着朝廷管着這地界，作為中土屏障，有何不好？王陽明不止要裁撤軍隊，還要想辦法去掉思田的流官。

他又給駐守在南寧和賓州等地的鎮安府都康州男爵彭一等頭領下令，說是年關將至，思鄉之情漸濃，讓他們自行解散，回鄉耕作，並予以慰勞犒賞。盧蘇、王受早就聽說過王陽明在江西剿匪、平叛的事，見他確有招降之意，便在嘉靖七年（1528 年）正月七日主動派出部下頭目黃富等十餘人來到南寧府王陽明軍營前，請求投降。王陽明向他們表示，若是真心歸降，改惡從善，棄死投生，恢復農耕，不僅可保他們不死，還要留他們繼續替朝廷守衛十萬大山疆土。若是不能遵守朝廷規矩，繼續為惡作亂，將發兵討伐，絕不輕饒。

正月二十六日，盧蘇率部下約四萬名，王受率部下約三萬名，來南寧府城下正式受降。

當初姚鏌調湖廣、廣東等地兵勇來援，因底下的人搗亂，

故意錯發軍令，廣東兵就因搞錯了時間不來了。湖廣湘西永順、保靖兩宣慰司的六千名土兵則在姚鏌罷官後才到。王陽明擅長兵不厭詐、虛虛實實的計謀。他明裏解散了思田周邊守軍，卻獨留遠道而來的湖廣兵悄然在南寧周邊駐守。王陽明知道，兵法上說「不戰而屈人之兵」，但此話的背後是要有強大的武力作為支撐。

盧蘇、王受打聽到官軍實力尚存，王陽明指揮若定，不敢妄動。次日，率部下頭領數百人來到南寧府署門前，渾身戎裝，卻以繩索綑縛自身，表示投降。王陽明端坐大堂之上，在鼓樂聲中，王陽明令人把降將解入，盧、王等人跪倒一片，自訴罪狀，懇求免予死罪，來日必報大恩。

王陽明對盧、王二人正色道：「狼兵鷙悍，天下稱最。可你等不為朝廷效力，不為百姓保境安民，卻佔據險要，擁兵作亂長達兩年多。上使朝廷憂慮，下擾三省百姓，不懲罰不足以平軍民之憤。今免去你等死罪是天地有好生之仁，給你們杖刑是我作為人臣守法之義。」於是下令將二人各處以杖刑一百，但允許他們身披鎧甲受刑。其部下頭目在一旁伏地觀刑。杖刑結束，給他們鬆綁後，王陽明撫慰眾降將道：「你們犯的都是死罪，朝廷也有大臣建議調大軍將你們盡行剿滅，那也是不費吹灰之力的事。可本部堂轉念一想，欲殺數千無罪之人，以成一將之功，仁者之所不忍。」

眾人感動得聲淚俱下，紛紛表示誓死報效朝廷。王陽明令盧、王二人率眾出境，歸命南寧城下，分屯四營。又令熟悉當地情形的廣西右布政使林富（1475～1540 年）和舊任副總兵官張祐（？～1532 年）兩人負責監督，給七萬餘名叛兵發放歸順牌，全部遣返回籍。

一些叛兵過慣了打打殺殺的日子，不願回鄉務農，卻願在軍中立功贖罪。王陽明親至他們軍營安撫，說：「之所以招撫你們，就是為了讓你們活下去。怎麼忍心再把你們投入到刀兵戰場呢？你們逃竄日久，家人思念，趕快回家去吧！倘若地方有事，

本部堂再行牌調發你們。」

　　就這樣，歷時兩年多、令朝廷震動的思田之亂，就這樣春風化雨般地平復了。王陽明自己也曾欣慰地説道：「不折一矢，不戮一卒，而全活數萬生靈。」

　　王陽明一面向朝廷奏捷，一面勒石刻碑紀念。他在奏摺中詳述流官與土官的利弊，説本來這裏就是蠻夷之地，從梧州走水路到思恩、田州都要花一個月時間，不適合照搬中土的治理方法，就連重新設置流官都不可行，讓都御史這一重臣駐紮更是萬萬不可。為保此地永久和平，他提出以下對策：特設流官知府以制土官之勢，仍立土官知州以順土夷之情，分設土官巡檢以散各夷之黨。為此，他向朝廷建議：把田州劃開，別立一州，以岑猛次子岑邦相為吏目，署州事，待有功後再提為知州。在舊田州置十九巡檢司，讓盧蘇、王受等降將分別負責，都歸流官知府管轄。又將思恩府分立九個土司，覃益因功得授古零土司世襲巡檢，管轄古零、那學、通感、下畔四城堡，轄區為九司最大。

　　王陽明的報捷奏摺送到內閣時，首輔楊一清和閣臣張璁正鬧得不可開交。

　　兩人恩怨已久，皆由大禮議起。新帝即位之初，張璁上書議禮，楊一清讚賞他是「聖人之言復起」。張璁、桂萼攻去費宏後，力薦楊一清重新入閣。兩人本互有提攜舉薦，但等到楊一清執掌內閣後，卻阻止張璁入閣，引發張璁不滿。

　　張璁和桂萼都是半生坎坷，壓抑已久之人，因而養成了一種多疑、自卑且偏激的個性。大禮議以來，又受到各種打壓排擠，險些被羣臣刺殺殞命，這使得他們的性情更加乖張。等到張璁如願入閣、桂萼升吏部尚書後，他們最着急要做的便是尋舊怨而報復之，以解心頭之恨。張璁初入閣時，雖桂萼還在閣外，但他已經迫不及待地要動手報仇雪恨了。張、桂兩人互為援手，一明一暗，相繼出頭。

　　最先受到桂萼報復的便是前任首輔楊廷和，他指控楊廷和的罪狀是，「謬立《樸議》，自詭門生天子、定策國老，法當戮

市，姑且削職為民。」當時與楊廷和同為閣臣的蔣冕和毛紀二人，他當然也絕不放過。結果蔣冕受到了「落職閑住」的處分，毛紀也以協從論罪，受到「奪官」的責罰。

張璁、桂萼成為當朝紅極一時的人物，雖然為保守派大臣們不齒，視為投機鑽營的小人。但他倆升遷之快，史不多見，自有想攀緣富貴、一夜成名的臣僚們將他倆樹為榜樣，成日圍聚在他們周圍，或為耳目，或為爪牙，聲勢日盛，可以說是門戶已成，羽翼已豐。只要張、桂二人想打擊構陷誰，定有一幫手下羣起而攻之。那時閣老石珤、賈詠、謝遷都已去職，內閣裏只有首輔楊一清、次輔翟鑾和輔臣張璁三人。

翟鑾（1478～1547 年）祖籍山東諸城，曾祖為錦衣衛校尉，舉家遷京師。翟鑾是翰林院庶吉士出身，人很厚道，卻極軟弱，沒有主見，只會和濕泥。他之所以入閣，乃是由於保守派臣僚要用他來擠掉張璁、壓制桂萼，才把他胡亂推出來的。嘉靖六年（1527 年）春，廷推閣臣。皇上意在張璁，羣臣卻獨不推張璁。過了幾日，皇上命羣臣再推，羣臣便推了翟鑾。此時翟鑾只是個禮部右侍郎，按理說離入閣還差一大截。但不止羣臣，宮中太監大璫也多稱讚翟鑾是厚重之臣，堪當大用。皇上於是想破格提拔他為次輔。楊一清認為翟鑾資歷太淺，名望也輕，推薦吳一鵬、羅欽順入閣。皇上不准，最終還是任命翟鑾以吏部左侍郎入值文淵閣，並賜「清謹學士」銀章一枚。

翟鑾剛入閣時，楊一清為首輔、謝遷輔政。後來謝遷致仕，張璁入閣，桂萼雖未入閣但常以吏部尚書參預機務，翟鑾都謹慎與他們相處。張璁、桂萼常以所賜銀章密封奏事，翟鑾卻從無密奏。皇上一次詰問他何故，翟鑾答道：「陛下聖明，臣遵旨承辦不暇，哪還有工夫密奏言事呢？」皇上自此也知道他是個唯唯諾諾、沒有主見的人。但楊一清、張璁此時已是勢如水火，皇上也需要翟鑾這樣的老好人在二人之間調和矛盾。

對於張、桂二人，翟鑾知道他們都是皇上身邊的紅人，自

然開罪不起，他這個次輔反而在他倆跟前事事都唯命是從。對首輔楊一清，他也是言聽計從，從不牴觸。

楊一清常以三朝元老、出將入相自居，也知道張、桂二人大有來頭，他之重又入閣，也是由於他們二人的推薦。為此，楊一清倒也時常讓着他們一點，不和他們過於計較。但楊一清畢竟是首輔，又是士林倚望之老臣，可不是翟鑾那樣毫無主見之輩，自然不能事事都依着張、桂二人。張、桂二人卻是容不得別人與他們有半點唱反調的，所以雙方時常劍拔弩張。雖有翟鑾在中間調和補臺，也於事無補。

這時，有個名叫聶能遷的錦衣衛僉事跳了出來，疏劾張璁，引發張璁與楊一清之間一場大鬧。這裏又要說到王陽明的得意弟子黃綰。

黃綰是浙江黃巖人，是侍郎黃孔昭的孫子，他封蔭做了後軍都督府的都事一職。嘉靖初年，他擔任南京都察院的經歷，與張璁、桂萼相交甚厚。張、桂二人上書爭議「大禮」時，黃綰也上書附和，嶄露頭角。

王陽明平定寧王叛亂，受到朝臣忌妒。雖封為伯爵，卻不發他誥命、鐵券和歲祿，手下有功的將官或得不到升遷，或明升暗降。黃綰向朝廷上書為王陽明打抱不平，並請召王陽明進京輔佐新君治國。王陽明這才得到禮部的封賞，伍文定等有功將官也得以論功錄用。黃綰不久升任南京刑部員外郎。嘉靖六年（1527年）六月，張璁、桂萼把翰林們大多趕到地方上去任職了，用自己親近的人來增補，便在皇上面前提議召黃綰回京任光祿寺少卿，升少詹事兼侍講學士，參與編撰《明倫大典》。像他這樣以蔭子入官而做到翰林，也是以前聞所未聞的事。第二年《大典》編成，黃綰升為詹事。當年議禮之臣大多都有升遷。

再說這錦衣衛指揮僉事聶能遷當初本是錦衣衛的總旗官，追隨錢功升了這個指揮僉事。嘉靖帝即位，他本在裁汰之列，後來降為百戶留用。此後見風使舵，追隨張璁、桂萼參加「大禮

議」，交結司禮監大太監崔文，又官復原職。《大典》書成，眼看着大家都升了官，偏他沒份，聶能遷很惱火，遷怒於張璁忘恩負義，過河拆橋，就花錢請賦閑在家的主事翁洪寫了奏章，誣告王陽明是賄賂了弟子席書、黃綰才得到召用，黃綰最終轉賄張璁才讓王陽明得以任南京兵部尚書兼兩廣總督。黃綰上書作辯解，並請求離職避嫌。皇上語氣親切地挽留他，而把聶能遷交給法司問罪。

張璁細想，一個小小的錦衣衛指揮僉事就敢向他叫板，背後肯定有高人指點，又想為自己立威，便主張擬一嚴旨，把聶能遷置於死地。楊一清卻幫聶能遷說好話，說他罪不至死，主張從寬。內閣擬旨，最後的拍板權一向掌握在首輔手裏，終於聶能遷被從輕發落，充軍了事，翁洪也只是被削職為民。張璁越發懷疑聶能遷是受楊一清指使，大罵楊一清是「奸人」「鄙夫」。於是兩人結下梁子，彼此攻訐。

張璁看了王陽明的《奏報田州思恩平復疏》，見他抵達廣西不到三個月，就兵不血刃地平了叛亂，心中暗自歎服。此時，黃綰、方獻夫又一個勁地上摺子推薦王陽明入閣。張璁轉念又想，楊一清常以「出將入相」自詡，何不召王陽明入閣，用這個也是「出將入相」的狠角色來跟他硬碰硬一番？再說王陽明的弟子黃綰、方獻夫，好友霍韜等人都是議禮派大臣，王陽明又向來極有個性，喜歡談論新學，標新立異，行事風格與楊一清保守派大臣大為不同。他若入閣，一定與楊一清勢同水火。張璁此前跟楊一清一道抵制他入閣，是因為自己還沒有入閣，現在自己已經在內閣有一席之地，有王陽明來施以援手豈不更好？

這樣一想，張璁便在內閣會議中力薦王陽明入閣。楊一清以思田之亂由來已久，王守仁才去三個月，雖說招降了叛軍，但亂源未根除，廣西地方仍不安寧為由，拒絕了張璁的提議，並讓他兼任兩廣巡撫，治理好兩廣地面。兩人意見不合，矛盾激化。翟鑾便出來打圓場，建議將王陽明的事發給吏部議處。

吏部尚書桂萼聽説張璁推薦王陽明而不是他自己入閣，心中不悅，於是假惺惺地召集幾個侍郎、員外郎和文選司郎中、主事開了個會，同意了王陽明兼任兩廣巡撫。讓張璁大失所望。

王陽明接到吏部發來任命他兼任兩廣巡撫的公文後上疏請辭。他在奏疏中説，兩廣的地形與別處不同，到處有賊窩，每天都有亂党出沒，百姓困苦至極，只有精明強幹的人才能勝任此地巡撫一職。他舉薦江西時的老部下、此時已致仕在家賦閑的伍文定，或者刑部左侍郎梁材，或者南贛副都御史汪鋐代替自己擔任兩廣巡撫一職。

他給楊一清寫了封言辭懇切的信，説此次事畢，若病好了，請您安排我當一個南北國子監一類的散官，我就感激不盡了。他這是在跟楊一清表明心跡，潛臺詞是：我這人與世無爭，絕不會想入閣與您爭權，您就放心好了。

他又給黃綰寫信，讓他和方獻夫不要再推薦他入閣了，得從長計議。還跟他説了些心裏話：參與平寧王叛亂的湖廣、浙江及南京的有功者均已升賞，唯獨功勞最大的江西將士至今勘察未已，有的廢業傾家，身死牢獄，他們已失意八年了！他在信中感慨道：羣僚百官各懷讒嫉之心，此乃心腹之禍！此次南征，會不會重蹈覆轍呢？

廣西思田之亂已平，又有父老遮道向王陽明控訴八寨和斷藤峽之賊淫殺禍害的猖亂罪狀。所謂八寨，是指思吉、周安、吉鉢、古蓬、剝丁、羅墨等八個寨子，位於柳州府上林縣與慶遠府忻城縣交界處，都泥江從各寨中間穿過，兩岸都是懸崖絕壁。沿都泥江東下便是大藤江，兩岸斷壁之上便是斷藤峽，地勢極為險要，這裏是柳州府武宣縣和潯州府桂平縣的交界處，是個兩不管的地方，是洞匪的巢穴。登在藤峽山巔，可以看盡軍旅聚散往來，藤峽之上有上百個山洞，其中如仙人關、九層崖最幽深險峻。峽南有牛腸村、大岵村，均緣江立寨，易守難攻。藤峽、大藤江之間為力山，力山又比藤峽險峻幾倍。再向南為府江，周遭

六百多里，其中多為冥巖嶼谷，懸崖峭壁。山寨之中為藍、胡、侯、盤四姓為主的瑤族，力山中又有善射毒藥弩矢的僮族。斷藤峽之賊佔據天險，擁兵數萬，與八寨共為脣齒，互為呼應。南與交趾夷狄，西與雲貴叛賊，東北與盤瑤串通，神出鬼沒，燒殺搶掠，防不勝防。

斷藤峽本名大藤峽，山峽中有大藤，瑤民可以藉助大藤在兩岸懸崖峭壁間通過，因此得名。此處從明代洪武年間開始就作亂不休。景泰年間，瑤酋侯大狗率先作亂，聚集上萬匪眾，先後攻佔柳州、潯州、梧州三府十餘縣，曾七次攻進梧州府城，殺死前布政使宋欽、訓導任璩等。英宗下詔緝捕侯大狗，予以千金，爵一級，竟仍無法捕獲。一些土司不滿朝廷「改土歸流」，也暗中與賊匪勾結，助其氣焰。叛軍蔓延至廣東高州、廉州、雷州境內，還曾流竄到福建、浙江一帶。兩廣的官員均無對策。成化元年（1465年），朝廷派右僉都御史韓雍（1422～1478年）、都督同知趙輔（？～1486年）統兵二十萬圍剿大藤峽，侯大狗被格殺。韓雍於是下令斬斷大藤，並改名為「斷藤峽」。大藤是被斬斷了，但賊心未死。大軍一撤，亂賊就從巢穴湧出攻陷了潯州府城，踞城大亂。於是官軍再次征討安撫，亂賊又退回巢窟。你進他退，你退他進，燒殺搶掠日甚一日。韓雍也曾率兵數萬討伐八寨，未能攻破賊巢。後來土官岑瑛，也就是岑猛的祖父，曾經乘亂攻入八寨賊巢，殺掉二百多名亂賊，最終卻不敵亂賊大軍，敗退下來。其後再無人攻打此地山賊，這一帶便成了法外之地。

王陽明決心平定八寨、斷藤之亂。思恩參將沈希儀此前在柳州、慶遠一帶為官，諳熟當地夷情土俗。王陽明奏請朝廷委派沈希儀頂替柳州、慶遠地區生病的參將，即赴柳、慶地方，防守八寨，督率官兵人等於賊衝要路，嚴加把截，如遇奔突，相機擒捕，勿容逃遁。並吩咐他悄然赴柳州、慶遠上任，不可聲張。還要嚴格管束下屬，只能剿除真正賊徒，不得妄殺無辜，也不得侵

擾百姓一草一木。

王陽明發佈一道公文《犒送湖兵》，命駐守南寧府的湖廣土兵還鄉，並指示回鄉路線，從南寧經潯州、梧州、平樂、桂林各府到達湖廣省。允許湖廣兵只帶武器不帶糧食，命沿途各級官府為他們準備必要的糧食和盤纏。並大張旗鼓地舉行犒賞儀式。又發出公移，張貼官榜，命廣西提學官從廣州縣學選派兩名教授，興辦思田學校，又為靈山縣延師設教。緊接着，命南寧府新設敷文書院，委派他的高徒、曾任監察御史的季本擔任首任山長。王陽明在軍政繁忙之際亦常抽空前來講經授課。

就在八寨與斷藤峽放鬆警惕之際，王陽明暗中調兵遣將，準備出其不意，一舉殲滅八寨、斷藤峽之敵。至於先攻八寨還是先攻斷藤峽，大家眾說紛紜。王陽明分析認為，八寨寨兵訓練有素，防範甚嚴。斷藤峽那邊自恃有天險，易守難攻，反而鬆懈很多。先打斷藤峽，拿下斷藤峽後，再攻八寨便如探囊取物。

又問盧蘇、王受意下如何，兩人剛歸降，正愁沒有立功自贖的機會，聽說有仗打，皆主動請戰。

王陽明命林富和張祐兩人率廣西官軍，連同回歸湖廣省途中、正在武靖州待命的一部分湘西土兵和盧蘇、王受的狼兵一道圍剿斷藤峽。三月十三日，他以總督名義發佈公移《征剿八寨斷藤峽牌》：「務要聲言各賊多年殺害良民、攻劫州縣鄉村之罪，除掉首惡，以絕禍根。除臨陣擒斬外，其餘脅從老弱，一切皆可宥免。」緊接着，又給各個指揮官發佈公移，命令各軍未至集結地之前，提前三日停軍中途，由參將張經（1492～1555年）與守巡各官商議，由嚮導先將進兵道路之險易遠近、各巢山賊之多寡強弱及所過良民村之經由往復，逐一詳細講解明白，務必要讓各路官兵習熟通曉，若出一人。然後確定時日，偃旗息鼓，寂若無人，密至集結地，乘夜速發，以迅雷不及掩耳之勢，將各巢首惡，盡數擒剿。

餘姚人邊城是嘉靖年間有名的遊俠，也是王陽明的老鄉，

此人其貌不揚，身材瘦弱，卻身懷巨力、機勇過人。王陽明派人找到他，從征廣西。在進攻斷藤峽、八寨之前暗遣邊城潛入刺探。邊城打扮成衣衫襤褸的叫花子，遊走於斷藤峽、八寨各村寨之間，窺探叛軍兵力和地形關卡。這也提前為王陽明攻打斷藤峽、八寨摸清了敵情，做到了知己知彼。[1]

討伐作戰首先在斷藤峽打響。四月二日，廣西本地官兵、湖廣土兵、思田狼兵共約六千二百餘人，悄悄在斷藤峽附近仙台、花相等地集結，開始分道進軍，對斷藤峽形成合圍之勢。

四月三日凌晨，湖廣督兵僉事汪溱，廣西按察司副使翁素、僉事吳天挺及參將張經、都指揮謝珮督同永順宣慰彭明輔、官男彭宗舜率湖廣土兵，率先從斷藤峽正面發起進攻。沈希儀率柳州、慶遠府兵，盧蘇、王受率思田狼兵從四面夾攻。

峽兵之前打探到的消息是，王陽明整日在南寧的敷文書院裏講學，沒有出征的跡象，也沒有看到調兵儲糧的動靜，因此放鬆警惕，整日裏曬着太陽、喝着小酒、抽着大煙。再加上官兵行軍都是唧枚而動，極為肅靜，峽兵根本沒有察覺。官軍突然襲來，峽兵這才匆忙應戰，亂作一團。湖廣土兵和思田狼兵這時發揮出身手矯健、反應敏捷的優勢，攀木緣崖仰攻山寨，連破油榨、石壁、大陂等數座寨巢。

峽兵潰敗，退守仙女大山，據險頑抗，用巨石、滾木、毒箭多次擊退官軍。此山形如孤島，四周絕壁，下有深淵，只有一條羊腸鳥道與外界相通。沈希儀、張經指揮官軍連攻數日，損失慘重，但就是攻拿不下。王陽明命人特別製作了「佛狼機」大

1　［明］魏濬《峽雲閣存草》：張七澤憲副，言有邊城者，餘姚人，有神力，而貌
　　幺摩尫悴，若不勝衣者。王文成公討思田八寨時，攜之俱西，使諸峒中，窺動
　　靜形勢。扮一丐者往，猥屑襤褸，峒人不知也。具悉知諸夷出沒，及山川阨
　　塞，道路險隘。多出其力。敍功，文成欲官之。城不願，文成亦謂其福薄，聽
　　之。犒之。亦未嘗多取。文成歿，不知所終。

炮，[1] 採取火攻，形勢為之扭轉。數千官兵蜂擁而上，峽兵不戰自亂，燒死燒傷者累累。其餘退至崖邊，或沿大藤橫渡，或墜入崖底，溺死者六百餘人。

次日天明，打掃戰場，清理俘虜，唯獨不見大頭領黃公豹。有俘虜稱，昨夜他趁亂攀大藤從懸崖而下，或已渡江往仙台方向而去。

王陽明說：「首惡逃之夭夭，遺患無窮，務必剿滅殆盡。」於是下令分永順土兵進剿牛腸等寨，保靖土兵進剿六寺等寨，密檄諸將移兵仙台，約定在五月十三日同時發起總攻，對潰逃賊匪巢穴展開合圍，務必將其趕入斷藤峽谷全殲之。

官軍一路勢如破竹，峽兵節節敗退，賊首黃公豹、廖公田等各率徒黨，沿途設伏埋簽，合勢出拒。官兵驟進，翕如風雨。各賊雖已奪氣，還負隅頑抗。官兵奮勇夾擊，衝鋒陷陣，斬獲賊匪首級四百九十餘顆，俘獲賊屬男婦、牛畜、器械等項甚多。官軍又將斷藤峽周邊各巢盡悉掃蕩了一遍。至四月二十日，斬獲峽兵共計一千一百零四名。至此，討伐斷藤峽之戰告終。

王陽明隨即揮師乘勝進攻八寨。官兵一路悄無聲息，晝伏夜出，深夜進發。沿途村寨村民都無人知曉有大軍通過。四月二十二日晚，各路大軍在八寨周邊集結。二十三日凌晨，官軍夜襲石門天險，八寨這邊方才察覺，糾集兩千餘人奮力反擊。兩軍展開激烈交戰，寨兵退守永安力山，恃險抗守。王陽明調指揮王

1　［清］張際亮：《王文成公炮歌為蘭屏比部作》，載《晚晴簃詩匯》卷一百三十八。特別註明有「嘉靖七年夏五月新建伯王守仁造」，詩為：圍餘二寸徑一尺，十四字蝕銅華老。當時正撫田州還，八寨尚阻僮徭頑。仙台藤峽總瘴癘，鑄此意豈威諸蠻。金精夜泣霹靂裂，慘淡洞溪鏖戰血。故國滄桑獨不磨，不朽忠勳視此鐵。公昔手縛宸濠來，郵陽樓櫓驚飛灰。倉皇憶賴青田在，臥病還山共可哀。征南再出勞王事，父老拜棺空涕泪。萬樹梅花縞素迎，生歸庾嶺猶天意。摩挲手澤無期年，今三百載留蒼堅。文琴李印共後先，比部好古世所賢。吾聞佛狼機，害為兵火最。金元以上史未聞，好事援經釋以擔。從知此炮古豈無，世亂莫救城焚屠。興亡在德不在器，嗟公所恃非區區。

良輔及目兵彭愷等於二十四日分路並進，奮勇爭先，四面仰攻。寨兵敗散，官兵當陣生擒斬獲賊首胡緣二及賊眾一百七十二人，其餘山賊遠竄，皆被官兵追殺。八寨之戰到此告終。遠近室家相慶，道路歡騰。

王陽明心有所感，寫下《破斷藤峽》《平八寨》二詩：

《破斷藤峽》

才看干羽格苗夷，忽見風雷起戰旗。
六月徂征非得已，一方流毒已多時。
遄賓玉石分須早，柳慶雲霓怨莫遲。
嗟爾有司征往好，好將恩信撫遺黎。

《平八寨》

已說韓公破此峽，貔貅十萬騎連山。
而今止用三千卒，遂爾收功一個月。
豈是人謀能妙稱，偶邀天助及師還。
窮搜極討非長策，須有恩成化梗頑。

他隨即向朝廷上奏《八寨斷藤峽捷音疏》，請求對林富、張祐、沈希儀為首的各級將士論功行賞，並為投降不久的盧蘇、王受請功。又上了封《處置八寨斷藤峽以圖永安疏》，提出為了防患此地死灰復燃，將柳州府南丹衛城遷至八寨；改築思恩府城於荒田，就是將原在高山之上的府治移至水陸交通更為便捷的荒田這個地方；改鳳化縣於三里；添設流官縣治於思龍；增築守鎮城堡於五屯等善後對策。他的方略是：「謀成而敵自敗，城完而寇自解，險設而敵自摧，威震而奸自伏。」

王陽明在攻打斷藤峽、八寨時，除了用「佛狼機」對賊兵形成震懾外，還大打心理戰。他讓嗓門大的士兵向對方陣地喊話勸降，行軍時唧枚而進，發動攻擊時雷霆萬鈞，讓賊匪措手不及，

王陽明新傳：十六世紀初葉中國的政治與哲學

驚慌失措，放棄抵抗，四處潰逃。王陽明堅持剿撫並用，恩威並施，善待降卒，並要求各地官員懲惡勸善，撫民化民，設立具有招撫與防禦雙重作用的「寨堡」。斷藤峽很快實現了民心安定。五月戰後不久，他在《綏柔流賊》中說：

> 蓋用兵之法，伐謀為先；處夷之道，攻心為上；今各瑤征剿之後，有司即宜誠心撫恤，以安其心；若不服其心，而徒欲久留湖兵，多調狼卒，憑藉兵力以威劫把持，謂為可久之計，則亦末矣……夫刑賞之用當，而後善有所勸，惡有所懲；勸懲之道明，而後政得其安……若各賊果能改惡遷善，實心向化，今日來投，今日即待以良善，即開其自新之路，決不追既往之惡；爾等即可以此意傳告開喻之，我官府亦未嘗有必欲殺彼之心。若彼賊果有相引來投者，亦就實心撫安招來之，量給鹽米，為之經紀生業，亦就為之選立酋長，使有統率，毋令渙散……如農夫之植嘉禾而去莨莠，深耕易耨，芸莖灌溉，專心一事，勤誠無惰，必有秋獲。夫善者益知所勸，則助惡者日衰；惡者益知所懲，則向善者。

八月，他在《撫恤來降》中說：「看得本院屢經牌仰該道該府等官，將各向化良善村寨，加意撫恤懷柔，以收其散亡之勢，而堅其向善之心，庶使遠近知勸，而惡黨自孤。」

此時，王陽明的痰疾日益惡化，已近危篤狀態。他在報捷疏中請求儘快回鄉養病。當王陽明的捷書到京後，桂萼生怕皇上召他進京入閣，上本參王陽明「征撫交失，賞格不行，誇大事功」，還在皇上面前進讒言：「王陽明為人怪誕，敢非議朱子、妖言惑眾、譁眾取寵。」並指使言官上奏指責王陽明「受命征思、田，不受命征八寨。」意思是八寨、斷藤峽一役當時並未得到朝廷授命。

皇上於是寫手詔給首輔楊一清。楊一清一時不知所對，召

集內閣及六部九卿廷前商議此事。戶部尚書鄒文盛認為，建築城邑是大事，處置錢糧更是戶部的職責，主張對王陽明捷書中報的戰功進行重新核查。

新任禮部尚書霍韜，以自己是兩廣出身為由，給朝廷的表奏中稱讚王陽明有「八善」：

一是不調外兵。「乘湖兵歸路之便，則兵不調而自集。」

二是降卒效命。「因田州思恩效命之助，則勞而不怨。」

三是懲除積惡。「機出意外，賊不及遁所誅者真積年渠惡，非往年濫殺報功者比。」

四是節省軍費。「因歸師以討逆賊，無糧運之費。」為朝廷省了數十萬的人力、銀米。他的前任姚鏌，調三省兵若干萬，梧州總督府支出軍費若干萬，從廣東布政司支出銀米若干萬，殺死、瘟疫死官兵若干萬，僅得田州五十日的安寧，思恩就發生了叛亂。而王陽明不費斗米、不折一卒就平定了思田之亂。

五是不勞民傷財。「不役民兵，不募民馬，一舉成功，民不知擾。」

六是剿撫得當。「平八寨，平斷藤峽，則極惡者先誅；其細小巢穴，可漸施德政，使去賊從良；得撫剿之宜。」

七是長治久安。「八寨不平，則西而柳慶，東而羅旁，綠水新寧，恩平之賊，合數千里，共為窟穴。雖調兵數十萬，費糧數百萬，未易平伏，今八寨平定，則諸賊可以漸次撫剿。兩廣良民可漸安生業，紓聖明南顧之憂。」

八是設堡建城。「韓雍雖平斷藤峽賊矣，旋復有賊者，實當爾時未及區畫其地，為經久圖，俾餘賊復據為巢穴故也。今五十年生聚，則賊復熾盛也亦宜，若八寨乃百六十年所不能誅之劇賊，山川天險，尤難為功。今守仁既平其巢穴，即徙建城邑，以鎮定之，則惡賊失險，後日固不能

為變，逋賊來歸，不日且化為良民矣。誅惡綏良，得民父母之體。」

針對兵部尚書胡世寧指責王陽明獻計將衛城遷至八寨之事，是「將一衛精銳陷入賊巢之中，恐非妙招」的質疑，霍韜辯道，王陽明遷衛的獻策，極富遠見卓識。將衛城搬到原來的賊巢裏去鎮守，如此一來，亂賊將無法再圖生變，是一勞永逸的萬全之策。

對於有人指責王陽明奉朝廷命令平定思恩、田州，但對八寨、斷藤峽之賊用兵卻是無旨擅動。霍韜説：「漢代七國之亂時，吳、楚叛亂反攻梁，漢景帝詔周亞夫救梁。周亞夫不奉詔，而絕吳、楚糧道，遂破吳、楚而平七國。其傳記中寫道：『大夫出疆，有可以安國家、利社稷，專之可也，古之道也。』何況王陽明知道思、田可以降伏，而八寨、斷藤之賊頑固之極，只可討平。雖無詔命，先發後聞可也。況且他是總督軍務，手握便宜行事旗牌，撫平思、田後順便拔除八寨、斷藤峽這樣的積年老巢，有何不可？」

桂萼針鋒相對地説：「就算他可便宜行事，但這次讓他征討思田，他偏一意主撫，沒讓他打八寨、斷藤峽，他偏勞師動眾地去打。這是征撫交失，賞格不行。」

黃綰聞言大怒，手指桂萼鼻尖説：「忠如王陽明，有功如王陽明，卻遭奸人如此陷害，真是天理不容！王陽明一屈於江西，討平寧王叛亂，忌妒者先是誣告他與寧王串謀，後又誣陷他私吞寧王府金帛。當時首輔楊廷和等乘機偽行詐，陷害王陽明，至今仍不明不白。若這次再屈於兩廣，恐怕勞臣灰心，將士解體，以後再有邊患民變，誰還肯為國家出力？」

最後內閣擬旨，不但不給王陽明記功表彰，反而指責他「兵無節制，奏捷誇張。近日掩襲寨夷，恩威倒置」。

在朝廷對他是賞是罰還在討論來討論去之際，王陽明在南

寧犒賞討賊有功的各路大軍。命令左江道守巡官給湖廣土兵發放賞銀，獎勵他們回鄉途中助剿賊匪。又指示湖廣地方，對湘西永順、保靖兩名宣慰使及有功的土兵頭目給予重賞。接着移文右江道犒賞盧蘇、王受，發給他們糧米三百五十石。

此後，王陽明便一病不起。他接二連三上奏《地方急缺官疏》《舉能撫治疏》《邊方缺官薦才理疏》，說廣西叛亂雖平，但官府亟缺能幹的官吏，地方治理無方的話，就無法實現長治久安，前面剿匪的事都是白幹，很快又會出亂子。他又上奏朝廷說，自己病重，恐怕不能再為朝廷奔走，懇請回鄉養病。

朝廷只是象徵性地提拔了林富等幾個人，對王陽明上奏的回鄉養病等其他事都置之不理。王陽明在病牀上給弟子錢德洪、王畿寫信：「近來同志們敘會如何？法堂前而今草深有一丈長了吧？」他深知自己已病入膏肓，來日無多，他歸心似箭，他還想最後見一見心中牽掛的親人和弟子。病情日益加重，聖旨遲遲不下，他決定啟程回鄉，在路上等候聖旨。

八月二十七日，他從廣西南寧府出發，舟行邕江，途經激流湍急的烏蠻灘，船夫說前面就是伏波廟，他大驚，急喚停船上岸祭拜。叩拜馬援將軍的塑像時，他想起四十年前自己曾在夢中來過此地，還在夢裏作了一首絕句：

> 捲甲歸來馬伏波，早年兵法鬢毛旛。
> 雲埋銅柱雷轟折，六字題詩尚不磨。

看到眼前的伏波廟，情景宛如昔年夢中。奇的是，四十年後，他也跟馬援一樣，在廣西平定了蠻族叛亂。王陽明不禁感歎兩廣之行有非偶然者，當即寫下《謁伏波廟》詩二首：

其一

> 四十年前夢裏詩，此行天定豈人為！
> 徂征敢倚風雲陣，所過須同時雨師。

尚喜遠人知向望，卻慚無術救瘡痍。

從來勝算歸廊廟，恥說兵戈定四夷。

其二

樓船金鼓宿烏蠻，魚麗羣舟夜上灘。

月繞旌旗千嶂靜，風傳鈴木九溪寒。

荒夷未必先聲服，神武由來不殺難。

想見虞廷新氣象，兩階干羽五雲端。

　　九月七日，王陽明抵達廣東省廣州府。此時，他積年的肺病舊疾因勞累復發，引發咳嗽及水瀉，身體極為虛弱。他再次上疏請求歸鄉養病，若獲准則乘舟沿北江北上，翻越梅嶺進入江西，從贛江北上再沿長江東下歸鄉。他的奏摺剛剛發走，便接到朝廷公文，說皇上為褒獎他的平叛功績，特遣使臣來下詔書。他只好滯留廣州，等候皇上派來的使者。

　　期間無事，他前往增城縣，拜謁六世祖王綱的祠堂。王綱生於元末明初，文武全才，卻隱遁於世，不肯入朝為官。年逾七旬時，地方一再舉薦，他推辭不掉才出任兵部郎中。不久，廣東潮州發生暴亂，朝廷升他為廣東參議，督辦兵糧。在完成平叛任務回程途中，王綱和兒子王彥達在增城被一夥海賊扣留。王綱勸海賊改惡從善，海賊不聽，見他有威儀，反而執意要他做他們的頭領，王綱誓死不從，最終為海賊所殺。當時年僅十六歲的王彥達痛苦不堪，悲憤異常，絕食明志。眾海賊本想把王彥達一併殺掉，海賊頭目卻說：「父忠而子孝，殺之不祥。」於是把他放了，讓他帶着王綱遺骨回鄉去了。後來朝廷在王綱殉職的增城縣立了祠，並起用王彥達。但王彥達痛心父親忠臣死節，朝廷待之太薄，而終身不仕。

　　王陽明來增城時，增城縣學的師生希望將祭祀王綱父子的忠孝祠改建於城門南邊的天妃廟。該縣知縣上報申請至王陽明

處，王陽明批准其請，並親自寫了篇祭文。他對照眼下自身景況，感受因平定亂賊殉職的王綱及其子王彥達的故事，感慨繫之，觸景生情，稱這絕非偶然之事，冥冥中自有天意。

增城也是王陽明老友湛若水的家鄉。祭拜先祖後，他順道拜訪了湛若水的故居。雖然老友此刻正在北京為官，但絲毫不減他的勃勃興致。他在《題甘泉居》一詩中寫出他的喜悅心情：

> 我聞甘泉居，近連菊坡麓。
> 十年勞夢思，今來快心目。
> 徘徊欲移家，山南尚堪屋。
> 渴飲甘泉泉，飢餐菊坡菊。
> 行看羅浮雲，此心聊復足。

他在湛若水故居，應該想起了自家伯府第前清澈如鏡的碧霞池水，想起了後園觀象臺上啣泥築居的燕子。從弟子來信中他似乎看到了紹興、餘姚兩地舉辦講會、奮發學習的熱烈情景。他從廣州府發出給錢德洪、王畿的回信中，欣喜之情溢於言表：「吾道之昌，真有火然泉達之勢！」他還興奮地告訴兩名弟子，「平叛之事已了事，快則十天，慢則月餘，就可啟程歸來了。」

王陽明不適應廣州濕熱的天氣，他的病情更加惡化，遍身皆發腫毒，兩腿不能坐立。他請求返鄉養病的奏摺遲遲沒有答覆，他似乎預感到生命在倒計時，實在等不住了，便再一次向朝廷上了道奏疏，說明必須回鄉就醫的原因。說他在南贛剿匪時中了寒毒，咳嗽不止。後退伏林野，稍好。一遇炎熱就大發作。這次本來帶了郎中來廣西，但郎中走到半路上不服水土，得病回老家了。他繼續南下，炎毒更甚，病情日甚一日。腳上長瘡不能走路，每天只喝幾勺粥，稍多就嘔吐。但是為了移衛設所，控制夷蠻，他親自實地考察地形，上下巖谷、穿越林野，確定下縣治和新衛所改建方案，方敢離開南寧府，他的身體卻從此一蹶不振。這次，他要離開廣州府，去廣東最北部的韶州府和南雄府一帶等

候聖旨。請皇上憐憫他瀕臨垂危不得已之至情，使他倖存餘息，身歸故土。

就在他啟程返鄉前夜，王陽明在廣州還憧憬着回鄉與諸友弟子們聚會講學的喜悦。他在給江西弟子何廷仁的回信中說，即使未能遂歸田之願，也希望能回去與諸友見一面而別。

他在病榻前收到聶豹的求教信，他回信讚賞聶豹近來所學驟進，雖有一兩處未瑩徹處，是致良知之功尚未純熟。到純熟時，便自然可以瑩徹。這好比驅車，既已駕駛在康莊大道上，偶爾橫斜迂曲，只是因為馬性未調、銜勒不齊的緣故。不過既然已經在康莊大道上了，決不能再入旁蹊曲徑。

對於聶豹提出的一些困惑，他雖臥病在牀，備受病痛煎熬，但仍是熱情洋溢地一一解答。他勸聶豹在事上用工（功），不可像他老友湛若水（甘泉）所主張的那樣，懸空守着一個「勿忘勿助」做虛工夫。不然的話，就像燒鍋煮飯，鍋內不曾漬水下米，而專去添柴放火，不知能煮出一個什麼東西來。恐怕火還未滅，鍋已先破了。這種沒有目標，光會做工的方法，只會讓人陷入禪的空寂。

他說，集義修行如果不能兼備致良知，則稱不上是圓滿。而不能兼備致良知，則是因為集義修行不徹底。聶豹當前面臨的困惑就是陷入了這樣的泥潭之中。

王陽明與湛若水雖是摯友，但與他的論見不同，也絲毫不苟同。他一針見血地指出，良知學說是培其根本之生意而達之枝葉，而湛若水的「隨處體認天理」說卻是茂其枝葉之生意而求以復之根本。甘泉學說與良知學說在體認天理的方法上雖然差異微小，但卻有着朱子學「枝枝葉葉外頭尋」的影子。

他告訴聶豹，良知的本體即為「天理自然明覺發現處」，也就是說，良知即天理。真誠惻隱之心即仁心，是良知的本體。若能把它推及天下黎民百姓，就能達成視天地萬物為一體的仁了。若做到了致良知，那麼自然也就能做到事親、忠君、交友、仁

民、愛物。在致真誠惻隱之良知方面，良知只是一個，不管它怎麼變化，當下具足，當下即是，更無他求，不須假藉。最後，他斬釘截鐵地說：「此良知之妙用，所以無方體，無窮盡，真的是『語大天下莫能載，語小天下莫能破』。」

動身返鄉前，王陽明讓已升為右副都御史巡撫隕陽的林富代理廣西政務，副總兵張祐代理軍務，其餘諸事也佈置妥當。此時，他還是沒能等到朝廷的恩准。

第十六章

明朝滅亡是王陽明惹的禍？

　　嘉靖七年（1528 年）十一月，王陽明終於踏上了歸程。從廣州府出發，發舟北向，經北江，抵韶州府，在南雄府下船。

　　這一路走得很慢。一來弱體難支，二來還在等待聖旨下來。不管坐船還是坐轎，他都是日行五十里。多虧走到哪裏，都有弟子前來伺候。走到梅嶺，他急咳不停，呼吸困難。他對陪在身旁的廣東布政使王大用（1479～1553 年）說：「你知道孔明託付姜維的事嗎？」王大用會意，趕緊找木匠打棺材。王大用領着親兵日夜催工，棺材做好了，聖旨還是沒有下來。

　　歸鄉的念頭讓王陽明硬撐着起身，坐上轎，踏上驛道。邊走邊歇，走走停停，十一月二十五日傍晚，王陽明乘轎越過廣東、江西交界的梅嶺關，進入江西南安府大庾縣境內。在此處，明代學者魏浚（1553～1625 年）的《嶠南瑣記》（福建巡撫採進本），明末清初史學家、文學家張岱（1597～1680 年？）的《快園道古》，明代詩人鄺露（1604～1650 年）的《赤雅》

（浙江巡撫採進本）卷下的《南安禪室》，清同治刻本《大庾縣志》卷十五的雜類志等記載了一個「開門即是閉門人」的故事。王陽明一行途經丫山靈巖寺。此寺始建於南唐，為「江西有數，贛南為甚」的江南名剎。王陽明吩咐轎夫抬他進寺裏歇息。他看到一間禪房屋門緊鎖，塵封已久，便讓寺中和尚打開。管事和尚説，這是五十七年前一位祖師的肉身舍利所在，五十七年未曾打開。房門打開後，只見一位圓寂高僧端坐在蒲團上，肉身未腐，相貌依舊如生人。書案上有本落滿灰塵的書，撣去灰塵後，書頁上赫然寫着一首偈語：「五十七年王守仁，啟吾鑰，拂吾塵，問君欲識前程事，開門即是閉門人。」王陽明啟此愕然。此故事傳播甚廣，但近乎傳奇，真實性存疑。

南安推官周積、贛州兵備道張思聰聞訊趕到山下迎接老師。傍晚時分，王陽明在周積、張思聰的攙扶下於章江再次登船北行。周、張二人進到船艙給老師請安。王陽明強打精神坐起來，已咳得無力説話。他見到周積、張思聰，臉上擠出一絲笑，問：「近來進學如何？」

二人答：「學問有所進益。」又連忙問：「先生身體如何？」

王陽明説：「病勢危亟，所未死者，元氣而已。」又説：「平生學問方才見得數分，未能與我黨同志共同完成，此乃恨事！」

周積則趕緊去找郎中來救。這時天已黑，又是荒江野渡，哪裏去尋能讓先生起死回生的郎中呢？

王陽明問：「船到哪兒了？」

船家答：「青龍鋪。」

「離南康還有多遠？」

「相距還有三個驛站。」

「恐怕到不了了。」

他讓家僕叫周積進船艙來。周積躬身侍立。

王陽明徐徐睜開眼睛，説：「我走了。」

周積泣不成聲：「先生，有何遺言？」王陽明微微一笑：「此

心光明，亦復何言？」[1]

這一天是嘉靖七年十一月二十九日，辰時。這一天在農曆仍屬己亥豬年，公曆卻是 1529 年 1 月 9 日。

這一年，瑞士爆發了一場名叫卡佩爾戰爭的宗教戰爭，奧斯曼帝國開始入侵匈牙利，西班牙和葡萄牙簽署托迪希拉斯條約分割殖民地，西班牙航海家阿爾瓦羅·德薩阿韋德拉發現馬紹爾群島。也是在這一年，伍文定、楊一清相繼致仕，已削職為民的楊廷和在四川新都老家黯然去世。

王陽明去世後，桂萼上奏其擅離職守，嘉靖皇帝大怒，下廷臣議。以桂萼為首的朝中權臣上奏摺攻擊王陽明事不師古，言不稱師，放言自肆，抵毀朱熹等先儒。朝廷下旨，王陽明身前所封伯爵不得繼承，輟朝示哀、賜祭、配饗、追封、贈謚、樹碑、

1　此處綜合錢德洪等《陽明先生年譜》和黃綰《陽明先生行狀》。《年譜》載：是月廿五日，逾梅嶺至南安。登舟時，南安推官門人周積來見……遂問道體無恙。先生曰：「病勢危亟，所未死者，元氣耳。」積退而迎醫診藥。廿八日晚泊，問：「何地？」侍者曰：「青龍鋪。」明日，先生召積入。久之，開目視曰：「吾去矣！」積泣下，問：「何遺言？」先生微哂曰：「此心光明，亦復何言？」頃之，瞑目而逝，二十九日辰時也。（［明］王守仁撰，吳光、錢明等編校：《王陽明全集》，第 1463 頁。）《行狀》載：十月初十日，復上疏乞骸骨，就醫養病……至大庾嶺，謂布政使王公大用曰：「爾知孔明之所以付託姜維乎？」大用遂領兵擁護，為敦匠事。廿九日至南康縣，將屬纊，家童問何所囑。公曰：「他無所念，平生學問方才見得數分，未能與吾黨共成之，為可恨耳！」遂逝。（《王陽明全集》，第 1579 頁。）王陽明逝世後，《年譜》主要作者錢德洪曾在王陽明逝世後不久作《遇喪於貴溪書哀感》，其中有記云：嘉靖戊子八月，夫子既定思、田、賓、濤之亂，疾作……二十一日逾大庾嶺，方伯王君大用密遣人備棺後載。二十九日疾將革，問侍者曰：「至南康幾何？」對曰：「距三郵。」曰：「恐不及矣。」侍者曰：「王方伯以壽木隨，弗敢告。」夫子時尚衣冠倚童子危坐，乃張目曰：「渠能是念邪！」須臾氣息，次南安之青田，實十一月二十九日丁卯午時也。是日，贛州兵備張君思聰，太守王君世芳，節推陸君府奔自贛，節推周君積奔自南安，皆弗及訣，哭之慟。（《王陽明全集》，第 1601 頁。）黃綰《行狀》完成於王陽明逝世六年後，即嘉靖十三年（1534 年），錢德洪等《年譜》作於王陽明逝世三十五年（1563 年），再綜合錢德洪在《遇喪於貴溪書哀感》一文中所述周積等人「皆弗及訣」，可知王陽明對周積所說遺言「我心光明，亦復何言」恐是《年譜》作者所加。因此遺言流佈甚廣，涉及王陽明生平研究要點，也是王陽明思想和人格精神的象徵，本書姑且保留。

立坊、建祠、恤賞、恤蔭等朝廷本應給予去世官員的典例都不准給。[1] 然而又禍起蕭牆，族人、妻妾爭產。王陽明髮妻諸氏死於王陽明之前，另有妾室陳氏、吳氏、張氏等五人。其中張氏，於嘉靖五年（1526 年）十二月生下王陽明唯一的親生兒子正聰（後避諱當朝內閣大學士張璁，被黃綰改名正億）。幾位妾室以及王家宗親，在地方官員默許下，勾結鄉中惡少，欺壓王氏子弟。[2] 王陽明的繼子王正憲也不是良善之輩，在這個時候要求分居析產。[3] 王正億和生母張氏，孤兒寡母受盡欺凌。王陽明的弟子想探望年僅五歲的王正億（1526～1577 年），都被族人阻撓不能見。嘉靖十年（1531 年），王陽明的弟子方獻夫以武英殿大學士入閣參預機務，兼任吏部尚書。方獻夫在「大禮議」中深得嘉靖皇帝的信任，此時權傾一時。他聽說王陽明家族風波後，於嘉靖十一年（1532 年）將王陽明南昌時弟子、刑部員外郎王臣（1493～1552年）升任浙江按察司僉事，分巡浙東，插手經紀王陽明家事，「蕭牆之爭」才稍有收斂。王陽明的弟子兼摯友黃綰，嘉靖七年（1528 年）就任南京吏部侍郎。王門弟子黃弘綱去南京找到黃綰，商量王陽明幼子寡妻的後事安排。黃綰出於對老師之子的垂憐，將女兒許配給王正億。為了保證王正億健康成長和接受良好的教育，黃綰經再三考慮後將他接來南京家中撫養。[4] 對王陽明家產的分割，黃綰也進行了妥善處理，在王門弟子、太夫人（王陽明繼母）、家族宗親、當地官員的見證下一一查對，也算是煞

1　《明世宗實錄》：守仁放言自肆，抵毀先儒…所封伯爵本當追奪，但係先朝信令，姑與終身，其歿後，恤典俱不准給。

2　《年譜》：有司默承風旨媒蘗其家，鄉之惡少遂相煽，欲以魚肉其子弟。

3　王陽明曾經在寫給錢德洪、王汝中等人的書信中稱：正憲尤極懶惰，若不痛加針砭，其病未易能去。

4　[明] 歐陽德《與王心齋書》：久庵（黃綰）老先生取正億育之官邸，亦嘗反覆籌量，不能自已。蓋非但慮正億保鞠育之跡，亦恐其長於婦人之手。蒙養弗端或浸淫以人於邪僻，重逢先人之羞也。

費苦心。[1]黃綰跟方獻夫一樣，也是「大禮議」中的功臣，在嘉靖十八年（1539年）做到了南京禮部尚書。

嘉靖三十九年（1566年）九月，王正億之母張氏請求朝廷撫恤王陽明。或許是王門弟子幫忙求情，嘉靖皇帝特許王正億為國子監監生。十一月，又補蔭王正億為錦衣衛左所副千戶，王正億子王承學為國子生。而王守仁繼子王正憲，也因曾捐粟有功，被蔭為王府典儀。嘉靖四十五年（1566年），嘉靖皇帝朱厚熜駕崩，其子朱載垕繼位，第二年改元隆慶。此時內閣首輔是徐階（1503～1583年），他的恩師是聶豹，後者自稱為王陽明的弟子，所以徐階也成為王陽明的再傳弟子。在徐階等人立請之下，王陽明終於被平反。隆慶元年（1567年）四月二十九日，詔贈王陽明「新建侯」，追諡「文成」，賜造陵墓，宣讀誥詞。隆慶二年（1568年）五月，又恢復王陽明新建伯爵位，子孫世襲。王正億於當年十月正式襲爵。斷承四十幾年的新建伯爵位，重新回到王陽明子孫手中。王陽明去世後，被朝廷剝奪官身、爵位，王門弟子不顧個人安危，從各地趕來為其治喪、守孝。王陽明家人遭政敵和地方、家族豪強欺凌，王門弟子又挺身而出，黃綰主動撫養老師遺孤，王畿主動擔任王正億的授業之師。王艮、錢德洪等人為王正億提親送聘。王門弟子每年分配兩位到王正億身邊，照顧孤兒寡母。王門弟子數十年對王陽明後人的扶助演繹了歷史上值得稱道的師生情。

十七年後的萬曆十二年（1584年），王陽明從祀於孔廟，奉祀孔廟東廡第五十八位。這意味着儒家思想對陽明心學全方位的認可。當時大學士申時行（1535～1614年）等主張王陽明講致知出自《大學》，良知出自《孟子》，陳獻章主靜，沿宋儒周敦頤、

1　[明]黃綰《石龍集》卷二十《寄甘泉宗伯書》（嘉靖年間刻本）：將陽明先生囊橐所遺帳目，煩諸友及親經其事者與王伯顯（王守文）、王仲肅（王正憲）并管，事家人逐一查對明白，立一樣合同簿三本，一付越中，一付孤子之母，綰亦收執一本。誘孤子成人之日查對，毫法不許輕動。

程顥一脈，孝友出處如陳獻章，氣節文章功業如守仁，不可以禪而論，他們都應該從祀。又言及胡居仁純心篤行，眾論所歸，也應該並祀，萬曆皇帝最終同意。有明一代從祀者只有薛瑄、陳獻章、胡居仁、王陽明四人。[1]

在王陽明逝世一百多年後的崇禎十七年（1644年），北京城被李自成攻破，崇禎皇帝在紫禁城北面煤山一棵歪脖子樹上上吊自殺。也是在這一年，清兵入關，明朝滅亡。

崇禎皇帝上吊前，還咬牙切齒地撂下一句話：「文臣個個可殺！」他這麼死不瞑目是有原因的，他換了五十個首輔大學士（宰相），沒一個不忽悠他的。這些人紙上談兵可以談得天花亂墜，虛報戰功可以報得心花怒放，推卸責任可以推得一乾二淨，但是怎麼打仗怎麼治國，沒一個在行的。據此，明亡後有人開始反思：「明末士大夫，問錢穀不知，問甲兵不知。」

甚至有人將明朝滅亡的原因歸於陽明心學。他們認為，「明中葉以來陽明學說之風行天下，而蠹壞世道人心，甚至人人束書不觀而從事於遊談，空談心性而不致當世實務，故導致士林無恥，以至於社稷丘墟。」[2]

清初有學者反思明亡的原因，除了寇盜、朋黨之外，直指王陽明的《傳習錄》流毒更甚於前兩者。張履祥（1611～1674年）、呂留良（1629～1683年）與陸隴其（1630～1692年）在指斥王學禍天下之罪方面同聲相求。張履祥認為陽明學「夫惡支離則好直捷，厭煩碎則樂徑省，是以禮教陵夷，邪淫日熾，而天下之禍不可勝言」。[3] 呂留良指出陸王學「不窮理而空致知」，[4]

1　[清]張廷玉《明史·王守仁傳》，吳光等點校《王陽明全集》，杭州：浙江古籍出版社，2010年版，第6冊，第2053頁。

2　董平：《顧炎武與清代學術之轉向》，《學海》2010年第2期，第6頁。

3　[清]張履祥《與何商隱》，陳祖武點校《楊園先生全集》卷五，北京：中華書局，2002年，第111頁。

4　[清]呂留良《呂晚村先生四書講義》卷一，《續修四庫全書》第165冊。上海：上海古籍出版社，2002年，第374～375頁。

「正、嘉以來，邪說橫流，生心害政，至於陸沉」。[1]陸隴其認為：
「明之天下，不亡於寇盜，不亡於朋黨，而亡於學術。學術之
壞，所以釀成寇盜、朋黨之禍也。」有人針鋒相對地說：明亡乃
氣運使然，非關陽明思想事，倘明之衰可以怪陽明，那麼宋之衰
則可怪程朱、周之衰可以怪孔孟乎？對此質疑，陸隴其反駁說：
周宋之衰，孔孟程朱之道不行矣，而陽明之道盛行天下，從民間
到朝廷無不浸潤於其教，「議論風氣」「政事風俗」為之一變，致
使「名教馳」「政刑輕」，最後釀成「喪亂」。[2]張烈（1622～1685
年）還專門寫了一本書《王學質疑》指責「陽明一出而盡變天下
之學術，盡壞天下之人心，卒以釀亂亡之禍」。明代亡於王學的
觀點成了朱子學反擊王學的一大利器，顧炎武（1613～1682年）
在這些反對陽明學派的學者中態度尤為激烈，他說：

> 劉、石亂華，本於清談之流禍，人人知之，孰知今
> 日之清談有甚於前代者！昔之清談談老莊，今之清談談孔
> 孟……以明心見性之空言代修己治人之實學，股肱惰而萬
> 事荒，爪牙亡而四國亂，神州盪覆，宗社丘墟。[3]

這段話看似泛指清談，實則專指陽明之學。他在另一篇文
章中寫道：

> 以一人而易天下，其流風至於百有餘年之久者，古有
> 之矣。王夷甫之清談、王介甫之新說（顧炎武原註：《宋史》
> 林之奇言：「昔人以王（衍）、何（晏）清談之罪甚於桀紂，
> 本朝靖康禍亂，考其端倪，王氏實負王、何之責。」）其在

1　［清］呂留良《覆高匯旃書》，《呂晚村先生文集》卷一，《續修四庫全書》第
　　1411冊，上海：上海古籍出版社，2002年，第71頁。

2　［清］陸隴其《學術辨》，《三魚堂集》卷二，《續修四庫全書》第1325冊，上
　　海：上海古籍出版社，2002年，第15～18頁。

3　［清］顧炎武《日知錄》卷七《夫子之言性與天道》條，《日知錄集釋》，上海：
　　上海古籍出版社，1985年，第538頁。

於今，則王伯安之良知是也。[1]

顧炎武在這裏把三王（王衍、王安石、王陽明）並提：王、何開魏晉玄風而致「五胡亂華」，王安石《三經新義》「穿鑿破碎無用之空言」而致靖康禍亂，王陽明的良知學相應地成了明亡的禍根。像顧炎武這些經歷明清易代的知識分子，對明朝滅亡與王學末流的玄虛和頹敗有切身之痛。王陽明向來主張「知行合一」「在事上磨練」，自己也是上馬殺賊、下馬賦詩的實幹家，怎麼就空談和玄虛了呢？這得從王陽明的「心學」說起。陽明心學上繼南宋陸九淵的「心即理」，將陸九淵的「宇宙便是吾心，吾心即是宇宙」發展為「聖人之道，吾性自足，不假外求」「人人皆可為聖賢」。與程頤、朱熹「格物致知」、事事物物追求「至理」的路數相比，這心學便是一條更為簡便直截的成聖之道。朱熹有一句名言：「存天理，滅人慾。」但王陽明輕描淡寫地說：「只要在內心中下工夫摒除私慾、存養天理就可以了。」陽明心學雖然簡潔明了，直達人心，追求個性解放，但也讓後學者易陷入禪宗「頓悟」的窠臼——不要格物格得那麼辛苦，也不要寒窗苦讀讀得那麼累，心裏想一想，天理就來了！當然，這是曲解陽明心學。

王陽明去世後，他的弟子分成了江右學派、浙中王門、南中王門、楚中王門、閩粵王門、北方王門、泰州學派等七大門派，小的派別就更多了，五花八門，魚龍混雜。尤其是由王陽明弟子王艮創立的「泰州學派」，成員多是販夫走卒、引車賣漿者流。王艮自己本來就是個只讀了幾年鄉塾的鹽民，但口才了得，在給王陽明當弟子時就經常與老師爭論，「時時不滿師說」。等到他創立泰州學派後，便宣傳「百姓日用即道」。王陽明曾在一

1　［清］顧炎武《日知錄》卷一八《朱子晚年定論》條，《日知錄集釋》，上海：上海古籍出版社，1985年，第 1423～1424 頁。

次跟學生閑聊時說:「在我眼中,滿街都是聖人。」王艮活學活用,說:「聖人不曾高,眾人不曾低」「庶人非下,王侯非高」。由於此派羣眾基礎好,裏面很多奇人異士,尤其是有不少「語不驚人死不休」的雄辯之士。黃宗羲(1610～1695年)在《明儒學案》裏感慨道:「泰州之後,其人多能以赤手搏龍蛇,傳至顏山農、何心隱一派,遂復非名教之所能羈絡矣。」[1]王艮的弟子何心隱(1517～1579年)在老家村子裏搞了個叫聚和堂的組織,還把祠堂改建成了書院,只要是適齡兒童都可以進來讀書,窮人的孩子和富人的孩子一視同仁。還拉起一百多個人,專門幫村民理財和監控交稅,與當地官府抗衡。村裏的人一起勞動,一起生活,吃大鍋飯。

王艮還有一個弟子叫李贄,思想狂狷,薙髮留鬚,特立獨行,往來南北各地講學,從者數千人,中間還有不少婦女。他的思想出入於儒佛而不囿於兩家,極具批判性。不僅抨擊程朱理學,提倡功利主義和民本思想,還跟意大利天主教傳教士利瑪竇開展了三次學術交流。他的話說出來總有點石破天驚的感覺,如「私者,人之心也,人必有私而後其心乃見」,這是公開承認個人私慾。李贄還對專制皇權有些微詞,說:「天之立君,本以為民。」有人認為,何心隱和李贄的這些思想可以與近代啟蒙思想家伏爾泰、盧梭相媲美。可是在十六世紀的明代,說這些話,便有點近乎空談。最後,何心隱死於湖廣巡撫王之垣的亂棒之下,李贄在北京通州牢房裏自刎身亡。

到了明末,有些陽明心學信徒只學到了一個「心即理」,就認為外面的所有規則都是束縛,只有自己的所思所想才是對的,連書都不看了,每天靜坐空想,在內心尋找所謂的「良知」。個個都認為自己是聖人,狂傲不羈,不是坐枯禪就是陷入空談,

---

1　[清]黃宗羲《明儒學案》卷三十二,泰州學案一,前言,《黃宗羲全集》第15冊,杭州:浙江古籍出版社,2012年,第767頁。

完全忘記了王陽明提出的「知行合一」「事上磨練」。正是因為有泰州學派這些弟子和再傳弟子，陽明心學給後世人尤其是給明末清初學者的感覺是有點不切實際。他們忘了，王陽明當年可是文人帶兵，而且打的都是大勝仗。但是他的心學，主張從心出發，向內求，容易讓學的人跑偏。尤其是像王艮、何心隱這些書讀得不多，又心高氣傲，喜歡譁眾取寵的人，讓他們來講心學，要麼近乎玄機，要麼隨心所欲，離王陽明開創的心學正軌越跑越遠了。

其實說到空談，不止明末，有明一代的文官集團就多尚空談。王陽明所在的嘉靖朝，為了給皇帝親生父親追封一個尊號，全中國的大臣們分成兩派吵了個底朝天，而且一吵吵了好幾年，史稱「大禮議」。為此，楊慎等大臣或遭廷杖，或遭貶謫，甚至丟了性命，嘉靖三年（1524 年）「左順門事件」因廷杖而死的共十六人。但這些文官們雖九死而不悔，繼續跟皇帝打「筆墨官司」。嘉靖皇帝對這幫文官膩歪了，躲到後宮天天煉丹，不愛上朝搭理這幫書呆子。到了他的孫子萬曆皇帝，為了立哪個皇子當太子的事跟文官們又吵翻了，「君王從此不早朝」，互相鬥氣玩。

到了明末，儘管崇禎皇帝十分勤政，幾乎天天上朝，但是文官們皆愛紙上談兵，真到了兵臨城下動真格的時候，沒一個敢吭聲的。崇禎十七年（1644 年），闖王李自成圍攻北京城，狀元郎魏藻德（1605～1644 年）臨危受命擔任內閣首輔。此人有辯才，就在前一年上了一篇奏摺暢談對敵作戰方略，崇禎皇帝龍顏大悅，破格提拔他當了內閣大學士。崇禎皇帝問他對城外的闖賊有何對策，向來口若懸河的魏藻德不吭聲。崇禎皇帝用哀求的口氣跟他說：「魏愛卿，只要你開口，我立馬下旨照辦。」魏藻德還是一言不發。崇禎皇帝對文官集團極度失望。

清初罵王陽明罵得最兇的幾乎都是東林黨人和他們的徒子徒孫，像上面說到的張履祥、黃宗羲，都是劉宗周的學生，劉宗周便是東林黨。但奇怪的是，劉宗周對王陽明崇拜得五體投地，

一輩子都在鑽研陽明心學。到了他的學生一輩，卻一個個跟祖師爺唱起了反調。講起清談，這是東林黨人的拿手好戲，「講習之餘，往往諷議朝政，裁量人物」。[1]但東林黨人諷議朝政很在行，力挽狂瀾、救國救民的事卻不擅長。崇禎朝晚期，北方局勢危如累卵，崇禎皇帝想南遷，東林黨人就跳出來反對。等到清兵打了進來，馬前跪了一地的便是東林黨人。崇禎皇帝一上臺就殺了魏忠賢，扶植東林黨，但到了後來卻很後悔，偷偷讓人去給魏忠賢修墓。崇禎皇帝肯定在想，如果魏忠賢在的話，至少有事可以給他拿主意，而且雷厲風行，不像這般文官盡是打太極。

明朝亡國的原因很多，比如「天災說」，太陽黑子小週期，出現厄爾尼諾現象，進入小冰期，糧食減產，飢民造反；「白銀說」，歐洲三十年宗教戰爭導致明朝白銀外流，大明的國庫銀子不夠發軍餉，等等。但是這些說得都有些牽強，一個朝代滅亡總不能讓太陽黑子來揹鍋吧？說到底，天災只是外因，人禍才是主要原因。明朝滅亡還是要從制度上找原因。朱元璋開國後不久，出了朱惟庸案，從此廢了宰相一職。後來事情太多，皇帝忙不過來，又搞出一個首輔大學士，權力跟宰相差不多。本來一直挺順的，偏偏出了一個叫張居正的首輔大學士，是萬曆皇帝的啟蒙老師，小皇帝不聽話，便掏出戒尺「刷刷刷」地打手掌。萬曆皇帝對他是又敬又怕。朝中大小事都是他說了算，大臣們對他也是敢怒不敢言。等到他死了，告狀信雪片似地送到了萬曆皇帝的案頭。一調查才發現，這個張居正就是個道貌岸然的家伙，是個一邊自己幹壞事，一邊教育人家做好事的「兩面人」。張首輔原本高大偉岸的形象瞬間崩塌。萬曆皇帝從此不信任首輔，大臣們也對首輔產生信任危機。此後，誰當這大明的首輔，誰都沒有好果子吃。這麼個搞法，大明朝豈不是江河日下，硬是生生地讓滿打

1　《明史·卷二百三十一·列傳第一百一十九》顧憲成傳中有此語。

滿算只有十來萬的八旗兵給滅了，真是一件咄咄怪事！要是王陽明在，清兵恐怕打不進來。

清初，也有學者為王學辯護，如彭定求（1645～1719年）著《陽明釋毀錄》為王陽明打抱不平：「誠使明季臣工以致良知之説互相警覺，互相提撕，則必不敢招權納賄，則必不敢妨賢虐忠，必不敢縱盜戕民，識者方恨陽明之道不行，不圖誣之者顛倒黑白，至於斯極也。」[1] 然而王學日漸衰微，有清一代再也沒有成為知識分子的主流思想。顏元（習齋）（1635～1704年）、李塨（剛主）（1659～1733年）為代表的北方儒學「實學」興起。乾、嘉後，崇考據的漢學一支獨大。道、咸以來，清廷內憂外患，王陽明的事功與修身工夫才開始得到曾國藩（1811～1872年）、李元度（1821～1887年）等中興之臣稱頌。王陽明「立德、立功、立言」三不朽的説法也在此時出現。王陽明重新成為中國近代知識分子視野的焦點，卻與日本明治維新有關。王陽明被伊藤博文等日本明治維新領袖奉為「精神導師」。在日俄戰爭中擊敗俄國海軍的日本海軍元帥、大將東鄉平八郎（1848～1934年），其少時嘗鑄一印章，懸於襟帶，文曰：「一生低首拜陽明」，他嘗謂平生得力在陽明知行合一之旨，是以處危難而不驚。清末維新派的康梁等人也鼓吹陽明學，康有為（1858～1927年）有言：「言心學者必能任事，陽明輩是也。大儒能用兵者，惟陽明一人而已。」[2] 梁啟超（1873～1929年）在1905年撰寫的《德育鑒》中，他發出以下感慨：「維新以前所公認為造時勢之豪傑，若中江藤樹，若熊澤藩山，若大鹽後素，若吉田松陰，若西鄉南洲，皆以王學後輩，至今彼軍人社會中，尤以王學為一種之信仰。夫日本軍人之價值，既已為世界所共推矣，而豈知其一點之精神教育，實我子

1 ［清］凌揚藻《蠡勺編》卷二十八，北京：中華書局，1985年，第467頁。
2 《南海師承記》卷二，姜義華、吳根梁編校《康有為全集》第二集，上海：上海古籍出版社，1990年，第523頁。

王陽明新傳：十六世紀初葉中國的政治與哲學

王子賜之也。」革命黨人大多有留日或訪日經歷，也把王學當成革命之武器。1905 年 8 月 13 日，宋教仁（1882～1913 年）在東京主持歡迎孫中山大會，孫中山（1866～1925 年）在演說中指出：「五十年前，（明治）維新諸豪傑沉醉於中國哲學大家王陽明知行合一的學說，故皆具有獨立尚武的精神，以成此拯救四千五百萬人於水火中之大功。」[1] 蔣介石（1887～1975 年）對《傳習錄》與《大學問》自稱「百讀不倦，心往神馳，不知其樂之所止」，又稱王陽明是其「平生所私淑的先生」。他於 1906 年留學日本，他後來回憶當時情形：「當我早年留學日本的時候，不論在火車上、電車上，或在輪渡上，凡是在旅行的時候，總看到許多日本人都在閱讀王陽明《傳習錄》，且有許多人讀了之後，就閉目靜坐，似乎是在聚精會神，思索這個哲學的精義；特別是他的陸海軍官，對於陽明哲學，更是手不釋卷的在那裏拳拳服膺。」[2] 蔣介石原名蔣志清，後改名蔣中正，「中正」二字便來源於《傳習錄》中的「大中至正」，陽明學後來成為蔣介石黨國一體的意識形態工具。有人還指出，民國建立後的「青天白日」旗似與王陽明有關，因為王陽明曾有詩句：「碧水丹山曾舊約，青天白日是知心。」[3] 陽明學成為一個象徵、一個符號，從哲學等學術領域拓展到政治和軍事等話語體系，打上了維新、尚武、救亡、救國等烙印，成為二十世紀初期渴望救亡圖存的青年一代競相研究的「顯學」。郭沫若（1892～1978 年）1914 年留日期間患上了「劇度的神經衰弱症」，失眠惡夢，頭腦昏沉，數次試圖自殺，一次偶然在書店買到一套《王文成公全書》，每日誦讀，兼習靜坐，兩個星期後身心竟然康復，於是寫作《王陽明禮讚》一文，稱王

1　《孫中山全集》第 1 卷，北京：中華書局，1981 年，第 278 頁。

2　《總理「知難行易」學說與陽明「知行合一」哲學之綜合研究》，秦孝儀：《「總統」蔣公思想言論總集》（卷二十三），國民黨中央黨史委員會，1984 年，第 339～340 頁。

3　［明］王守仁：《用韻答伍汝真》。

陽明思想有兩大特色，一是「不斷地使自我擴充」，二是「不斷地和環境搏鬥」，而在該文的四個附錄中，他宣稱在王陽明主張「去人慾而存天理」，「這從社會方面說來，便是廢去私有制而一秉大公了」，與「近世歐西社會主義」有「一致點」。[1] 毛澤東（1893～1976 年）1917 年在長沙一師師從楊昌濟先生時，寫的滿分作文《心之力》深受王陽明心學影響，文章開頭就寫道：「宇宙即我心，我心即宇宙，細微至髮梢，宏大至天地。世界、宇宙乃至萬物皆為思維心力所驅使。博古觀今，尤知人類之所以為世間萬物之靈長，實為天地間心力最致力於進化者也。夫中華悠悠古國，人文始祖，之所以為萬國文明正義道德之始作俑者，實為塵世諸國中最致力於人類與天地萬物精神相互養塑者也。」「夫聞三軍可奪其帥，匹夫不可奪志。志者，心力者也。」[2]

當時，有關王陽明的書籍和研究著作出版頗多，如中華圖書館 1924 年印行新式標點《王陽明全集》，中華書局 1925 年出版胡越《王陽明》和孫鏘輯校《王陽明先生傳習錄集評》，羣學社 1926 年印行《王陽明集》，世界出版社 1930 年出版王勉三《王陽明生活》。

在 1949 年新中國成立後，馬克思主義成為主流的意識形態，陽明心學成了反動的封建主義糟粕，在哲學上是與主流的馬克思唯物主義相對立的主觀唯心主義，王陽明本人也是鎮壓農民起義的劊子手。

改革開放迎來了「科學的春天」，作為學術研究的陽明學也重新在中國大陸閃亮登場。在「國學熱」和「中國夢」等大背景下，陽明學及王陽明的研究、普及再次成為熱點，湧現出許多有

1　郭沫若《郭沫若全集・歷史編》第 3 卷，北京：人民出版社，1984 年，第 299 頁。

2　《曬曬毛澤東學生時代得滿分的作文》，人民網 2012 年 8 月 7 日，edu.people. com.cn/n/2012/0807/c1053-18682711.html。

關王陽明的暢銷書。王陽明成為「真三不朽」的完人（中國古代有兩個半完人，諸葛亮和他各算一個，曾國藩只能算半個），是「明朝一哥」「哲人王」「職場暖男」「神一樣的男人」。陽明心學是「天下第一法術」「浮躁現實中最後的心靈解藥」「修煉強大自我的祕密武器」。陽明學儼然成了新時代「中國人的成功學」。當然，客觀地來看，剔除出版界炒作的因素外，「王陽明熱」也反映了新時代下的社會心理，其背後有着人們對事業成功、民族復興、國家富強的祈盼。

憲宗成化八年壬辰　1472 年

九月三十日亥時（西元 10 月 31 日），出生於浙江餘姚。初名王雲，字伯安，後更名王守仁。

父王華（1446～1522 年），字德輝，號實庵，晚號海日翁，又稱龍山公。成化十七年（1481 年）狀元，官至南京兵部尚書。

憲宗成化十八年壬寅　1482 年

舉家遷居紹興府城山陰。不久，隨祖父王倫（字天敘，號竹軒，1421～1490 年）赴北京與父親王華居住。

憲宗成化十九年癸卯　1483 年

就讀私塾。疑老師所說「讀書登第為人生第一等事」，認為「當讀書做聖賢」。

憲宗成化二十二年丙午　1486 年

遊居庸三關，逐胡兒騎射，慨然有經略四方之志。

孝宗弘治元年戊申　1488 年

格竹七日，無果（一說是 1490 年十九虛歲時，二說是 1492 年二十一虛歲時）。迎娶諸芸於江西南昌。諸芸，浙江餘姚人，父諸養和時任江西布政使參議。

孝宗弘治二年己酉　1489 年

攜妻歸餘姚，乘船途經廣信（今江西上饒），謁理學大儒婁諒（號一齋，1422～1491 年），婁諒教以「聖人必可學而至」。

孝宗弘治五年壬子　1492 年

浙江鄉試中舉。

孝宗弘治六年癸丑　1493 年

會試不第。

孝宗弘治九年丙辰　1496 年

會試再不第。

孝宗弘治十二年己未　1499 年

會試第二名。殿試二甲進士第七名（全國第十名），觀政工部。督造威寧伯王越墓。上《邊務八事》疏。

孝宗弘治十三年庚申　1500 年

授刑部雲南清吏司主事。

孝宗弘治十四年辛酉　1501 年

奉命赴南直隸淮安府審決積案重囚，多所平反。遊九華山。

孝宗弘治十五年壬戌　1502 年

告病歸紹興山陰，築室會稽山陽明洞，行導引術，能先知。自號「陽明子」，人稱「陽明先生」。

孝宗弘治十七年甲子　1504 年

主考山東鄉試。改任兵部武選清吏司主事。

孝宗弘治十八年乙丑　1505 年

在北京開門授徒。與湛若水（號甘泉，1466～1560 年）結交，共倡聖學。

武宗正德元年丙寅　1506 年

上疏救言官戴銑，被宦官劉瑾下詔獄，廷杖四十（一說五十），貶謫貴州龍場驛（在今修文縣）驛丞。

武宗正德二年丁卯　1507 年

徐愛入門。

武宗正德三年戊辰　1508 年

龍場悟道，悟「聖人之道，吾性自足，向之求理於事物者誤也」「心即理」。著《五經臆說》。應提學副使毛科之邀初赴貴陽文明書院講學。

武宗正德四年己巳　1509 年

受提學副使席書之邀再次主講文明書院，始揭「知行合一」之旨。歲末（西元 1510 年 2 月），升任江西廬陵知縣。

武宗正德五年庚午　1510 年

十一月入京。十二月升南京刑部四川清吏司主事，未赴任。

武宗正德六年辛未　1511 年

正月改任吏部驗封清吏司主事。二月為會試同考官。十月升吏部文選清吏司員外郎。方獻夫稱門人。作《別甘泉序》送湛若水出使安南。

武宗正德七年壬申　1512 年

三月升考功清吏司郎中。顧應祥、穆孔暉、黃綰、徐愛等幾十人同受業，徐愛記錄整理講學內容，名《傳習錄》。十二月升南京太僕寺少卿，赴任南京便道歸省。

武宗正德八年癸酉　1513 年

與徐愛同舟回紹興山陰，論《大學》宗旨。赴滁州督馬政。門人從遊者數百人。

武宗正德九年甲戌　1514 年

升南京鴻臚寺卿，至南京。從遊者日眾，論靜坐。

武宗正德十年乙亥　1515 年

門人知名者有薛侃、陸澄、季本、馬明衡、周積等。戒王嘉秀、蕭惠「佛老」不及聖學。立正憲為嗣子，時年八歲。

武宗正德十一年丙子　1516 年

升都察院左僉都御史，巡撫南贛汀漳等處。

武宗正德十二年丁丑　1517 年

二月平漳南，五月奏設福建平和縣，九月改授提督南贛汀漳等處軍務。十月平橫水、桶崗。閏十二月奏設江西崇義縣。

武宗正德十三年戊寅　1518 年

正月，平三浰。立社學，舉鄉約。五月奏設廣東和平縣。五月，徐愛卒，年三十一。六月，升都察院右副都御史。七月，刻《大學》古本、《朱子晚年定論》。八月，門人薛侃在贛州刻《傳習錄》。九月，修濂溪書院。

武宗正德十四年己卯　1519 年

平寧王朱宸濠叛亂。

武宗正德十五年庚辰　1520 年

兼巡撫江西。作《答羅整庵書》。

武宗正德十六年辛巳　1521 年

始揭「致良知」之教。撰《象山文集序》，並刻其書。集門人於白鹿洞。升南京兵部尚書。封新建伯，特進光祿大夫柱國。

世宗嘉靖元年壬午　1522 年

父王華卒，丁憂。

世宗嘉靖三年甲申　1524 年

南大吉續刻《傳習錄》。丘養浩編《居夷集》刊行。

世宗嘉靖四年乙酉　1525 年

夫人諸氏卒。門人建陽明書院於紹興山陰。作《答顧東橋書》。

世宗嘉靖五年丙戌　1526 年

繼室張氏生子正聰（後改名正億）。

世宗嘉靖六年丁亥　1527 年

受命兼都察院左都御史，征廣西思恩、田州。與錢德洪、王畿論「四句教」（即天泉證道）。鄒守益刻《文錄》。

世宗嘉靖七年戊子　1528 年

平思、田、興學校，撫新民。破八寨、斷藤峽。病重，上疏請歸。十一月二十九日（西元 1529 年 1 月 9 日）卒於江西南安府大庾縣青龍鋪舟上。

世宗嘉靖八年己丑　1529 年

歸葬紹興山陰洪溪。朝廷停世爵恤典，禁「偽學」。

世宗嘉靖十五年丙申　1536 年

錢德洪編《陽明先生文錄》（姑蘇本）刊行。

世宗嘉靖三十五年丙辰　1556 年

錢德洪編《傳習續錄》刊行。

穆宗隆慶元年丁卯　1567 年

贈新建侯，諡文成。

神宗萬曆十二年甲申　1584 年

從祀孔廟。

後記

《王陽明大傳（全三冊）》出版後，數月間多次加印，社會反響還不錯。《大傳》是文學筆法，參照的是唐浩明先生的《曾國藩》、熊召政先生的《張居正》，力求全景式反映王陽明波瀾壯闊的一生，將陽明心學深入淺出地穿插在他的生平之中。心學的通俗化是做到了，但總覺得無法用學術性的語言系統地闡述陽明心學的理念和精髓，是一大遺憾。當時我便萌發寫作一部學術體例的《王陽明新傳》的想法，以王陽明的生平為經緯，展現他所處時代的政治和哲學全貌。王陽明是明代著名的政治家和哲學家，網絡上將他稱為「明朝一哥」。通過他的傳記，也確能管窺明朝在16世紀初葉那一時期的政治和哲學動向。因緣巧合，廣東大音音像出版社原社長聞宗禹先生作為出版界老前輩，在指點後學之餘又熱心幫我聯絡出版事宜。如果沒有宗禹先生的鞭策鼓勵，恐怕這本《新傳》遲遲難以面世。

市面上有關王陽明的傳記可謂多矣，有大家巨著，也有網紅小書，熱鬧非凡。我這本《新傳》雖疏漏難免，但自以為有以下幾點新意：一是對王陽明生平疑點及思想轉折點進行了新探，如對於他是否納妾，生有一子還是數子，龍場悟道與夢境的關係，喜住洞穴以及心學的神祕主義、浪漫主義氣質有獨到研究發現和見解，對《朱子晚年定論》等某些著述也有所辨疑。二是運用大歷史觀，將王陽明個體的生平放至 16 世紀初葉整個明王朝的政治背景下展開，其中還有理學與心學、朱子學與陽明學、陸王心學與陳湛心學等不同哲學流派的紛爭。剿匪平叛的刀光劍影、禮議爭辯的勾心鬥角與心學開示的醍醐灌頂、學理探討的漸入佳境交織在一起，蔚為壯觀。三是本書雖嚴格遵守學術體例，注釋詳盡，但在寫作上借鑒《史記》中生動的史筆與文筆，讓讀者在輕鬆閱讀歷史真相中洞察人性沉浮。作為陽明後學，我希望本書的出版能在推進陽明心學和中華優秀傳統文化傳播方面略盡綿薄之力。

此書在香港地區率先以繁體字出版，中華書局開明書店王春永社長助力最多，李夢珂等編輯老師尤付心力，在此一併致謝。

文遠竹

2022 年 10 月於廣州華僑新村

王陽明新傳

十六世紀初葉中國的政治與哲學

文遠竹　著

責任編輯　李夢珂
裝幀設計　鄭喆儀
排　　版　黎　浪
印　　務　劉漢舉

出版　　中華書局（香港）有限公司
　　　　香港北角英皇道 499 號北角工業大廈一樓 B
　　　　電話：（852）2137 2338　傳真：（852）2713 8202
　　　　電子郵件：info@chunghwabook.com.hk
　　　　網址：http://www.chunghwabook.com.hk

發行　　香港聯合書刊物流有限公司
　　　　香港新界荃灣德士古道 220-248 號
　　　　荃灣工業中心 16 樓
　　　　電話：（852）2150 2100　傳真：（852）2407 3062
　　　　電子郵件：info@suplogistics.com.hk

印刷　　美雅印刷製本有限公司
　　　　香港觀塘榮業街 6 號 海濱工業大廈 4 樓 A 室

版次　　2022 年 11 月初版
　　　　© 2022 中華書局（香港）有限公司

規格　　16 開（220mm×140mm）

ISBN　　978-988-8808-91-5